Dragolioub KRSTITCH

Docteur en Droit de l'Université de Paris

Les Minorités, l'Etat

et

la Communauté internationale

PARIS

LIBRAIRIE ARTHUR ROUSSEAU

ROUSSEAU & Cⁱᵉ

ÉDITEURS

14, RUE SOUFFLOT, ET RUE TOULLIER, 13

—

1924

LES MINORITÉS, L'ÉTAT
ET LA COMMUNAUTÉ INTERNATIONALE

Dragolioub KRSTITCH

Docteur en Droit de l'Université de Paris

Les Minorités, l'Etat

et

la Communauté internationale

PARIS

LIBRAIRIE ARTHUR ROUSSEAU

ROUSSEAU & Cie

EDITEURS

14, RUE SOUFFLOT, ET RUE TOULLIER, 13

1924

TABLE DES MATIÈRES

QUATRIÈME PARTIE

CINQUIÈME PARTIE

**Les Minorités et la communauté internationale dans le droit des
gens contemporain. La solution internationale du problème
à la conférence de Paris, avec appréciation critique de cette
solution au point de vue du droit rationnel**

CHAPITRE FINAL

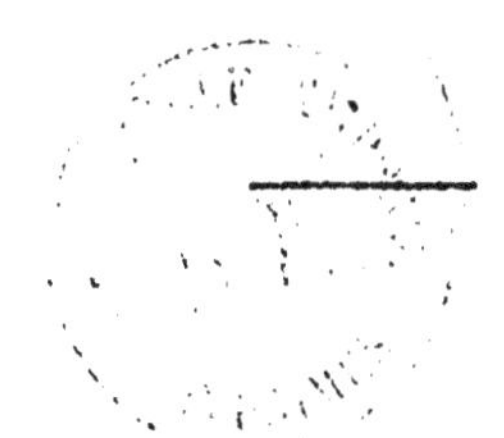

LES MINORITÉS, L'ÉTAT
ET LA COMMUNAUTÉ INTERNATIONALE.

REMARQUES GÉNÉRALES.

§ 1. — En premier lieu, il convient de poser nettement que les questions traitées dans cet ouvrage concernent seulement le rapport entre les minorités, l'État et la communauté internationale. Chacune de ces trois notions ne sera pas examinée en elle-même, mais par rapport aux deux autres.

§ 2. — Le but poursuivi ici est de démasquer de nouveaux abus de pouvoir qui pourraient devenir la source de nouvelles guerres et de prévenir le plus possible les violations de la conscience nationale, violations qui excitent toujours les nations les unes contre les autres.

Il est bien évident que, si distinctement qu'on s'efforce de séparer les nations en unités politiques indépendantes, il est impossible de faire cadrer partout les frontières politiques et nationales. Comme il y aura toujours des territoires où il se rencontrera des minorités de nationalité étrangère, cet inévitable état de choses ne peut ne

pas être pris en considération. La situation des minorités
nationales réclame à plusieurs égards des améliorations et
des tempéraments.

Une clause concernant la protection des minorités dé-
terminées par la langue, la race et la religion, se trouve
insérée dans les traités de paix issus des Conférences de
Paris et de Lausanne. Ainsi le principe de la défense des
minorités nationales a déjà pris place dans le droit international contemporain. Il importe que cette place acquise
soit fermement maintenue. Nous sommes autorisés donc
à tirer de ce fait tout d'abord cette conclusion que ni le
Droit constitutionnel, ni le Droit des gens n'empêche de
donner à ces questions d'ordre national une solution internationale.

§ 3. — Ensuite le problème qui se pose est de savoir
s'il est possible, avantageux et nécessaire de faire de la
situation des minorités nationales l'objet d'une convention générale. Engager *tous* les Etats à introduire un traitement meilleur et plus équitable vis-à-vis des minorités
comprises dans leurs frontières, proclamer le principe de
protection des minorités comme une norme, une règle de
la discipline juridique internationale, effacer ainsi des
inégalités de traitement créées par les traités dits de minorités, constitueraient incontestablement un progrès non
seulement pour celles-ci, mais encore pour la paix.

§ 4. — Nous insisterons particulièrement sur le côté
international du problème, quoique la question concernant le rapport entre les minorités et l'Etat soit tout
d'abord et sans contredit une question d'ordre intérieur

qui regarde la législation et l'administration de chaque
État particulier. C'est donc une chose de la plus grande
importance que d'éveiller chez les différents peuples la
notion des droits des minorités et de leur faire voir le
danger qu'il y a à les violer. C'est sur le progrès social,
politique et intellectuel des peuples que nous devons
avant tout fonder nos espérances.

§ 5. — Mais cette question, bien que d'ordre intérieur,
a aussi un intérêt évident pour le monde entier. Il se
rencontre, en effet, de nombreux cas où des minorités
nationales, parties détachées d'une nation, vivent sous
une domination étrangère ; on ne saurait alors empêcher
la mère-patrie qui a une existence politique indépendante, de s'intéresser au sort de ces nationaux de l'autre
côté de la frontière. On ne saurait couper en plusieurs
morceaux cette chose vivante, cet organisme naturel qui
s'appelle « nationalité », sans que les parties détachées en
souffrent et cherchent le remède au mal. La légitimité de
ce souci a parfois d'ailleurs été reconnue par l'État ren-
fermant des nationalités étrangères (1). Mais ces questions ont pour le monde entier un intérêt d'une portée
plus grande encore en ce sens qu'elles touchent directement au maintien de la paix. C'est un fait historique que
les querelles nationales intestines d'un pays ont abouti,
en plus d'un cas, à la guerre. Elles créent toujours des
dangers de guerre. A l'origine de la guerre de 1914,

(1) Les pourparlers engagés à différentes reprises entre le Danemark et
la Prusse relatifs à la situation des Danois du nord du Sleswig, et ceux
entre les Etats-Unis et le Japon concernant les Japonais en Californie.

n'est-ce pas l'oppression en Autriche de la minorité yougoslave qui a bouleversé le monde ?

Il est certainement impossible d'étouffer complètement les aspirations nationales qui cherchent à réunir les différentes fractions d'un peuple à la mère-patrie ; mais les divergences peuvent être atténuées, et une solution pacifique sera rendue possible quand les minorités nationales n'auront plus sujet à se plaindre de tyrannie.

Plusieurs considérations peuvent être évoquées pour montrer les avantages qu'il y aurait à accorder aux minorités nationales d'un État la liberté de se développer nationalement. Mais c'est en raison de son rapport avec la paix du monde que cette question prend une place dans la politique internationale ; et c'est sous cet angle que ce problème est traité ici.

§ 6. — Toutes les idées qui inspirent cet ouvrage ont deux buts : d'une part, protéger les minorités et leur développement historique ; d'autre part, prévenir les discordes intestines qui sont de nature à démembrer ou à affaiblir les États.

Concilier ces deux tendances en vue de la paix, tel est notre but.

Toute nationalité établie dans un même territoire cherchera aujourd'hui ou demain à conquérir une autonomie aussi grande que possible, et au point de vue national il n'y a rien à objecter. Mais vouloir conférer une autonomie entière à tous les groupes nationaux est une chose qui ne peut être prise en considération. Plusieurs, du reste, ne désirent pas cette autonomie ou ne sont pas mûrs pour la recevoir. Toutefois, le problème du rapport de ces trois notions doit être formulé de telle sorte qu'il ne constitue pas par la suite un empêchement au développement ultérieur de notre étude ; de plus, on ne doit pas perdre de vue que des questions minoritaires peuvent naître un jour ou l'autre là où elles ne se posent pas encore. Une minorité nationale qui s'ignore, — étant inconsciente, — n'existe pas ou n'a pas d'exigences, mais elle peut, lorsqu'elle est opprimée, se réveiller et émettre des revendications nationales. Pour prévenir des complications qui surgiraient de cet état de choses, il est de bonne politique que les Gouvernements leur accordent des droits nationaux.

Il est clair, du reste, qu'une convention internationale, évidemment nécessaire mais impuissante à résoudre les diverses questions touchant le rapport des minorités avec l'Etat, est susceptible cependant de provoquer dans les pays respectifs des mouvements d'opinions et d'idées qui agiront ensuite. Et pendant longtemps encore le progrès aidera à résoudre beaucoup de problèmes dans ce domaine.

§ 7. — Afin d'apprécier justement l'originalité des nouveaux principes sur le Droit, sur l'Etat et sur la communauté internationale, que la dernière guerre a apportés avec elle, il faut la juger dans une perspective d'histoire comparée. Nous examinerons donc les trois notions qui font l'objet de cette étude dans leur évolution, dans leur état, pour ainsi dire, dynamique. Elles se présentent à nous comme les trois forces agissantes à travers les siècles ; et, c'est seulement ainsi, dans leur développement, que nous allons les suivre jusqu'à leur état d'équilibre actuel. De cette façon le problème sera vu de très haut. L'examen de chaque stade de cette évolution nous fera profiter des enseignements de l'école historique, et l'appréciation de cette évolution au point de vue du Droit rationnel, de ceux de l'école philosophique (1) ; ainsi, la conclusion historique que les faits apportent à ce problème viendra en même temps que la nôtre. Une étude de ce genre ne devrait pas seulement faciliter, à notre idée, la compréhension et la juste appréciation des droits des minorités réglementés par les traités de 1919-1920 ; elle devait rendre, en outre, plus visibles, plus directement saisissables les défauts de cette réglementation et, par conséquent, en justifier davantage les critiques.

§ 8. — Nous nous proposons, à la différence des autres livres écrits à ce sujet, d'examiner l'évolution des trois notions qui se présentent à nos yeux comme unies intimement par un lien logique : les minorités, l'Etat et la communauté internationale. Ces trois idées, sous peine d'être inexactement présentées, non seulement ne doivent pas être prises dans leur état statique, mais encore elles ne peuvent être examinées séparément. Car, si l'Etat ne nous apparaît pas comme une force absolue, immédiatement la question surgit : quelles sont les barrières qu'il trouve devant lui et qui l'empêchent de développer son activité en faisant bon marché de toutes autres limitations que celles qu'il veut bien s'imposer ? Evidemment, il les trouve dans d'autres forces qui fonctionnent à côté de lui.

---

(1) Du reste, toute étude du Droit des gens, d'après les définitions de Bluntschli, de Flora et de Renault, devrait avoir ces deux aspects (voir : RENAULT, *Introduction à l'étude du Droit international*, p. 11, op. cit.).

Ces limitations résultent de la coexistence des autres Etats — du fait de l'existence des règles indispensables à toute société — et du droit qu'a l'individu, pris isolément ou comme membre d'une collectivité inférieure à l'Etat, de voir partout respecter sa qualité d'être humain.

Autrement dit, quand, dans une étude des rapports entre les individus ou les groupements secondaires d'une part, et l'Etat d'autre part, se pose le difficile problème de la conciliation de leurs droits respectifs, on ne peut pas dire que ce problème regarde exclusivement le droit public interne, puisque, en vertu d'une conception très juste de la solidarité internationale, reposant elle-même sur l'idée d'une loi supérieure à la volonté des divers Etats particuliers, il y a une tendance très nette de la communauté internationale à intervenir pour la protection du droit de l'homme ou des minorités ethniques et religieuses prises comme entités collectives (1).

§ 9. — Remarquons que la défense des droits des minorités doit son origine à la tendance naturelle des peuples d'assumer la protection de leurs nationaux ou de leurs coreligionnaires résidant à l'étranger. Or, avant la Révolution française, il ne faut pas l'oublier, rares sont les cas où l'individu est protégé en sa simple qualité d'homme, en vertu du principe de la dignité humaine. Si les membres d'une minorité se trouvent protégés par un Etat étranger, c'est ou parce que cet Etat les considère comme ses nationaux (dans ce cas la protection des minorités est confondue avec la protection des étrangers) ou parce que

____

(1) Voir : Louis Le Fur, *Races, Nationalités, Etats*, op. cit., p. 120.

cet Etat protège une religion qui se trouve aussi celle des individus minoritaires contre l'attitude hostile d'un Etat ayant une autre religion. Dans ce dernier cas, remarquons qu'il ne faut pas confondre le cas où une religion est protégée par le droit international (la religion étant considérée comme une entité abstraite), avec le cas où la liberté religieuse — en tant que manifestation de la liberté individuelle — se trouve garantie. Dans ce dernier cas, il s'agit bien de la protection des minorités religieuses prises dans leur aspect individuel. « C'est un de ces cas — avec l'extradition, la répression de la traite et de la piraterie — où l'individu apparaît comme une personne du droit international, directement connue et protégée par lui. Ce n'est pas seulement dans sa liberté matérielle, mais bien dans sa liberté morale et religieuse qu'il se trouve garanti » (1).

Mais en tous cas, le droit public interne ne connaissait que les groupes, les communautés organisées ; donc il ne pouvait s'agir en principe que d'une protection globale.

§ 10. — Quant à l'aspect individuel de la protection des minorités, il n'apparaît qu'avec la proclamation de la liberté de conscience religieuse. Et en effet, historiquement parlant, c'est la liberté de conscience religieuse que l'humanité a comprise le plus tôt ; l'histoire des martyrs de la pensée religieuse a été celle qui l'a passionnée le plus et qui a attiré son attention depuis toujours. C'est par là que les individus minoritaires sont rentrés dans le droit international.

(1) V. Louis Le Fur, note citée, p. 120.

Depuis la Révolution française, c'est tout le contraire qui s'est produit. Nous savons que la Révolution a été, par réaction contre les idées de l'ancien régime, hostile à tout principe d'association intermédiaire entre l'Etat et l'individu. L'Etat ne veut pas voir des collectivités opposables à lui, mais seulement des individus. Or cela ne veut pas dire que ces collectivités n'ont aucune existence de fait ; tout au contraire : car les individus liés par une communauté ethnique, de religion ou de langue, ou même par un sentiment de vouloir-vivre en commun, dans leur lutte commune contre l'attitude agressive de la majorité, forment des groupes souvent très forts. Mais juridiquement le droit public révolutionnaire les ignorait, ou du moins, ne voulait pas les considérer comme entités organisées, personnalités morales semblables à lui et ayant des droits en dehors et au-dessus des droits des individus qui les composent.

Mais, depuis l'apparition dans le droit des gens du principe des nationalités à côté du principe de l'Etat, principe qui comporte nécessairement la reconnaissance aux groupes nationaux des droits collectifs opposables à l'autorité étatique, une évolution s'est produite au point de vue de la protection des droits des minorités, en ce sens que d'individuelle elle tend à devenir globale. « Cette évolution, dit l'éminent professeur de Lapradelle (1), fait penser à celle qui s'est produite dans le droit public ; là aussi la protection existe : c'est le résultat d'une longue évolution, lente et difficile qui n'a pas encore atteint son terme.

(1) Professeur G. DE LAPRADELLE, *Cours de Doctorat à la Faculté de Droit de Paris, Droit International public*, année 1919-1920.

La minorité dans le droit public interne se présente sous deux aspects : l'aspect individuel et l'aspect global.

L'aspect individuel : le type de la minorité, c'est l'individualité. Appartient-il à l'individu, en droit public interne, un certain nombre de droits essentiels qui limitent l'activité de l'Etat, c'est-à-dire le pouvoir de ceux qui, appuyés sur la volonté ou la passivité du plus grand nombre, représentent la majorité ? Alors nous avons la reconnaissance des droits de l'individu. Ses droits sont proclamés dans un certain nombre de documents, tels que les actes anglais : la Grande Charte, le Bill des Droits, d'une manière indirecte, mais qui finit par trouver une expression dans les grands textes américains et français de l'époque révolutionnaire : la Déclaration des Droits et la Constitution américaine, et dans les préfaces des constitutions particulières des Etats, ou encore les Déclarations inscrites en frontispice ou dans le corps des constitutions de 1791, 1793, an III, dont le prototype est la Déclaration des Droits de l'Homme et du Citoyen.

Il y a une expression de l'individualité. La majorité a un pouvoir, elle exerce l'autorité, mais cependant il y a une limite à cette autorité, limite qui est marquée par le droit de l'individu.

C'est déjà dans un sens une protection de la minorité, ce n'est pas encore une protection des minorités.

Pour qu'il y ait protection des minorités, il faut que la protection soit globale. Il s'agit de protéger un groupement d'hommes qui n'est pas dans la majorité, mais qui mérite de participer à l'exercice de la souveraineté.

En ce sens la protection des minorités n'est pas seulement procuratrice de résultats négatifs ; elle est créatrice de conséquences positives. Il ne s'agit plus de limiter les droits du pouvoir ; il s'agit de participer soi-même dans une certaine mesure à l'exercice de ce pouvoir. Et c'est, dans le droit public interne, en s'arrêtant aux opinions et, par voie de conséquences, aux partis que l'on a, dans le progrès du droit moderne, essayé d'organiser une protection des minorités, sous forme de représentation de ces minorités, représentation qui, après avoir été surtout du domaine de la spéculation politique, est devenue progressivement une réalité pratique... »

Pour comprendre tout le problème du rapport entre les minorités, l'Etat et la communauté internationale, il faut nettement distinguer la notion de la minorité, entité collective, et l'individu, membre d'une minorité.

§ 11. — Il existe dans tous les Etats un certain nombre d'éléments qui, tout en étant les sujets de l'Etat, sont inassimilables ou simplement résistent à l'action assimilatrice de l'Etat. Ils forment des minorités ethniques (là où les races restent à l'état pur), religieuses, de langue, ou nationales et qui n'ont aucune cohésion avec l'élément majoritaire — élément dominant —, d'où un antagonisme et une éternelle lutte.

C'est l'histoire de cette lutte que nous voulons exposer ici. A cette occasion se pose tout le problème du rapport de la force représentée par l'Etat, et du droit, du fait et de l'idée (1). Nous l'effleurons ici seulement. Mais nous

(1. Lire à ce sujet : René JOHANNET, *le Principe des Nationalités*, pp. 287 et 288.

tenons à répondre dès maintenant à cette question : comment, dans cette lutte entre les collectivités à caractère ethnique, religieux, national et l'Etat, — lutte qui, en somme, ne regarde qu'eux deux, — la communauté internationale entre-t-elle ? Autrement dit, comment une étude des rapports entre les minorités et l'Etat, — donc étude traitant un problème du droit public interne — est-elle en même temps une étude, comme le titre de cet ouvrage l'indique, du droit des gens et surtout, de plus en plus, du droit des gens? Les minorités, comme les individus, nous le savons, apparaissent comme susceptibles de s'opposer à l'Etat, de faire valoir des droits contre lui, non pas des droits naturels et encore moins ceux que la morale pure prescrit, mais des droits reconnus ou par l'Etat, ou par la société internationale, et munis d'une sanction positive (1).

La difficulté naît ici du conflit d'abord entre l'Etat et les minorités et ensuite entre le droit international et le droit public interne. Ou l'Etat, contrairement à ce que semble affirmer ce dernier, ne possède pas un droit de décision définitive pour les problèmes qui se posent à l'intérieur de son territoire, ou la communauté internationale n'a pas le droit de lui imposer en ces matières une ligne de conduite donnée ? Et cependant, elle le fait ; et tous les Etats ont reconnu à diverses reprises, nous le verrons, la légitimité de cette prétention. C'est donc bien déjà la reconnaissance officielle de certains principes d'un droit universel, *humain*, comme dit le professeur

____

(1) Voir L. Le Fur, ouvrage cité, p. 121 ; loc. cit.

Pillet, — ce qui est exact si on prend ici ce terme dans le sens où il s'oppose au national —, droit supérieur au droit de chaque Etat et susceptible d'être garanti par certaines sanctions positives (1).

C'est bien la reconnaissance de cette conception nouvelle du Droit des gens : « celle d'un lien nécessaire entre l'ordre international et l'ordre social dans l'Etat » (2). Cette nécessité d'harmonie se fait sentir davantage à mesure que se resserrent les liens internationaux. De plus en plus, logiquement, la sphère d'application du Droit international s'élargit au détriment de la prétendue souveraineté des Etats. On doit applaudir à cette extension, car, si l'on va au fond des choses, toute discipline juridique a pour but la paix, facteur indispensable du progrès ; or, le Droit international manquerait à sa mission pacificatrice par excellence, si, bornant son action aux seuls rapports mutuels entre les Etats, il laissait de côté ce contrôle essentiel qui consiste à ce que chaque Etat, dans sa propre organisation, applique certains principes communs du droit public (3). Car, dans la plupart des cas, c'est là que gît le germe d'un conflit international ; il serait difficile de le résoudre si on ne peut le prévenir, le tuer à sa source même.

(1) Voir les remarques citées de L. Le Fur, dans *Races, Nationalités, Etats*, pp. 121 et 122. De même, A. Pillet, *le Droit International public*, dans la Revue générale du Droit International public (année 1891) pp. 1 et suiv... De même, A. Rougier, *La Théorie de l'Intervention d'Humanité*, dans la même revue, t. 17 (année 1910, pp. 489 et suiv...

(2) Fougues Duparc, *La Protection des Minorités de race, de langue et de religion*, Thèse Paris, 1922, loc. cit., p. 191.

(3) Duparc, Op. cit., p. 182.

C'est donc bien dans le sens qu'indiquait Bluntschli (1), que le droit international évolue : « Il n'est pas impossible que le droit international devienne moins timide à l'avenir, et qu'il se croit autorisé à intervenir lorsqu'un Etat ne respecte pas suffisamment les lois de l'humanité ; il en serait alors, à peu près, comme dans les Etats fédératifs où le pouvoir central garantit aux citoyens certains droits, et intervient lorsqu'un Etat ou canton ne les respecte pas. »

Cette initiative a été critiquée par les auteurs partisans de la non-intervention dans les affaires intérieures des Etats. Notamment, le professeur Louis Renault, dans son *Introduction à l'Etude du Droit international*, s'est opposé violemment à cette extension du droit international (2).

---

(1) Dans son *Droit international codifié.*

(2) Voici l'opinion de M. Renault. Nous la citons parce qu'elle constitue une thèse entièrement opposée à la nôtre : « Si le domaine du Droit international a été étendu quant aux Etats dont il est appelé à régler les relations, et si on doit applaudir à cette extension, il ne faudrait pas demander une autre extension quant aux objets qu'il comprend. C'est des rapports entre Etats que s'occupe le Droit International, et c'est à ces rapports qu'il doit borner son action. Il doit s'abstenir de s'immiscer dans les affaires intérieures de ces Etats, sans quoi l'indépendance et la souveraineté des nations ne sont plus que des chimères. Dès qu'un Etat observe les règles du Droit dans ses rapports avec les autres Etats, il doit pouvoir se gouverner et s'administrer comme il l'entend, sans que d'autres Etats aient la prétention de lui imposer des lois sur des matières qui ne les regardent pas. Je pense que cela n'est pas désirable, parce que la pente serait glissante ; toutes les interventions pourraient ainsi être motivées. Dans certains Etats fédératifs comme la Suisse, les Etats-Unis d'Amérique, le Pacte fédéral garantit une Constitution républicaine aux membres de la Confédération. Rien n'empêcherait d'en arriver là, une fois qu'on aurait franchi les limites de la sphère naturelle du Droit International. La Déclaration

§ 12. — En règle générale, toutes proportions gardées, avant l'époque Moderne, tout individu appartenant à une minorité ethnique, religieuse, de langue ou nationale, était considéré à l'intérieur de l'État comme un étranger, sinon assimilé à un étranger. Mais en fait, sa situation était encore pire que celle d'un étranger proprement dit ; ce dernier jouissait toujours de l'intérêt que l'État auquel il

du 19 novembre 1792 de la Convention nationale (« La Convention déclare au nom de la Nation française qu'elle accordera fraternité et secours à tous les peuples qui voudront recouvrir leur liberté, et charge le pouvoir exécutif de donner aux généraux des ordres nécessaires pour porter secours à ces peuples et défendre les citoyens qui auraient été vexés ou qui pourraient l'être pour cause de liberté. Le présent décret sera traduit et imprimé dans toutes les langues »), déclaration qui a soulevé de si vives protestations au nom du droit des gens, pourrait donc être défendue ; un peuple peut de très bonne foi être convaincu qu'il y a une violation scandaleuse des droits individuels, quand les citoyens ne sont pas appelés à décider de leur sort, à participer à la gestion des affaires publiques, et qu'il est de son devoir de faire tous ses efforts pour que cet abus disparaisse. J'insiste, parce que cette tendance à sortir du domaine du droit national est d'autant plus dangereuse qu'elle vient souvent de sentiments très généreux qui font illusion sur la légitimité du droit qu'on prétend exercer...

Ainsi le Congrès de Berlin a soumis la reconnaissance du Monténégro, de la Serbie et de la Roumanie comme États indépendants, à la condition des articles 27, 35 et 44. Je n'ai pas à examiner si ces principes sont ou non, justes en eux-mêmes, s'ils n'entraînent pas des difficultés dans l'application, si des tempéraments ne seraient pas nécessaires pour tenir compte des conditions spéciales, politiques, morales ou économiques de chaque pays. Je soutiens seulement qu'un Congrès n'est pas compétent pour trancher de pareilles questions. Jamais on n'a indiqué une pareille condition parmi celles qui étaient exigées pour la constitution d'un nouvel État. Si la Serbie, le Monténégro et la Roumanie réunissent les éléments essentiels qui font les États souverains, ils doivent être reconnus comme tels, quelle que soit leur manière de voir en ce qui touche la liberté religieuse, l'accessibilité des habitants aux fonctions publiques, etc... Ces trois États vont certainement mettre leur législation en conformité avec les désirs du Congrès, mais des embarras surgiront nécessairement ; qu'une appartenait lui portait, et qui pouvait toujours, sinon l'aider, du moins intervenir en sa faveur ; tandis qu'un minoritaire, membre d'une collectivité provenant généralement d'une immigration, ou le plus souvent attachée malgré elle à un pays qui l'avait annexée, ne pouvait se prévaloir d'aucune nationalité ; c'était un heimatlos. Son pays est celui dans lequel il s'établit, parce qu'il n'en a pas d'autre, ou du moins, ne peut, ni par sa religion, ni par sa race ou sa nationalité, se prévaloir de la protection du pays avec lequel il a quelques affinités d'origine ou autres ; car dans ce dernier cas, cet Etat le protège comme s'il était encore son sujet.

En résumé, jusqu'à la Révolution française, en règle générale, la situation d'un individu minoritaire est celle d'un étranger sans patrie ; et cependant, en fait, là où il est, là est sa patrie ; seulement on lui refuse ce droit.

Or, avant la Révolution française, l'étranger, le minoritaire protégé par un Etat étranger, ou le minoritaire

mesure de police doive être prise, par exemple, à l'égard de telle ou telle manifestation religieuse, les individus qui en auraient été l'objet recourront à l'intervention des puissances qui vont donc exercer un contrôle permanent sur l'administration intérieure de ces pays. Est-ce que, s'il prenait fantaisie à l'Espagne de supprimer la liberté religieuse, qui est de date récente chez elle, de décider que les catholiques seuls auront des droits politiques et pourront pratiquer librement leur culte, les puissances retireraient immédiatement le titre d'Etat souverain à l'Espagne ? Y-a-t-il bien longtemps que dans la libre Angleterre la distinction des croyances religieuses n'est plus opposée à personne, comme motif d'exclusion ou d'incapacité en ce qui concerne la jouissance des droits civils et politiques, l'admission aux emplois publics, fonctions ou honneurs ? Le Congrès de Berlin consacre donc une extension du Droit International dans le sens indiqué par Bluntschli, mais, à mon avis, cette extension est loin d'être un progrès. »

heimatlos, pas plus que tout individu, n'avait de droits propres à opposer à l'Etat dans lequel il était installé ; en outre, il n'avait aucun moyen d'action pour obliger l'Etat à respecter ses droits. Les Etats ne se présentaient pas comme des organismes complets et indépendants, munis d'un pouvoir législatif fort, pourvu de tribunaux capables de rendre la justice aux plaideurs étrangers, ou à ceux qui étaient considérés comme tels.

On sait combien imparfaite est la notion de l'Etat à cette époque : impuissance et fractionnement des pouvoirs publics d'une part, abus scandaleux des prérogatives de la souveraineté, d'autre part. Dans ces conditions, il était évidemment difficile de trouver une autorité compétente pour fixer l'étendue des droits dont devaient jouir les minorités, et pour tracer les limites de la responsabilité encourue par l'Etat qui avait violé ces droits.

Les étrangers, à la différence des individus minoritaires, avaient un seul moyen : les lettres de marques. Les minorités ne pouvaient pas les avoir, car l'individu ayant ces lettres n'exerçait pas un droit propre, mais il agissait comme délégué de son Etat. Or, les minorités n'ont pas d'Etat.

Pour comprendre les changements ultérieurs qui se sont opérés, il faut commencer par se représenter exactement les circonstances qui ont contribué à produire cet état de choses.

A) Si on se reporte à l'antiquité, l'histoire de la Grèce et de Rome comprises, on y distingue plusieurs cas dans lesquels des représentants de groupes différents pouvaient se rencontrer sur le même sol :

1° Le cas des relations pacifiques était rare. La rencontre de deux groupes, c'était le plus souvent une lutte sans merci se terminant par l'écrasement ou la soumission complète du vaincu. « Telle est la situation générale de l'antiquité : la guerre et la conquête sont les moyens nécessaires par lesquels l'action civilisatrice du vainqueur ou du vaincu a pu se frayer un chemin hors des limites nationales » (1) Les relations internationales sont du domaine de la force brutale, comme, du reste, les premières relations entre les individus.

2° Les émigrations — comme celles des Grecs, organisées sous la direction du gouvernement métropolitain — étaient de véritables expéditions militaires. C'était là encore une lutte entre deux collectivités de races différentes, lutte qui fixait définitivement qui serait majorité ou minorité. Maître ou esclave ? Il n'y avait pas d'autre solution.

3° Tout individu isolé n'ayant rien de commun avec le vainqueur était étranger « *hostis* » et jouissait d'une situation très précaire.

B) Nous laissons de côté, pour le moment, l'histoire de Rome. Ses conquêtes s'étendaient, du reste, presque à tout ce qui était alors connu. Les inégalités qui existaient entre les différents peuples composant l'Empire romain, les différents privilèges qui étaient accordés à certains d'entre eux, étaient le fait du droit public interne que nous examinerons plus loin.

---

(1) Holtzendorff-Rivier, *Introduction du droit des gens* (1888-1889).

C) Les choses ne changèrent que très peu avec le régime féodal.

La féodalité rive l'homme au sol. Celui qui a franchi les frontières de sa seigneurie est appelé aubain. Installé sur le sol d'une autre seigneurie, comme tout étranger, il n'a pas de droits.

D) Mais voici une nouvelle phase qui arrive : la formation d'Etats forts par la centralisation des pouvoirs publics entre les mains d'un monarque ; les conditions nouvelles de la vie font que ces collectivités puissantes ne peuvent plus vivre isolées. Pour la satisfaction des besoins nouveaux nés avant la Renaissance, il faut s'adresser à l'industrie étrangère, attirer les artisans d'autres pays avec un traitement de faveur. On ne se battra plus les armes en main. Le terrain de conflit s'élargit ; on luttera sur le terrain économique.

E) Avec la Réforme un courant nouveau paraît se dessiner ; la liberté de conscience arrive à se conquérir une place — dans les rapports internationaux des Etats seulement. Quant aux individus dissidents, ils commencent à jouir d'une certaine liberté, — sous la condition de s'expatrier. L'asile est pratiqué plus largement. Mais le droit d'asile propagé par la Réforme ne s'applique qu'aux coreligionnaires. Or, si on va au fond du droit d'asile, tel qu'il était pratiqué dans cette période, on voit que ce n'était pas là une institution destinée à protéger les minorités religieuses poursuivies à cause de leur religion, mais plutôt un brandon de guerre entre les Etats qui, influencés par les idées courantes du temps, voyaient dans une nombreuse population la condition essentielle de la prospérité et de la puissance d'un pays, et par suite, voyaient d'un œil défavorable la désertion du pays par leurs sujets, fussent-ils minoritaires hérétiques. C'est pour la même raison économique, le commerce étant devenu une affaire nationale, que le travail industriel et commercial des mi norités était aidé et protégé par le gouvernement central et toléré par la province. Sous cette réserve, nous pouvons dire, pour nous résumer, que jusqu'à la fin du xviiie siècle l'individu appartenant à une minorité, ainsi que l'étranger en sa simple qualité d'homme, n'est pas l'objet de protection. Ce n'est qu'exceptionnellement qu'une règle de droit public interne et très rarement un traité international viennent leur garantir les droits essentiels.

Les organes propres de la vie locale n'étaient pas appropriés à la protection de ces éléments; ceux-ci restaient donc sans défense en face de l'Etat qui ne les considérait, en général, que comme membres d'un groupement rival situé non en dehors de son territoire, mais chez lui, tout près. Ce n'est qu'exceptionnellement, répétons-le, et en tant que groupes, collectivités organisées dans l'Etat, que les minorités jouissaient d'une certaine garantie du droit public interne.

La communauté internationale devant ces Etats forts, qui exagéraient à l'excès l'idée qu'ils se faisaient de leur souveraineté, a une voix encore trop faible pour exercer à chaque instant une pression sur la souveraineté interne de l'Etat, sinon pour l'obliger à faire jouir ces minorités du bénéfice de l'organisation locale, au moins pour neutraliser l'action hostile de l'Etat à l'égard de ces éléments qu'il considérait comme étrangers. Car, pour que les minorités jouissent d'une protection efficace venant du dehors, il leur faudrait une intervention constante d'un Etat étranger, soit pour se faire accorder les privilèges par des stipulations des traités, soit pour imposer des concessions de force à l'Etat qui s'y opposait. Or l'intervention désintéressée n'existe pas, et ne saurait exister à l'époque qui nous occupe.

§ 13. — La Révolution française nous fait assister à une nouvelle phase dans le développement de ce problème. Et comme il s'agit d'une nouvelle conception de protection qui sera opposée à celle que nous venons d'analyser, nous allons l'esquisser ici même avant d'en poursuivre l'exposé.

Le Droit de l'homme en tant qu'être humain venait d'être proclamé. Or, l'homme apparaissant comme un sujet de droit, transporte sa substance humaine partout où il se trouve ; c'est l'Etat où il réside qui est tout naturellement chargé de lui assurer la jouissance et l'exercice de ses droits. Donc le seul fait que l'individu se trouve dans la sphère légale de l'action d'un Etat, oblige celui-ci à compter avec lui ; dès lors, en principe, il n'y a plus besoin de faire appel constamment à l'intervention d'une autre puissance, ou de la collectivité internationale pour arriver à la reconnaissance du droit des individus minoritaires. On n'a qu'à laisser s'épanouir la qualité juridique de l'homme qui doit finir par s'imposer à tous les législateurs.

Telle devait être la conséquence de la doctrine pure des droits individuels. Mais la Révolution même a fourni la preuve qu'il ne suffit pas de proclamer et de reconnaître un droit pour que l'exercice de celui-ci fût efficacement garanti, même quand il s'agit du domaine restreint du droit public interne. Le droit de l'individu à sa vie, à sa liberté, à sa religion, à sa langue ou à sa nationalité, a infiniment plus de peine à triompher dans les rapports internationaux des Etats quelquefois en conflit entre eux, poursuivant souvent des buts et des intérêts opposés. Ainsi, personne n'a eu l'imprudence de se fier à la toute puissance des principes seuls.

Certains traités du xix° siècle sont venus stipuler des droits en faveur des minorités religieuses d'abord, nationales ensuite, et la violation de ces droits n'a jamais manqué de provoquer des protestations plus ou moins efficaces de la part des Etats. Donc un changement profond s'est opéré dans les esprits et dans les rapports internationaux des Etats. Nous le marquerons dans la suite.

§ 14. — On trouve désormais dans la pratique et dans la doctrine deux tendances contraires : l'une voudrait remettre entre les mains du souverain local le soin d'assurer le droit et les intérêts des minorités dont il se trouve chargé par la force des choses, puisqu'elles deviennent ses sujets et se différencient des étrangers. Une autre conception tout opposée se méfie du souverain local qui est toujours porté à s'exagérer son rôle et l'idée de sa puissance. Les intérêts des minorités peuvent être menacés soit parce que l'Etat n'a pas la bonne volonté de s'acquitter scrupuleusement de la mission que lui impose la présence des minorités, soit parce que le même Etat n'a pas une conscience nette du rôle que lui assigne sa situation internationale. Dès lors on voudrait faire intervenir une organisation supérieure, la communauté internationale, qui, par une intervention du dehors, viendrait toujours rappeler l'Etat à son devoir.

Nous verrons ensuite comment ces deux conceptions se combinent, se combattent le plus souvent.

§ 15. — En attendant, constatons que la propagation des idées de la Révolution française eut pour conséquence d'affranchir l'individu du lien de l'allégeance perpétuelle qui l'attachait anciennement au sol, et de provoquer les courants d'émigration. La présence des minorités, des sujets différant par la race, la religion, la langue ou la nationalité de la majorité, est considérée dans un Etat comme un fait normal.

D'un autre côté, la lutte deviendra plus âpre, car désormais le principe des nationalités réveillé par la Révolution, va s'opposer au principe de l'Etat. Toute l'histoire du xix⁰ siècle et même de l'heure actuelle est l'histoire de cette lutte.

§ 16. — Normalement la solution des questions soulevées par la protection des minorités devrait être facile. Les minorités, au lieu de chercher l'aide et protection dans l'intervention de l'Etat avec lequel elles ont quelques affinités d'origine ou de nationalités etc.. ou dans l'intervention collective de la communauté internationale, vont chercher leurs moyens de protection dans l'organisation interne de l'Etat dont elles sont les sujets. On n'aurait qu'à laisser agir le progrès des mœurs qui nous amènerait à l'état de choses désiré.

Malheureusement les situations qui se présentent dans

les rapports internationaux, les motifs qui inspirent les peuples sont des plus variés. Les droits des minorités ne sont pas respectés par tous les peuples, même par ceux qui ont inscrit les principes de liberté dans leurs Codes ou dans leurs Constitutions.

En temps de guerre la majorité ne sera-t-elle pas portée à voir dans une minorité son ennemi sympathisant avec l'Etat rival ? Ou, dans une lutte économique, sera-t-elle autorisée à prendre des mesures restrictives contre l'envahissement de son industrie, de son commerce, par les membres d'une minorité qui ne lui sont pas attachés par les liens solides du sang, de la langue, de la pensée, de la religion et de la nationalité ? Ou supposons le cas d'une guerre civile menaçant son unité, son existence même. La question en droit international public se pose alors en ces termes : une collectivité nationale qui représente la majorité numérique ou celle qui dirige le pays, peut-elle prendre des mesures restrictives de la liberté des minorités pour sauvegarder un intérêt qu'elle considère, à tort ou à raison, comme essentiel à la conservation de son indépendance ? Si la collectivité est libre, dans ce cas, de fixer les limites de ses obligations envers les minorités, peut-elle les restreindre jusqu'à les méconnaître, jusqu'à les violer, quand un intérêt collectif de la majorité se trouve menacé ou au moins mis en jeu ?

Examinons maintenant le cas dans une période de paix. Alors, dans une conversation normale et pacifique qui s'engage entre l'individu minoritaire ou une minorité prise comme entité morale et l'Etat, il faudra préalablement résoudre le problème des limites respectives d'une part des prérogatives de l'autorité, et d'autre part des droits de l'individu ou de la collectivité minoritaires.

Ce n'est pas tout. Prenons une autre hypothèse, très fréquente, celle où un Etat étranger, intéressé au sort de ces minorités, du fait que celles-ci sont liées à lui par les caractères ethniques, linguistiques, religieux ou nationaux, émet la prétention de les protéger. Dans cette hypothèse, on est obligé, après avoir délimité le domaine respectif des droits individuels, des droits collectifs de la minorité et des prérogatives de l'Etat, de faire quelque chose de plus : fixer les limites précises de la compétence respective des deux autorités étatiques mises en présence. L'Etat où réside la minorité dira avec raison : j'ai pris mes dispositions pour assurer la vie et les biens de l'individu minoritaire ; je l'ai placé dans des conditions favorables pour le développement de ses facultés. L'Etat conational ou coreligionnaire du minoritaire ne manquera jamais de répondre : étant donné le lien qui unit l'homme dont il s'agit à la collectivité que je représente, lien naturel, sacré, à la différence du lien artificiel de sujétion qui l'attache à l'Etat où il se trouve malgré lui, je revendique pour moi la prérogative de le protéger.

C'est maintenant qu'intervient dans la conversation la communanuté internationale. En effet, un entretien analogue de deux Etats risque toujours de tourner mal et de dégénérer en un conflit. En attendant, les droits des minorités restent en souffrance.

Il faut songer surtout à la situation faite aux minorités, dans les Etats mi-civilisés ou barbares où les droits les plus élémentaires de l'homme sont souvent violés par suite de l'incapacité d'organiser ou même de concevoir un ordre de choses suffisant pour assurer le fonctionnement régulier de la vie sociale, et encore moins de faire respecter les droits des minorités, par suite du fanatisme religieux ou national. Du reste, même les États civilisés n'appliquent pas toujours les mêmes principes dans leurs législations envers ceux qui ne sont pas de même nationalité ou de même race que la majorité qui gouverne. Ne parlons pas de la situation exceptionnelle comme la guerre ou la guerre civile. Prenons la législation qui régit les colonies. On y voit apparaître l'État conquérant moins occupé à asseoir solidement la vie sociale qu'à étendre sa domination, quitte à sacrifier à cet effet le droit de l'individu, de l'individu de race inférieure à plus forte raison.

Dans ces différentes hypothèses, le droit de l'individu minoritaire est exposé à varier à l'infini. Ne peut-on pas opérer d'autorité un classement parmi ces droits, pour déclarer que tels d'entre eux sont irréductibles, que leur exercice doit être toujours garanti à l'individu, comme inhérents à la qualité d'être humain ? C'est justement le rôle de la communauté internationale. Celle-ci après avoir fixé le nombre des droits nationaux de l'individu minoritaire, fixera les droits des minorités nationales reconnues personnes morales du droit public, et déclarerait que la violation de ces droits pourra provoquer l'intervention collective ou même l'intervention isolée d'un État, organe de la communauté internationale.

§ 17. — Cela veut dire que l'organisation d'un État est imparfaite et incapable de s'acquitter entièrement de la mission qui lui incombe. D'abord parce qu'il se considère à tort comme représentant des intérêts exclusifs d'un groupe et ensuite, « l'Etat a une tendance constante à devenir la chose de quelques-uns, la chose de ceux qui détiennent la plus grande force sociale, les gouvernants » (1). La notion de l'Etat étant nationaliste est fausse. Or, comme dans chaque Etat il y a des intérêts supérieurs non nationalistes et quelquefois même anti-nationalistes, dont le respect doit s'imposer à tout Etat, quand ce dernier laisse en souffrance un de ces intérêts, il faut qu'une autre collectivité, mieux appropriée pour comprendre et défendre les intérêts de cette sorte, puisse se substituer à l'Etat défaillant pour remplir à sa place la mission nécessaire.

L'Etat — et remarquons qu'il peut s'agir d'un Etat civilisé — n'a pas assez d'éléments universels ni de caractères d'impartialité pour pouvoir et vouloir s'acquitter de la mission de protection qui lui incombe envers tous ceux qui se présentent sur son territoire, hommes de différentes races, de couleurs diverses, de cultes variés, parlant des langues multiples, se rattachant par les liens de nationalité ou de sujétion à des collectivités étrangères, quelquefois même ne relevant d'aucun groupe déterminé.

Il faut superposer à l'organisation de chaque Etat une organisation supérieure commune qui aura une mission :

1° de contrôler ;

2° de procurer une sanction aux obligations internationales ;

-----

(1) Georges SCELLE, *Essai de Systématique du Droit international*, article extrait de la R. D. I. P. (année 1923), p. 5 ; op. cit...

3° de se substituer à l'Etat pour remplir la mission de protection, quand ce dernier, bien que cette mission lui revienne naturellement, néglige de la remplir ;

4° d'élaborer les formes supérieures de collaboration internationale pour faire face aux besoins collectifs de la vie internationale.

Dans cette conception, la communauté internationale se présente seule avec le caractère d'une force souveraine.

Ici encore, le droit des minorités et le droit de l'individu minoritaire vont être respectés et recevront une sanction énergique par une intervention du dehors. Ce qui présuppose toujours la délimitation des compétences respectives de la communauté internationale, de l'Etat et des minorités envisagées sous leur double aspect : individuel et global.

Cette analyse est des plus complexes et des plus difficiles. Elle exige un examen attentif des notions de l'individu minoritaire, des minorités-groupes, de l'Etat et de la communauté internationale.

Nous faisons cet examen à la lumière des faits historiques. Cela nous permettra de faire comprendre nos conclusions et, en général, les principes mis à la base de cet ouvrage.

PREMIÈRE PARTIE

LES MINORITÉS, L'ÉTAT ET LA COMMUNAUTÉ INTERNATIONALE JUSQU'AU TRAITÉ DE WESTPHALIE.

CHAPITRE Ier

Haute Antiquité

Commençons par nous placer dans la haute antiquité ; nous essaierons d'observer dans l'histoire, les différentes conditions dans lesquelles un groupe arrivait à exercer sa domination sur un autre groupe, ainsi que les caractères du rapport entre le vainqueur et le vaincu.

§ 1. — Le groupe vainqueur, pour affirmer son autorité, n'avait qu'un moyen : celui d'anéantir le vaincu ou, le plus souvent, de le réduire en esclavage. Moyen évidemment très simple pour résoudre le problème du rapport entre la minorité et la majorité, c'est l'esclavage, ou encore — moyen plus radical —, c'est de n'avoir pas du tout de problème à résoudre, c'est la suppression pure et simple de la minorité (1).

(1) V. l'observation de F. de Martens (*Traité de Droit international,* Introduction). « Chaque Nation considère les autres comme des ennemis naturels à vaincre, à asservir ou à anéantir. »

Mais malgré le caractère absolu que devait revêtir au début, une pareille domination, nous voyons cependant qu'après les premiers bouleversements un état de choses supportable commence à se créer.

L'Etat antique que nous voyons toujours aspirer à la domination de groupes voisins, a été poussé non par l'idée consciente et préconçue de former un empire universel, mais par la nécessité pressante de s'adjoindre d'autres collectivités, dont le concours devait permettre à l'Etat devenu ainsi plus vaste, de subsister, en adoptant un régime de division du travail entre les vainqueurs et les vaincus plus conforme aux exigences économiques. Ainsi le peuple vainqueur formera une caste supérieure qui aura pour occupation d'élargir le domaine de l'Etat, de le défendre, de réprimer les révoltes des vaincus. Ceux-ci seront réduits à l'esclavage pour travailler. Chacun de ces groupements élémentaires composant la grande collectivité est une pièce essentielle du mécanisme entier.

Mais, si l'Etat antique concevait sa souveraineté de la façon la plus absolue, comme soumission sans conditions des groupes plus faibles à son autorité, il y avait d'autres influences qui contrebalançaient et qui paralysaient cette autorité. Nous faisons allusion à l'empire exercé sur le monde antique par la religion et la morale. Car, si l'Etat ne reconnaissait pas d'indépendance politique au groupe vaincu, et s'il ne se faisait pas scrupule de transférer un peuple entier d'un territoire sur un autre pour lui enlever toute tentative de résistance, ce même Etat était plein d'égards pour les dieux des vaincus,

parce que ceux-ci pouvaient menacer de leur colère les
hommes qui maltraitaient leurs fidèles. Il y avait même
quelque chose de plus, les dieux du vainqueur et du
vaincu appartenaient souvent à la même famille ; les
mêmes rites étaient peut-être pratiqués pour célébrer les
fêtes communes. En tous cas, accorder le libre exercice
du culte au groupe vaincu, c'était lui octroyer une certaine *autonomie locale*, puisque de nombreuses manifestations de la vie publique et privée venaient se grouper
autour de la pratique du culte.

Voilà pour les groupes minoritaires, groupes vaincus
faisant partie d'un État.

§ 2. — Considérons l'individu, en tant que membre
d'un groupe vaincu, pris isolément. Ici encore, la religion et la morale vont exercer leur action bienfaisante.
Évidemment, la liberté de conscience est ignorée, et ne
peut être comprise, car qui dit liberté de conscience, dit
conscience individuelle et l'antiquité ne la connaît pas.
Chaque individu a ses dieux, dieux de la tribu, différents
de ceux du groupe voisin. La religion est une sorte de
statut national qui peut être aussi un statut personnel
pour l'individu isolé vivant dans un autre groupe et qui
le suit partout. Comme l'idée d'un Dieu unique, seul
vrai, également Seigneur de tous les peuples n'a pas encore paru, les divinités locales sont considérées partout
comme régnant chacune en son domaine. Nul ne devient
persécuteur, parce que nul ne songe à contester la puissance du dieu de son voisin. De là vient cette sorte de
tolérance universelle que nous montre le polythéisme.
Les conquérants ne détruisent pas les dieux des vaincus ;

ils vont plutôt dans leurs temples se faire consacrer en triomphe. Syrus sacrifie à Babylone ; Darius et Cambyse en Egypte et Xerxès au sanctuaire de Délos ; Alexandre se fait appeler fils d'Ammon (1 et 2).

Un peuple seul fait exception dans l'antiquité. Israël est intolérant. D'un polythéisme grossier, il s'est élevé peu à peu à la voix puissante de ses prophètes, jusqu'à l'idée de la cause unique. Jéhovah est le seul Dieu, le vrai Dieu : « Je suis le Seigneur, votre Dieu », dit-il à Moïse. « Vous n'aurez point en ma présence de Dieux étrangers. »

De l'exagération d'un tel sentiment naît ce fanatisme religieux dont les excès iront si loin que les Romains se verront forcés de le poursuivre avec rigueur. Mais cette persécution juive, comme celle des chrétiens plus tard, sera essentiellement politique ; elle ne visera pas la croyance. C'est à raison de leur attitude envers l'Etat que

(1) V. Jean de Rioden, *la Liberté de Conscience en Droit international* (Discours à la séance solennelle de rentrée de la Conférence française du Bareau de Gand, 1901) dans la R. D. I., 2ᵉ série, t. 7, p. 283, op. cit..

(2) Donc, d'après l'impression générale qui ressort de l'histoire de l'antiquité, nous nous croyons autorisé à dire que M. le professeur Weiss n'est pas dans le vrai, lorsqu'il semble affirmer (*Traité théorique et pratique de Droit international*, t. 2), que le mépris de l'étranger dans la société antique, théocratique, groupée autour de l'idée religieuse et soumise à la domination d'un sacerdoce, vient de la différence religieuse entre le national « élu de la divinité », — ce qui est, soit dit en passant, faux, vu l'idée de l'égalité entre les dieux que dégage le polythéisme, — et l'être impur, l'étranger. L'étranger est méprisé, impur, *hostis*, non parce qu'il a d'autres dieux, mais parce qu'il est membre du groupe rival, parce qu'il est vaincu; c'est tout le contraire de l'opinion de M. Weiss. Que dire alors des Romains qui ne se contentaient pas seulement de laisser vivre les dieux des peuples soumis ; ils vont jusqu'à les prendre pour eux, si bien qu'après la conquête du monde, ils en auront par milliers ; Rome deviendra le centre religieux du monde.

les adorateurs de Jéhovah et de Jésus seront persécutés. Quand ils médisent des dieux païens, on s'en inquiète peu. Le crime de lèse-divinité, puni si terriblement plus tard, n'existe pas encore. « C'est aux dieux qu'il appartient de venger leurs injures », dit Tibère. *Deorum injuriæ, diis curæ* (1).

§ 3. — Le remarquable ouvrage de Holtzendorff (2) donne sur l'histoire Médo-Perse de très intéressants renseignements à notre point de vue. La situation des peuples vaincus dans la Perse antique était telle qu'on est tenté d'y trouver des ressemblances avec un État fédératif. Et pourtant, quoique l'Empire contînt assez d'éléments pour pouvoir subsister, il croula au premier choc, 200 ans après sa fondation.

C'est parce que la Perse, comme tout État antique, ne pouvait pas avoir une notion claire de sa mission historique, car, au lieu d'asseoir sa souveraineté sur des bases solides, il ne cherchait qu'à l'étendre et il marchait toujours, se croyant appelé à la suprématie universelle, jusqu'à ce qu'un groupe plus fort arrivât à lui opposer une résistance efficace. Mais comme deux groupes ne pouvaient pas subsister sans reconnaître un supérieur commun, il en résultait des luttes qui devaient amener l'épuisement de l'un des adversaires pour le soumettre au rival vainqueur.

(1) Cité par DE RIDDER.

(2) *L'introduction du Droit des gens*, parue en français en 1888-1889 dont la 4ᵉ partie : *Esquisse d'une histoire littéraire des Systèmes et des Méthodes du Droit des gens depuis Grotius jusqu'à nos jours*, a été faite par Alphonse RIVIER, professeur à l'Université de Bruxelles.

CHAPITRE II

La Grèce

Avec l'histoire de la Grèce, des éléments nouveaux vont entrer en jeu. Il n'y a pas d'inégalités aussi tranchées dans la condition des membres composant le groupe, comme dans les empires d'Orient.

§ 1. — Pour les Grecs, la faculté de se suffire à eux-mêmes par leur situation géographique, le fait de former un organisme complet, bref, l' « autarchie », c'était le trait essentiel de l'Etat (1).

Le monde hellène n'aspire pas à la domination universelle ; mais ayant une haute opinion de sa race, une orgueilleuse conception du rôle des Grecs dans le monde ancien — conception qui se reflète dans les œuvres de Platon et d'Aristote —, il traite avec mépris et considère comme ennemi tout ce qui est en dehors de lui, tout ce qui porte le nom de barbare. L'Etat Grec ne reconnaissait pas le droit égal des groupes barbares.

Cette absence de l'idée d'égalité, on la voyait aussi dans les relations plus étroites entre les tribus grecques. Bien que la communauté d'origine, de langue, de religion ait éveillé un certain sentiment d'unité collective et qu'elle dût conduire le monde grec vers la formation d'une fédération hellénique, malgré les fameuses amphyctionies

____

(1) Louis Le Fur, *L'Etat fédéral* et la *Confédération d'Etats*, op. cit., p. 35.

reposant sur des rapport de voisinage et sur des traditions
religieuses communes, l'aspiration à la décentralisation
laissant à chaque État son indépendance, même pour les
affaires extérieures, devait à la fin triompher et amener
leur chute.

§ 2. — C'est au point de vue de la situation de fait qu'il
faisait à l'individu, même à l'étranger —· à l'homme appartenant à un autre groupe ethnique —, que le monde
grec apparaît comme supérieur aux empires de la haute
antiquité. Étant donné la tendance de cette organisation
qui cherche moins à s'étendre au dehors par la force des
armes qu'à se satisfaire à elle-même, étant donné aussi
le peu d'étendue de son territoire, les Grecs sont arrivés à
faire sentir leur action d'une manière très efficace sur
tous les groupes minoritaires de leurs États.

Les éléments étrangers, au lieu d'être toujours asservis
ou exclus, trouvaient une protection plus ou moins sûre
dans quelques institutions semi-religieuses et semi-poli
tiques. *Les proxénies* étaient destinées à leur assurer un
traitement favorable sur tout le territoire grec. Elles res-
semblaient fortement au système consulaire.

Le droit d'asile, hospitalité publique — dont l'origine
se trouve dans l'hospitalité privée (*hospitum privatum*) si
importante dans l'antiquité et qui faisait qu'un étranger
était considéré comme un suppliant protégé des dieux et
qu'on traitait comme un hôte dont la violation était considérée comme un crime — était très important chez les
Grecs.

C'est surtout Athènes qui ouvrait avec bienveillance
son territoire aux éléments étrangers.

A côté de la proxénie s'appliquant surtout aux étrangers de passage, à côté de l'institution spéciale de patronage d'un *prostate* choisi librement par les *mélèques*, étrangers résidant dans Athènes sans avoir été naturalisés, nous y trouvons les *isotèles*, Athéniens d'origine étrangère, minorités, au sens que nous donnons à ce mot; ils avaient la jouissance des droits civils (1).

(1) Paul FAUCHILLE, *Traité de Droit international public*, t. 1, 1ᵉ partie, (édit. de 1923), p. 70.

CHAPITRE III

Rome

L'Empire romain nous fournit un nouveau type d'Etat.

Voyons d'abord comment il a résolu le problème des rapports avec les groupes qui lui étaient étrangers et soumis à sa domination ; et ensuite, quelle était la situation de l'individu minoritaire, non romain, dans cette organisation.

§ 1. — Rome, groupe puissant, ne pouvait pas se condamner à l'immobilité. Considérant qu'elle n'était pas un tout achevé, elle devait fatalement recourir au service d'une autre collectivité. Elle aurait pu organiser avec celle-ci ce que nous appelons aujourd'hui un système juridique des rapports internationaux sur la base d'une assistance mutuelle. A cet effet, l'Etat romain devait commencer par considérer les autres groupes comme égaux en droit. Mais, par quel processus de réflexions pouvait-il arriver à cette conception ? L'Etat antique, ce n'est pas un organe destiné à remplir certaines fonctions; il croyait contenir en lui-même tous les éléments nécessaires à sa vie ; il se considérait comme l'unique source du droit, comme une fin en soi, le tout devant lequel l'homme s'émiettait, disparaissait. Le droit de l'individu, sauvegardé tant bien que mal par la religion et la morale, ne pouvait pas, aux yeux de l'Etat, être considéré comme le but de son existence.

Si l'Etat antique avait admis que sa principale mission

était le bien-être humain, qu'il n'existait que pour les individus, il aurait naturellement et progressivement été amené à reconnaître la mission égale des autres groupes, à admettre leur existence indépendante et à accepter leur collaboration en vue de la réalisation d'un but commun à eux tous. Parti d'une conception toute opposée — l'individu pour l'Etat — l'Etat antique, forcé de s'assurer la collaboration des groupes voisins, était obligé, n'ayant pas d'autre solution, de les soumettre à son autorité (1). Il finissait, gonflé à l'excès, à éclater d'épuisement dans la lutte.

Rome procédait de la même façon que tous les Etats antiques : pour élargir le cercle de sa débordante activité, ne pouvant pas avoir la collaboration spontanée des autres groupements, elle recourait à la conquête de tout groupe qui, ne voulait pas par force (ce qu'on appelait alors traité), accepter les conditions romaines. Elle a réussi à réaliser à elle seule l'Empire universel. L'idée de la mission historique de l'Etat, on le voit, n'a pas fait de progrès (2).

(1) Tchernoff, *loc. cit.*, p. 31.

(2) Sur ce point, nous osons dire que nous ne sommes pas de l'avis de M. Fauchille qui, dans son excellent *Traité*, t. 1, p. 70 (Edit. de 1923), affirme que « le Droit International ne peut naître en ce moment, non par l'imperfection des vues scientifiques, mais par l'effet de la politique romaine ». « Les immortels jurisconsultes qui ont élaboré le droit civil, inspirateurs de toutes les législations modernes » n'ont pas pu, « aussi aisément », comme le dit M. Fauchille, poser les fondements d'un droit international public, non parce que cette jurisprudence spéciale eût été absolument incompatible avec la prétention à la domination sur le monde connu, mais parce que l'idée de l'égalité entre groupements dissemblables leur était entièrement et infranchissablement inconnue. Ce n'est pas la politique romaine qui les gênait ; c'est quelque chose de beaucoup plus

Mais en fait, il y a un changement dans l'attitude de Rome vis-à-vis des groupements soumis, vi-à-vis des minorités.

« Pour la première fois on voit chez les Romains la notion de droit s'élever à une indépendance complète » (1). Rome, à la différence de la Grèce et des Empires d'Orient, a su dégager et isoler la notion de l'opportunité et de l'utilité publiques de celle du droit des particuliers. Cette conception lui permettait de laisser aux provinces soumises leurs droits personnels, au moins là où les intérêts de l'administration ne s'y opposaient pas.

D'autre part, par le seul fait de l'immensité de l'Empire, tous les groupes conquis ne sentaient par le joug immédiat de Rome. Une certaine *autonomie* était laissée aux provinces et à certaines villes. Celles-ci subissant à peu près toutes le même régime, devaient apprendre à se considérer égales entre elles dans le droit public interne. La communauté internationale n'existe pas, car tout le monde connu est sous le droit public romain.

§ 2. — Voyons le rapport de l'individu minoritaire, pris isolément avec l'Etat.

Beudant (2) cite ce passage de Duruy : « L'Etat était devenu si grand que le citoyen s'y perdit et l'homme so

---

profond qui était la vraie cause de cette politique, car cette politique n'était pas l'effet de l'imagination d'un conquérant : elle répondait et elle répond encore aux besoins intimes de l'humanité de se sentir uni. La preuve en est, que cette idée hantera plus d'un esprit au cours du moyen-âge et même de notre temps. C'est pour cela que l'idée d'une monarchie universelle devait réapparaître même après la chute de l'Empire romain.

(1) HOLTZENDORFF-RIVIER, *L'Introduction*, p. 225.

(2) Voir : *L'Etat et l'individu*, p. 35.

retrouva avec le sentiment de la dignité humaine supérieure à toute loi positive... Le développement de la législation amena les jurisconsultes romains à dégager la notion, il est vrai, toute empirique, de droits naturels. »

En effet, lorsqu'il s'agissait de régler les besoins humains, découlant de situations juridiques, si variées, des pérégrins, *le jus gentium* ne pouvait pas manquer d'apparaître, et étant moins formaliste que le *jus civile*, répondant mieux aux besoins humains et favorisé par les magistrats et les jurisconsultes, il arriva logiquement à supplanter ce dernier. Un préteur est spécialement chargé de rendre la justice aux individus minoritaires et de leur dire le droit, *prætor peregrinus*. Les formules des *actiones fictitiæ* facilitaient amplement la défense de leurs intérêts privés (1).

De plus, ceux qui n'étaient pas fixés à Rome et qui n'avaient pas le droit de cité romaine étaient aussi régis par le droit local, par l'édit provincial.

Toute cette distinction perd de son intérêt avec l'édit de Caracalla qui conféra la qualité de citoyen à tous les hommes libres de l'Empire. L'autonomie provinciale et les droits locaux furent supprimés. Cette centralisation à outrance, combinée avec la victoire des barbares, ébranla d'abord l'Empire et puis amena sa chute.

§ 3. — Mais ce qui affaiblit le plus la force politique de la cité romaine, c'est le triomphe du christianisme.

Il a supprimé le patriotisme romain parce qu'il rejette tout ce qui est terrestre, parce qu'il refuse le culte de la

(1) Lire à ce sujet Cuq, *Les Institutions juridiques des Romains.*

cité, le fondement même et la force du régime romain. Il a fait s'écrouler la croyance tenace des Romains en l'éternité de Rome. Par son dédain complet de la vie, par son aspiration à la mort, par l'absence complète du désir même de l'action, il l'a livrée aux barbares.

Par contre, le christianisme a uni par le lien religieux les nouveaux venus au vieux monde : le monde romain est devenu la chrétienté.

Pour comprendre la lutte entre la minorité chrétienne et l'Etat romain, Etat qui, nous l'avons vu, était marqué de cette tolérance universelle, trait principal du polythéisme, il faut se rapporter à ce que nous avons dit pour les Juifs.

Le christianisme, comme le judaïsme, était imprégné d'un tout autre esprit que les nations païennes. Ses sectateurs comme ceux du moïsaïsme étaient possédés d'un sentiment religieux infiniment plus profond et plus puissant. « Les premiers, ils montrèrent qu'on peut mourir pour un *Credo*. Car, si la persécution était exclusivement politique dans l'idée des Césars, les martyrs, eux, périssaient au cirque pour leur religion » (1).

Une telle intensité de la foi était inconnue des Romains. Elle donna la victoire à la nouvelle croyance.

Malgré ses humbles origines (2) une minorité religieuse a pu vaincre la résistance de la majorité politique. Les

____

(1) De Ridder, loc. cit..

(2) L'avènement du Christ passa tout à fait inaperçu dans le monde romain ; et, sur ce point, il y a une inexactitude dans la Bible qui met toujours la Palestine au centre du monde ; il n'y a pas de témoignage païen.

causes en sont multiples et très instructives : malaise social du monde romain ; richesse extrême et misère extrême; oppression des classes pauvres; dureté des rapports politiques ; malaise de la pensée ; développement du mysticisme ; la peur de l'avenir ; la perte de la foi (le monde romain ne se sent pas sûr de son éternité) ; conditions excellentes de propagande : il y a une religion universelle dans le monde romain, c'est le culte des empereurs et de Rome, mais, au-dessous, il y a une foule innombrable de cultes provinciaux, municipaux, etc.

La religion nouvelle née en Judée avec un fond de pensée juive a été, en entrant dans le monde païen, facilitée par la pensée grecque dont elle a gardé la tendance vers le stoïcisme, vers un effort d'analyse et de perfectionnement de l'âme humaine. Enfin le monde romain lui a donné la science du gouvernement, de la hiérarchie et du droit ; le christianisme s'est coulé dans les cadres de la hiérarchie sociale romaine et des institutions romaines. Il a ainsi conquis moins péniblement le monde romain.

Il faut ajouter que le christianisme a aussi gardé des traces fâcheuses de ses trois origines : du judaïsme, il a hérité de l'esprit d'intolérance, le fanatisme cruel et la tyrannie théocratique. Les fanatiques chrétiens de tous les temps sont moins des descendants du Christ que ceux du clergé juif inspirés de l'Ancien Testament. De la Grèce, le christianisme a emprunté bien des mythes et bien des superstitions orientales ou grecques. Enfin, pour entrer dans le cadre du monde romain, le christianisme a dû définitivement renoncer à sa pensée de justice et d'égalité des hommes, au doux anarchisme du Christ ; il a assuré et confirmé l'inégalité des classes sociales, en promettant, à titre de consolation et de dédommagement — l'égalité au ciel.

Malgré l'édit de Milan par lequel Constantin mit un terme à la persécution, malgré ses belles paroles : « Nous accordons aux chrétiens et à tous autres toute liberté de suivre la religion qu'ils choisiront... Il appartient à la tranquillité de notre temps que chacun dans les choses divines puisse suivre le mode qui lui convient » — malgré cela, l'Eglise, par la force des choses, devait devenir intransigeante. Son alliance avec les monarques romains l'a soumise à l'absolutisme impérial, dont elle suivit bientôt le modèle dans son organisation intérieure. L'idée religieuse dont la puissance avait suscité les martyrs, les ascètes et même les hérésiarques, ne pouvait pas se concilier avec le respect des autres croyances. « La fin de l'antiquité vit l'injure envers Dieu et la dissidence dogmatique devenir punissables » (1).

(1) Jean de Ridder, op. cit..

CHAPITRE IV

La Féodalité et le début des monarchies absolues.

En face de ce monde éparpillé que nous offre le régime féodal l'histoire devient plus complexe et plus intéressante. Pour la comprendre il faudra se rattacher toujours aux trois notions dont nous suivons ici l'évolution : la communauté internationale, l'État et les minorités présentées sous leur aspect global et individuel.

§ 1. — Comment et par quel procédé se fonde et se réalise l'organe juridique qui tend à englober dans son système plusieurs États à la fois ?

Depuis le commencement du Moyen-Age jusqu'à la guerre de Trente Ans, nous voyons les États européens préoccupés de fonder une organisation juridique qui devait permettre la formation d'un état de choses stable, par la combinaison de deux principes jusqu'alors inconciliables : du particularisme de l'État et de son rôle universel qui devait le pousser à faire partie d'une organisation plus vaste.

Jusqu'à cette époque, nous l'avons vu, l'expression la plus puissante de l'humanité organisée était l'État universel. Le christianisme apporta une modification à cette conception en y introduisant un élément spirituel.

La notion de la suprématie du pouvoir spirituel sur le pouvoir temporel devait devenir, semblait-il, le germe d'un progrès rapide et sûr, en inculquant à l'État cette

idée essentielle qu'il est limité dans ses actes et prétentions par les principes supérieurs de la morale et de la
religion qui protègent les individus comme les peuples.
Il n'en était rien. Evidemment, la Papauté a réussi à réunir les Etats chrétiens en une seule organisation, en leur
assignant une mission commune, la propagation de la
foi chrétienne, et en les envoyant combattre les mêmes
ennemis ; mais, en se mettant en contradiction avec le
fondement même de son autorité spirituelle, elle va rejeter en dehors de l'humanité tout ce qui porte le nom
d'infidèle (1). « Les rapports de droit ne sont possibles
qu'entre nations chrétiennes » (2).

La rencontre du monde chrétien et du monde musulman donna le spectacle d'un choc violent entre deux
forces qui toutes deux se basant chacune sur leur mission
religieuse prétendaient à une domination universelle. Au
point de vue spirituel — et c'est ce point de vue qui pré-
dominait alors — il ne pouvait y avoir de conciliation
entre ces deux prétentions également exagérées (3).

La Papauté n'a pas été seule à gagner de ce heurt de
deux mondes ; évidemment il accentua davantage, par la
centralisation des forces soumises à son commandement,
le pouvoir extérieur du Pape.

Car en effet, pour lutter contre les Musulmans qui offri-
rent à l'Europe le spectacle d'un Etat muni d'une grande
force de résistance, il fallut avoir recours à une organisation étatique plus savante, ce qui amena la centrali-

(1 et 3). V. Tchernoff, Thèse citée, op. cit., pp. 35-36.
(2) Leseur, *Introduction*, p. 72.

sation dans les forces de chaque Etat chrétien ; ceux-ci, ayant pris conscience de leur propre puissance, cherchèrent à s'affranchir de la tutelle du Pape.

§ 2. — D'autre part, malgré cet esprit d'exclusivisme qui dura pendant tout le Moyen-Age, le progrès des esprits, la nécessité de la raison d'Etat, la puissance croissante des souverains en face de l'autorité papale, la consistance et la durée des Etats musulmans, amena plusieurs rois et empereurs très chrétiens et très catholiques à conclure avec eux des traités et même des alliances.

C'est à l'occasion d'un de ces faits que François Ier formula les bases véritables de la communauté internationale (1) par le traité qu'il conclut avec le sultan Soliman II en 1535. Cette alliance du roi très chrétien et du chef suprême des infidèles parut d'abord une monstruosité. Les contemporains ne comprenaient pas que les nécessités politiques allaient dorénavant prendre le pas sur les commandements de la foi. Et pourtant, ce sera faire fausse route que de croire que ce traité, déterminé par les causes politiques (l'identité des intérêts qui rapprocha la France et la Sublime Porte dans leur lutte contre Charles-Quint), et non par un sentiment d'humanité, accordait aux Français des faveurs exceptionnelles. Ce traité qui ouvre la voie a ce qu'on a appelé *les Capitulations* ne faisait que généraliser et étendre à tout l'Empire Ottoman les règles appliquées en fait d'une part aux chrétiens de Palestine lors de sa conquête par le Calife Omar, d'autre part aux commerçants occidentaux qui, dès avant les Croisades,

(1) V. Nys. *Origines du droit international* pp. 156-162.

avaient établi des entrepôts dans les pays ottomans (1) et avaient formé des institutions consulaires en *dehors de toute intervention du dehors*, par le seul fait de la coutume. Cette première capitulation n'était que la confirmation de droit d'une situation de fait commune à tout l'Empire Ottoman. Elle reste néanmoins, dans le droit international, la première concession de caractère général et contractuel accordée par le Sultan à une nation chrétienne.

Nous devons ajouter, qu'en général, les capitulations signées de 1534 à 1740 par le roi de France et les Sultans n'étaient point des traités de protection en faveur des minorités chrétiennes de Turquie. Elles visaient seulement les Français installés en Orient, donc les étrangers, non les sujets de cet Empire (sauf quelques exceptions en faveur des Maronites qui, dès le xiii° siècle, furent considérés par la France comme ses protégés) (2). Et cependant, la France fut la grande protectrice des ordres religieux catholiques romains venus d'Occident par son rôle de pacificatrice, de médiatrice et d'arbitre, sans qu'elle intervînt directement par un acte contractuel, jusqu'au xix° siècle, dans les rapports entre le Sultan et ses sujets chrétiens.

Le premier traité, à notre connaissance, qui parle de la protection des minorités religieuses, catholiques en Turquie, sans distinction entre les étrangers et les sujets

---

(1) V. professeur Achille MESTRE, *l'Agonie des Capitulations*, article extrait de la *Revue de Paris*, 1923 ; op. cit.

(2) V. Fougues DUPARC, *la Protection des Minorités de race, de langue et de religion*, thèse Paris, 1922, p. 79..

ottomans, fut celui de 1615, signé par l'Autriche et la
Sublime Porte. Les termes généraux de l'article VII
— « Ceux qui professent être le peuple de Jésus-Christ et
qui obéissent au Pape, de quelque dénomination que ce
soit » (1) — sont assez significatifs pour y comprendre
non seulement les sujets de l'Autriche et les sujets des
autres puissances catholiques mais même les chrétiens
indigents, les individus minoritaires de religion catholique.

Nous verrons plus loin comment la question de protection des minorités chrétiennes en Turquie a évolué, en
s'élargissant, après le traité de Westphalie.

§ 3. — Il nous semble utile, pour comprendre le développement ultérieur de ce problème, d'indiquer que dans
ce cas aussi les traités en faveur des minorités religieuses
venaient pour confirmer une situation déjà existante et
appliquée aux chrétiens de Turquie par les Turcs eux-
mêmes, d'une façon unilatérale. Et cependant le traité
n'était pas inutile, car il avait pour effet qu'une question
de droit public interne — le rapport des minorités avec
l'Etat turc — devint aussi une question du droit international, en faisant intervenir, pour donner plus de garantie à la protection du plus faible, sinon encore la communauté internationale, du moins un autre Etat. Et cela,
parce que le droit public turc n'offrait pas de garantie
suffisante de protection envers ses sujets minoritaires (2).

(1) Cité par Duparc, p. 79.

(2) Nous voyons là le commencement d'une tendance logique et progressive du droit international, d'élargir sa sphère d'action au détriment du
droit public interne. Nous appellerons cette tendance « *Centralisation
internationale* » et, internationaliste convaincu, nous l'approuverons,
lorsque, plus loin, nous aurons l'occasion d'en parler.

Voyons maintenant quel a été le rapport entre les minorités et l'Etat turc, tel qu'il a été réglé par le droit public interne.

Le problème est plein de difficultés, car nous sommes ici en présence, non seulement de deux régions différentes, mais de deux mondes, deux civilisations, deux conceptions de vie opposées. Le Coran embrasse toutes les questions sociales ; le droit public, le droit civil sont inséparablement attachés à la religion. Il y a une confusion absolue entre l'Islam et l'Etat. Le problème se complique par le fait que les différentes minorités religieuses en Turquie tendent à devenir les minorités nationales à mesure que l'élément religieux entre dans leur conscience collective, créant la volonté de vie commune.

Donc, l'idée même d'une assimilation possible entre Infidèles et Croyants a dû être éliminée. Elle ne peut se réaliser que dans un Etat laïque. Les « rayahs » sont des étrangers, comme les Juifs en pays chrétiens, des populations inférieures soumises, dont le Coran a prévu la situation : payer les tributs annuels pour vivre, pour conserver les biens et la religion. (Dans la religion il faut, par analogie, faire entrer le statut personnel) (1).

Dans ce cas, lorsque, après la prise de Constantinople, Mahomet II le Conquérant se trouva placé devant le problème des fondements à donner à l'Empire, il ne pouvait qu'appliquer les principes posés par le Coran ; laisser les minorités religieuses en possession de leur individualité

(1) V. Duparc, op. cit., pp. 27-30.
KRSTITCH 4

religieuse, ethnique et culturelle et rétablir un système administratif à double fonctionnement, répondant séparément aux besoins divergents des populations de son Empire, et laisser « aux trois nations conquises » la libre jouissance de leurs propres coutumes et lois, sous le contrôle responsable de leurs chefs spirituels, qui devaient leur servir d'intermédiaires ou d'ambassadeurs auprès de la Sublime Porte.

Il accorda, par des diplômes d'investitures ou bérats (qui ont malheureusement disparu) au Patriarche œcuménique, au Patriarche arménien et au Grand Rabbin, une juridiction presque illimitée sur les membres de ces trois minorités, avec le pouvoir d'administrer, de légiférer, de taxer. Ces bérats, renouvelés et modifiés par les successeurs de Mahomet, resteront la base du droit public ottoman en ce qui concerne les rapports du Gouvernement turc avec les populations chrétiennes, jusqu'au traité de Lausanne de 1923.

Nous devons remarquer dès maintenant que la protection des minorités en Turquie revêt un aspect global, en ce sens que ces minorités sont de véritables personnes du droit public, ayant une large autonomie et ayant leurs représentants pour parler et agir en leur nom auprès du Sultan. L'Etat turc a devant lui des personnes morales, collectivités organisées et juridiquement reconnues ; il ignore et ne veut pas connaître les individus minoritaires ; ces derniers ne peuvent agir directement pour faire respecter leurs droits particuliers ; la minorité elle-même s'en chargera ; elle seule est le sujet de l'Empire, ses membres sont des étrangers.

A la différence des conclusions de Lamartine (1) qui, en poète, chanta le grand libéralisme de Méhémet le Conquérant pour lequel « les Grecs, étonnés d'une tolérance qu'ils n'avaient pas les uns pour les autres, dans leur secte, élevèrent jusqu'au ciel leur bénédiction », à la différence aussi des explications que de cette page d'histoire Ismet Pacha a données à la conférence de Lausanne (2), nous expliquons ce fait par le profond mépris d'une nation des conquérants et des fanatiques dans lequel ils tenaient les Rayahs. Les cinq siècles de massacres sont là pour le prouver.

§ 4. — Voyons maintenant comment on concevait l'union entre les Etats chrétiens et sous quelle forme se présentait l'autonomie des groupes.

Le groupe élémentaire, pièce essentielle du régime féodal, la seigneurie, avait une existence politique distincte, tout en faisant partie, au moins juridiquement, d'un ensemble plus vaste, qui était l'Etat suzerain ; ce dernier était pour le groupe féodal une espèce de communauté internationale à caractère contractuel. C'est par la plus grande autonomie et par ce caractère contractuel que le régime féodal se différencie des groupements subordonnés, dépouillés à la fois de la libre disposition dans les affaires intérieures et subissant l'intervention directe de l'Etat conquérant, dans les affaires extérieures, groupements que nous avons étudiés jusqu'à présent (3).

Ce premier essai de réunir des groupements puissants,

(1) Histoire de la Turquie, pp. 260-262.
(2) Livre jaune, Conférence de Lausanne, t. I, pp. 154-155.
(3) V. TCHERNOFF, thèse citée, op. cit., pp. 33-39.

dotés d'une certaine autonomie, dans un seul système
juridique n'accordait pas à toutes les parties les mêmes
droits ; notamment, l'autonomie externe du vassal était
entamée et l'égalité se trouvait ainsi rompue au profit de
l'État suzerain, car la politique extérieure de ce dernier
s'imposait au premier.

Mais, par-dessus toutes les différences féodales, plane
en ce temps l'idée de l'unité chrétienne ; l'idée de l'Empire unique, d'une théocratie universelle, continuait à
hanter les esprits. « Entre l'Empereur et le Pape les cons-
ciences hésitent, mais c'est toujours le désir de faire de
l'un ou de l'autre le chef suprême du monde chrétien « (1).

L'idée de la communauté internationale est essentiellement religieuse est uniquement fondée sur la communauté
de mission qui était assignée aux États par l'Eglise. Tous
ceux qui ne voulaient pas agir d'après le plan de l'Eglise
étaient rejetés hors de l'Union.

Avec cette conception, on le sent bien, les Etats ne pouvaient pas se tenir tranquilles en face d'un pouvoir qui
s'arrogeait le droit de les dépouiller de leur indépendance
à sa fantaisie. Aussi, dès que les Etats eurent senti leurs
forces, ils se mirent à évincer la Papauté de l'administration de leurs affaires. Sans décrire ici les différentes
phases de la lutte qui marquèrent le déclin de l'influence
de l'Eglise, nous nous bornerons à signaler que, dès avant
le xv⁰ siècle, Venise refusa toujours de suivre une politique internationale exclusivement catholique : son commerce lui imposait une certaine tolérance et elle n'admit

---

(1) V. HAUSER, *Le principe des Nationalités*, (Alcan, 1916], p. 11.

l'Inquisition dans ses domaines qu'avec force restrictions.

Le principe de l'intolérance religieuse commençait à être battu en brèche.

§ 5. — Le xv° et le xvi° siècles furent des époques de rénovation. Nous nous bornerons à rappeler ici deux ordres d'événements dont l'influence sur l'idée qui nous occupe a été prépondérante.

a) Tout d'abord, l'Europe voit surgir de grandes monarchies enrichies par la découverte de terres nouvelles ;

b) D'autre part, le mouvement de révolte contre la Papauté aboutit à la Réforme et à la création des Eglises nationales.

Dès ce moment l'unité du monde occidental est brisée. Désormais la majorité des Etats européens, tenant du fait même de l'existence des groupes qu'ils représentent leurs droits à l'indépendance, se trouvèrent face à face avec d'égales prétentions (1).

§ 6. — Avec la Réforme la question des minorités chrétiennes se posa pour la première fois en Europe et entra dans le droit public des Etats. Car, désormais, Luthériens, Catholiques, Presbythériens, Calvinistes, Anglicans et bien d'autres encore vivront côte à côte, au sein d'une même civilisation, souvent dans le même Etat.

L'intolérance religieuse se relâchera, puisque la différence foncière de culture, de race qui avait existé jusqu'alors entre les catholiques et les Musulmans, chrétiens et Juifs ne se fait plus sentir entre les sectes chrétiennes. Leur exclusivisme s'en ressentira.

(1) Voir Tchernoff, op. cit., p. 41.

§ 7. — Les guerres de religion abondèrent en interventions fondées sur la communauté des croyances.

a) Dans le traité conclu entre Elisabeth d'Angleterre et Charles IX, 1572, on trouve l'article suivant : « Item est convenu, accordé et conclu que le roi, ni ses successeurs, ne permettront qu'aucun sujet de la reine d'Angleterre soit travaillé en son corps et bien, par les Inquisiteurs ou par autres voies, pour occasion de Religion à présent reçue en Angleterre ; mais si quelqu'un s'efforçait jamais, sous quelque autorité, de le faire, Sa Majesté le défendra et empêchera l'autorité royale ; et s'il est fait pourvoira qu'il soit réparé ; à la charge, toutefois, que lesdits Anglais se comporteront modestement » (1).

b) Comme Elisabeth, Philippe II et Gustave Adolphe secoururent souvent leurs coreligionnaires. On ne peut pas dire pourtant qu'ils aient poursuivi le triomphe de la liberté de conscience, car leur but n'était que de faire prédominer un parti sur l'autre. Et c'est justement parce que l'intervention pour cause de religion a souvent caché des desseins politiques qu'elle a pu être condamnée par la suite.

c) Dans tous les traités de cette époque, seules méritent d'être rappelées les dispositions qui stipulent un *jus immigrationis*, un droit de quitter le pays, pour les sujets dissidents de certains princes allemands. Là, nous avons une véritable application du principe de la liberté (2).

(1) DUMONT, *Traité de Confédération et d'alliance entre Charles IX et Elisabeth d'Angleterre.*
(2) V. DE RIDDER, loc. cit..

§ 8. — Maintenant voyons si l'ordre juridique du Moyen-Age a pu dégager ce que nous appelons aujourd'hui la notion du droit individuel, et si l'individu minoritaire, pris isolément, a pu se prévaloir d'un droit pareil dans les rapports internationaux des Etats ?

Il ne suffit pas d'évoquer la protection de l'Eglise en se prévalant de la qualité de fidèle. Il faut invoquer d'autres principes, faire appel à d'autres institutions, car l'influence morale de la Papauté a sensiblement diminué.

Nous savons que le christianisme, en tant que doctrine, à ses débuts, réclama énergiquement pour l'homme la liberté de pensée. Seule la liberté de conscience pouvait assurer à la secte naissante une vie supportable en face de la politique romaine. Mais le christianisme étant devenu la religion de l'Etat, la propagation et le maintien de la pure doctrine chrétienne devient une mission de l'Etat, libre d'user contre l'homme de tous les moyens d'action si disproportionnés qu'ils soient en face de la faiblesse de l'individu. Beudant (1) définit exactement cet état de choses : une organisation collective toute puissante, armée par l'Eglise en face de l'individu sans droits, voilà la situation respective de l'Etat en face de l'individu. La théorie du Moyen-Age — celle de saint Thomas, de saint Augustin — voit l'idéal dans l'anéantissement, l'effacement de l'homme devant l'Eglise, seule compétente, pour interpréter le plan et les desseins de la divinité. La théorie des libertés individuelles n'a pas fait de progrès au Moyen-Age.

(1) V. *Etat et l'Individu*, p. 71.

§ 9. — Malgré l'absence d'une reconnaissance formelle des droits individuels, il y a eu des institutions propres à assurer aux individus minoritaires, plus particulièrement aux Juifs, une protection plus ou moins suffisante.

Pour comprendre la formation de ces institutions il faut se rappeler que, si au Moyen-Age le droit de l'individu ne pouvait être opposé à l'Etat, il en était autrement des collectivités. Les groupements des intérêts professionnels, les corporations, les différentes communautés, ainsi que les communautés juives, se faisaient accorder des privilèges, qui étaient considérés comme des véritables limites, imposées à la toute puissance de l'Etat. Le respect des nombreux privilèges qui assurait à des villes, à des communautés et aux corporations une certaine autonomie et, par là, limitait l'intervention de l'action du pouvoir central, qui, du reste n'avait pas, en ce moment, les moyens d'information nécessaires pour se tenir au courant des besoins locaux — le respect de ces privilèges était considéré comme une loi fondamentale de l'Etat.

D'autre part, accorder une certaine autonomie à un groupe du Moyen-Age, c'était par la force même des choses lui concéder l'exercice de certaines prérogatives de la souveraineté, dans les limites plus ou moins clairement indiquées par la charte de concession : créer la législation, organiser les tribunaux, s'administrer la justice, suivant les statuts personnels de la communauté, assurer même l'exécution des sentences de ses juges, percevoir l'impôt, avoir des représentants qui traiteront avec l'Etat.

Ces institutions n'ont pas leur origine dans la volonté de l'Etat, qui aurait pris les mesures expresses pour assurer à ces collectivités l'exercice de leur droit. Ces institutions apparaissaient plutôt comme le produit spontané de la coutume, qui, dans le cas des communautés juives, devaient agir avec une force irrésistible. La coutume seule, par un travail inconscient et lent, pouvait grouper les éléments juifs dans une organisation collective forte, en face d'un État hostile. Et cette organisation devait revêtir, par la force des choses, la forme de collectivité généralement connue alors : la corporation. Le privilège de la vie corporative, qui venait ensuite de la concession expresse de l'État local, ne faisait que confirmer un état de choses déjà considéré comme tout à fait normal ; et, une fois ces privilèges concédés, la communauté était libre de s'organiser à sa guise.

Cela a une énorme importance pour les Juifs. Dans l'État ils furent des étrangers ; et comme tels, individuellement, ils ne jouissaient d'aucune protection spéciale. Nous remarquons une analogie frappante avec la condition des minorités chrétiennes en Turquie. D'abord, pas d'assimilation possible : loin de chercher à les amener à sa foi, comme il faisait pour les dissidents, le souverain, à peu près partout, leur reconnut, contre paiement d'une taxe spéciale, le droit à l'autonomie étendu aux matières religieuses, scolaires, judiciaires et charitables. Cette autonomie — nous aurons l'occasion d'en parler d'une façon plus ample par la suite — prenait la forme d'une corporation. La communauté juive était une véritable personne du droit public, une minorité organisée. C'est dans la vie corporative que les Juifs trouvaient leur refuge, parce que seule, la communauté était prise en considération par l'Etat ; le Juif pris individuellement, était juridiquement inexistant ; donc, la question des minorités juives sous l'aspect individuel ne se posait pas.

Cette politique, générale jusqu'au xix° siècle, a conditionné tout le développement ultérieur du problème juif. Groupés forcément entre eux, ils ont été naturellement amenés à s'organiser et c'est grâce à cette vie corporative qu'ils ont pu conserver leur caractère ethnique, leur mentalité particulière, leurs mœurs, leurs traditions religieuses et culturelles. D'autre part, exclus de la vie rurale, forcés à se réfugier dans certains quartiers des villes, ils se sont spécialisés dans certaines branches de la production sociale et sont arrivés à en prendre le monopole de fait ; « de là l'aspect économique du problème » (1).

.*.

A la fin de cette partie de notre étude, constatons que la question des minorités n'est pas résolue, tant que la notion des droits individuels, suffisamment dégagée par le Droit international, ne s'impose pas à l'Etat, pour lui dire qu'il y a un élément, l'homme et les droits imprescriptibles à sa religion, à sa langue, à son caractère ethnique ou à sa nationalité, qui doit limiter et régler l'action étatique.

(1) V. Duparc, loc. cit., p. 24.

DEUXIÈME PARTIE

LES MINORITÉS, L'ÉTAT ET LA COMMUNAUTÉ INTERNATIONALE, DU TRAITÉ DE WESTPHALIE JUSQU'A LA RÉVOLUTION FRANÇAISE.

Cette époque, qui s'étend de la guerre de Trente Ans et de la paix de Westphalie, a engendré presque toutes les théories classiques du Droit international. Les trois notions qui font l'objet de notre étude vont subir une nouvelle évolution.

CHAPITRE Ier

Minorités religieuses dans l'Europe chrétienne

§ 1. — La Réforme, suivie de la guerre de Trente Ans a abouti, nous le savons, à la proclamation de l'égalité des confessions dans le traité de Westphalie (1648). En confirmant les accords enregistrés par les traités précédents, relatifs aux réglements des différends religieux de la Réforme (l'accord de Passau en 1552, la paix religieuse d'Augsbourg en 1555, le traité de Vienne en 1606, et le traité de Lintz en 1647) il a mis un terme aux guerres de religion. Ce fut le premier acte international auxquel prirent part presque tous les Etats européens. A ce titre, et aussi à raison de son contenu, nous devons nous y arrêter.

Le principe que l'on appliqua dans cette paix solennelle de l'Europe fut la règle bien connue : *cujus regio, ejus religio*. Le catholicisme et les confessions réformées furent traités sur un pied d'égalité *dans les relations entre Etats*. A chaque souverain appartint le droit de fixer la foi de ses sujets. Mais aucune autre doctrine que le christianisme ne fut tolérée dans beaucoup de pays. Cela signifie que le traité de Westphalie, auquel on fait remonter parfois la consécration de la liberté de conscience, est loin de mériter cet honneur. Après 1648, comme avant, chaque souverain eut droit de soumettre ses sujets à une législation oppressive. Le principe de liberté religieuse est bien établi pour les princes, non pour les sujets. Le *jus emigrationis* tempérait seul cette intolérance. Les Etats pouvaient choisir chacun sa religion, mais les individus ne le pouvaient pas. Il fallait attendre encore deux siècles, avant qu'on leur reconnût ce droit.

La théorie juridique de cette époque n'était, du reste, pas plus avancée que la pratique. Les précurseurs de Grotius ne s'occupèrent pas de la liberté de conscience. Cependant ils comprirent qu'une guerre fondée uniquement sur la différence de religions n'était pas une guerre juste.

Le traité de Westphalie amène la conséquence suivante : les Etats s'étant reconnus respectivement souverains dans leur sphère d'action, malgré la différence des confessions qu'ils professaient, se croyaient par cela même autorisés à intervenir dans les affaires des autres nations quand celles-ci opprimaient leurs nationaux ou leurs coreligionnaires par suite de considérations religieuses. Nous voyons même les auteurs discuter longuement la légilimité de l'intervention religieuse. L'Etat qui intervenait ainsi pour défendre ses coreligionnaires contre l'oppression ne s'inspirait pas des considérations tirées de la nécessité de garantir le libre exercice du droit individuel. L'Etat intervenant l'ignorait lui-même, dans sa propre législation. Holtzendorff (1) s'est donc trompé, en prétendant que c'est du principe de la liberté religieuse proclamé en Westphalie, devenu l'apanage de la Société entière que dérivèrent d'autres libertés, qu'on peut considérer comme les bases morales et intellectuelles du Droit des gens moderne.

§ 2. — Nous verrons que le droit de l'individu, dont les principes se trouvent inscrits tantôt dans la législation interne, tantôt dans les actes internationaux de cette époque est presque nul.

Inutile de rappeler qu'il y a eu à cette époque une portion de l'humanité qui en fait, et en droit, se trouvait dans une position lamentable. Nous faisons allusion à la traite des noirs et à l'esclavage, dont étaient victimes les habitants du continent noir. Nous trouvons les raisonnements tendant à justifier cet état de choses dans l'ancienne doctrine religieuse et nous y voyons des affirmations comme celle-ci : l'homme noir est né pour la servitude, la couleur de nuance foncée justifie tout. « Du reste, ce n'est un secret pour personne, que les rois très chrétiens et très catholiques, les fils aînés de l'Eglise, comme les hérétiques se faisaient de gros revenus avec la traite des noirs » (2).

(1) V. *Introduction*, p. 332.
(2) V. Tchernoff, op. cit., p. 68.

L'explication de ce phénomène est très simple ; elle est toujours la même : l'homme n'a pas de droits propres, et dès lors, la situation qui lui est faite dépend de l'arbitraire du souverain local, qui peut aller jusqu'à ne considérer l'individu que comme une marchandise estimée d'après sa valeur économique. Nous faisons évidemment abstraction de la coutume, qui elle-même subissait l'influence heureuse de l'Ecole du Droit et de la Nature dont nous parlerons plus loin. Ici nous ne constatons que le fait juridique, à savoir que l'individu, en dehors des droits accordés par des dispositions conventionnelles dans les traités et exceptionnellement par un acte du souverain local, n'a pas de droits propres. C'est à ces deux sources, qu'il faut s'adresser pour y chercher les indications qui nous sont nécessaires.

§ 3. — Les minorités religieuses ont été l'objet, en dehors des dispositions du droit interne que nous examinerons plus loin, de deux sortes d'actes internationaux : l'intervention religieuse et les clauses garantissant l'exercice des droits religieux des habitants des territoires cédés par un traité.

Le xvii° et le xviii° siècles nous offrent un nombre de plus en plus grand de traités et d'interventions, ayant pour but d'assurer les droits religieux des populations dissidentes.

A. Parmi ces dissidents il convient de citer d'abord *les Vaudois* qui furent massacrés en France, en 1755. Cromwell agit si vigoureusement sur Mazarin, le pape et le duc de Savoie que celui-ci cessa la persécution et rendit à ses sujets hérétiques tous les droits qu'il leur avait enlevés. A ce propos, Macaulay nous dit que « toutes les églises réformées, éparses dans le royaume catholique romain, reconnurent Cromwell comme leur protecteur. Les Huguenots du Languedoc, les bergers qui, dans les hameaux des Alpes professaient un protestantisme plus ancien que celui d'Augsbourg, furent à l'abri de l'oppression, grâce à la terreur qu'inspirait son nom. Le Pape lui-même fut forcé de prêcher l'humanité et la modération aux princes papistes, car une voix qui menaçait rarement en vain avait déclaré que si les hommes de Dieu n'étaient pas favorablement traités on entendrait retentir les canons anglais au château Sainte-Ange » (1). Quoi qu'en dise Macaulay, l'intervention de Cromwell n'était pas une intervention inspirée par des buts humanitaires, mais reste une intervention religieuse, dominée par des motifs politiques car « les sentiments de pitié qui l'animaient en faveur des Vaudois lui deviennent étrangers, lorsqu'il s'agit des Irlandais catholiques » (2).

B. En 1686, les sujets dissidents de Louis XIV, en face d'une politique hostile, se réfugièrent dans les vallées piémontaises. Le grand Roi exigea du duc de Savoie qu'il prohibât l'hérésie. Mais les odieuses boucheries cessèrent par l'intervention de l'Angleterre, appuyée, cette fois, par la Hollande protestante.

C. A côté de ces interventions, nous trouvons à cette époque un grand nombre de traités contenant des clauses au profit des dissidents. En 1713, lors de la convention

(1) Cité par DE RIODEH, p. 288.
(2) FOUQUES DUPARC, op. cit., p. 75

d'Utrecht, l'Angleterre stipula la mise en liberté des protestants français enchaînés aux galères pour cause de religion.

§ 4. — Mais c'est sous l'influence grandissante de la nouvelle doctrine du droit naturel qui a préparé, par l'élaboration des théories jeunes et vigoureuses, le terrain à une pratique internationale fondée sur d'autres principes, c'est sous cette influence qu'on élabore les traités dits de cession, où on rencontre les premières restrictions imposées à l'occupant, restrictions qui marquent l'idée du respect pour la volonté de l'individu. Les traités d'Oliva, de Nimègue, de Ryswick, de Breslau, de Varsovie, de Frederikshamm, portent tous les dispositions relatives au respect des droits de conscience des sujets cédés. C'est là que nous trouvons de véritables cas de protection internationale des individus minoritaires religieux.

C'est ainsi que la Pologne fut obligée, à diverses reprises, par la Suède, la Prusse, la Russie et l'Autriche, de concéder des droits aux protestants et orthodoxes. Pour la première fois on commence à y trouver des clauses comme celle-ci :

Art. 4. — § 2. — Sa Majesté Suédoise promet et s'engage de conserver à jamais aux habitants de la Livonie la liberté la plus illimitée de la religion catholique, d'en protéger le culte et de rien faire, ni permettre qu'il soit rien fait pour en restreindre l'exercice (1).

Ces traités, nous le répétons, font exception au droit

____

(1) Traité d'Oliva en 1660, par lequel la Livonie fut cédée à la Suède par la Pologne.

commun : la théorie internationale ignorait toujours la liberté de conscience. Mais la pratique des diplomates la consacrait de plus en plus. C'est de cette manière que sont nés presque tous les principes. La vie les réalise d'abord en faits exceptionnels, contraires aux théories ; puis, la nécessité oblige d'en tenir compte et en fournit une sorte de justification ; enfin, le droit les adopte et se modèle sur eux. Ainsi se font inconsciemment les évolutions juridiques.

§ 5. — *Les minorités dissidentes en Europe et le droit public interne.* — Dans l'époque qui va de la Réforme à la Révolution française la religion est le fondement de l'unité morale de l'Etat. Partout où elle a été vigoureusement défendue, elle a joué un rôle prépondérant dans la formation de la conscience collective d'un groupe, elle a créé la nationalité de ce groupe, en s'y confondant.

L'unité religieuse dans l'Etat apparaissait aux contemporains comme un bien supérieur à la liberté individuelle, de même qu'aujourd'hui, apparaît l'unité nationale aux yeux des nationalistes. Un préjugé remplace un autre. L'histoire en est toute remplie.

En vertu du principe universellement admis alors, *cujus regio, ejus religio*, un seul culte était officiellement reconnu par l'Etat. Les minorités dissidentes n'avaient qu'une situation incertaine, tantôt tolérées, tantôt persécutées. Mais, à la différence de la situation des Juifs, ici l'action religieuse de l'Etat, à tendance assimilatrice, se faisait fortement sentir. Vu la confusion existant entre les attributions de l'Etat et celles de l'Eglise d'Etat, l'égalité entre la majorité et la minorité religieuse ne pouvait pas se concevoir, dans tout ce vaste domaine où la confusion d'attribution s'était produite. Il fallait vivre dans un régime d'exclusion absolue ou — quand l'Etat renonçait à appliquer les principes dans leur rigueur — dans un régime d'exception. L'égalité ne peut donc être conçue dans le sens d'assimilation, mais dans un régime d'exception on peut concevoir une égalité par transposition : égalité de traitement des institutions autonomes dissidentes, sur le même plan que celles de l'Etat (1).

Ce sont des édits de pacification, intervenus à la suite des guerres de religion — notamment, en France, le plus important et le dernier, l'Edit de Nantes — qui ont prévu et organisé ces régimes d'exception. Le droit public interne français prévoit, dans l'Edit de Nantes, une autonomie protestante; donc, il crée une minorité religieuse, personne collective du droit public dans l'Etat, avec pouvoir d'organiser à part les écoles, l'assistance et un état civil pour ses membres.

Mais lorsque Louis XIV inaugura contre les protestants une politique entièrement hostile qui devait conduire à la révocation de l'Edit de Nantes en 1685, on recourut à de véritables brimades, en vue de provoquer les conversions. Après les tristes événements de ces années, on proclama qu'il n'y avait plus en France de protestants, mais seulement de nouveaux convertis catholiques. Pourtant ils ne l'étaient guère : la preuve en est qu'on était obligé d'organiser pour eux un régime de surveillance, dirigé par les Intendants. En théorie, il n'y a pas de minorité

(1) Duparc, op. cit., p. 30.

protestante, mais des catholiques convertis. En fait, il y en a une : c'est celle qu'on surveille.

Les consistoires furent supprimés, en même temps que les biens des protestants fugitifs confisqués et consacrés à des œuvres pieuses, notamment à l'assistance des nouveaux convertis pauvres et à l'organisation des écoles pour l'éducation religieuse des enfants.

Dans le même ordre d'idée, les biens des nouveaux convertis suspects et dont on craignait un jour la fuite, ont été longtemps soumis à l'inspection des agents du Roi. Ils ne pouvaient pas librement disposer de leurs biens, ni vendre un immeuble ou l'universalité de leurs meubles sans l'autorisation expresse de l'intendant. Il était interdit à ces nouveaux convertis de se réunir en assemblée, en vue d'exercices religieux. Ils étaient obligés, pour se marier ou faire baptiser leurs enfants par des pasteurs, de passer à l'étranger, en Hollande ou à Genève. Or, ces actes étaient considérés comme des délits.

Mais, à mesure qu'on s'avance dans le xviiie siècle, et sous l'influence des nouvelles idées de tolérance, les agents chargés de surveiller l'application de ce régime, commencèrent à comprendre peu à peu que, dans le domaine de la conscience, les ordres du roi sont inopérants ; et leur zèle — qui fut assez grand au début — va en s'affaiblissant. Les plus éclairés parmi eux se bornèrent, tout simplement, à entraver les assemblées trop nombreuses, qui étaient susceptibles d'entraîner les conflits entre les protestants et les catholiques. Ils ne cherchaient plus à intervenir dans les réunions purement religieuses (1).

(1) Telle est notamment la politique libérale de Turny, intendant de Bordeaux sous Louis XIV, qui prépara la politique officielle du roi.

Les principes de tolérance que le gouvernement central et les intendants avaient d'ailleurs su fort bien pratiquer en Alsace, dès la réunion de cette province à la couronne, tendaient à prévaloir pour tous les protestants du royaume, à l'extrême fin de l'ancien régime (1).

§ 6. — Déjà avant 1781 des voix s'étaient fait entendre pour prêcher la tolérance mais elles n'avaient pas eu d'écho. Les humanistes du siècle passé avaient échoué en France. C'est dans un autre monde, par delà l'Atlantique, que le dogme nouveau devait naître. Vers 1630, le Maryland et surtout la colonie de Rhode-Island décidèrent qu'il ne serait plus usé de contraintes en matière religieuse (2).

La règle cette fois était posée. C'est quatre ans plus tard, au moment où Louis XIV, par la révocation de l'Edit de Nantes, ruinera les forces vives de la France, que l'Angleterre entrera dans la voie ouverte par les puritains d'Amérique ; l'acte de tolérance en 1787 admettra pratiquement la liberté des cultes.

Il nous faut cependant reconnaître que la tolérance ne devint une règle en Europe que grâce aux philosophes français. C'est Diderot, Montesquieu, Voltaire surtout par ses ardents plaidoyers, qui firent de la liberté de conscience un des principes du siècle qui devait venir. Ce sont eux qui firent comprendre que la religion — « ce colloque de l'homme avec Dieu » — doit être chose individuelle.

La transformation d'idées opérée par le xviie siècle a

----

(1) V. sur ce point l'éloquent exposé du professeur Olivier MARTIN, cours de doctorat de 1921-22, *Histoire du Droit public français*, op. cit..

(2) Cité par DE RIDDER.

trouvé bientôt son écho dans toutes les Constitutions nationales et finalement dans le Droit des gens.

D'autre part, et de plus en plus, avec la formation de l'Ecole du Droit de la Nature et du Droit des gens, une idée nouvelle commence à paraître : quand même les Etats s'abstiendraient de passer entre eux des conventions pour la protection des individus en général, des minorités religieuses en particulier, ils ne seraient pas pour cela dispensés de l'accomplissement des devoirs que mettent à leur charge les principes du Droit des gens. Les traités conclus entre les Etats ne suffisent pas, à eux seuls, pour donner satisfaction aux principes d'équité, ni aux droits de l'individu. Il était donc nécessaire de présumer l'existence d'autres principes que ceux contenus dans la source positive. La source de ces principes a été le droit naturel qui devait s'appliquer partout où des nations entretenaient des rapports entre elles.

§ 7. — *La situation juridique des minorités juives et des individus juifs, avant la Révolution, dans le Droit public interne.* — C'est en vertu d'idées bien différentes de celles que les anciens régimes avaient eues envers les dissidents, que les Etats s'occupèrent des Juifs. En France, par exemple, la législation royale, si intolérante à l'égard des protestants, ne s'occupe pas du tout de la religion des Juifs ; n'étant pas des chrétiens, ils étaient laissés tranquilles. Toute idée d'assimilation répugnait à l'Etat.

Les Juifs n'ont pas eu, en quelque sorte, le droit de cité. Ils pouvaient habiter les limites du royaume de France, mais, dans la pensée de l'ancien droit français, ils n'étaient pas régnicoles ; c'étaient des gens d'autre race, dont on pouvait autoriser l'installation dans le royaume, mais qui n'acquéraient pas de droits civils et politiques.

La situation juridique des Juifs a été, à peu de choses près, partout la même. Partout, ils n'ont joui que du droit d'hospitalité plus ou moins large ; ils n'ont été que des demi-citoyens. Mais en revanche, et comme nous l'avons déjà constaté, ils ont joui à peu près partout des garanties que leur offrait la vie corporative, la communauté juive.

a) En Pologne, dès le xiv° siècle, se constituèrent des communautés confessionnelles juives, (*Kahals*) entièrement autonomes. Les chefs élus de ces communautés s'occupaient de toutes les affaires religieuses, scolaires et d'assistance ainsi que du règlement juridique, suivant la loi talmudique, des litiges entre les Juifs ; le jugement des affaires entre les Juifs et les chrétiens était du ressort des voïevodes, agissant au nom du roi. Ce fut dans le dernier quart du xvi° siècle que se créèrent les organes supérieurs de l'autonomie juive : les diètes juives, appelées *waads*, composées de députés élus par des kahals et qui se réunissaient chaque année pour élaborer des ordonnances, réglant la vie intérieure des Juifs, pour s'occuper de la répartition des impôts dus à l'Etat et pour représenter les Juifs auprès de l'Etat. Cette institution exista jusqu'en 1764, date à laquelle, par suite des abus de l'oligarchie juive, elle fut supprimée (1).

Issue de la conception médiévale, qui faisait regarder

(1) V. François BAJAK, professeur à l'Université de Cracovie, *La question juive en Pologne*, p. 6.

les Juifs comme une classe sociale et l'Etat comme un ensemble de classes organisées, la diète juive dut disparaître dès que la Pologne devint définitivement un Etat moderne.

Cette organisation autonome expliquera toute l'évolution de la question juive : leur particularisme, leur résistance à l'action assimilatrice de l'Etat moderne ; elle explique aussi les revendications juives en Pologne contemporaine. Conformément aux idées qu'on se faisait au Moyen Age sur l'existence de l'Etat et grâce à leur longue vie en communauté autonome, conséquence de cette conception (qui elle-même a été déterminée, en ce qui concerne les Juifs, par le profond mépris de l'Etat polonais et catholique envers les Juifs), grâce à la lutte qui a créé le sentiment national et qui les a ainsi différenciés des Juifs occidentaux, les revendications des Juifs d'aujourd'hui, appuyées sur leur nombre et leur esprit de solidarité absolue, facilitées par l'incapacité assimilatrice de la nouvelle Pologne, tendent à créer « un Etat dans l'Etat », comme disent les centralistes, et à faire pénétrer une organisation nationale juive tout à fait indépendante dans le corps politique polonais. Ils aspirent ainsi, à limiter son fonctionnement et cela en dépit des tendances actuellement dominantes de la majorité polonaise, qui vise à élargir et renforcer l'activité de l'Etat.

A la différence des Juifs occidentaux, et grâce uniquement à l'attitude hostile de l'Etat, qui, aveuglé par son nationalisme intégral et son fanatisme religieux, est incapable de concevoir le caractère international et humanitaire de sa mission, d'effacer — comme les autres Etats civilisés d'Occident l'ont fait — les traces, l'empreinte de l'organisation étatique médiévale, les Juifs polonais forment réellement une société à part, une minorité *nationale*, et ce qu'ils veulent maintenant, c'est une confirmation légale de ce fait, la reconnaissance internationale de leur séparatisme comme un privilège et la garantie de son développement pour l'avenir. Toujours soumis à la notion de l'Etat du Moyen-Age, ils ne veulent pas aujourd'hui rester tout simplement citoyens polonais, mais ils veulent être citoyens juifs dans l'Etat.

Nous verrons, plus loin, à qui incombe la responsabilité de cet état de choses.

b) Mais c'est en *Alsace* qu'il est intéressant de suivre de près la politique royale à l'égard des Juifs.

Là, ils sont nombreux et constituent un élément de prospérité dans un pays et dans une époque à tendance mercantile ; le roi les prend expressément sous sa protection, moyennant le paiement, par chaque famille juive. d'un droit spécial. C'est un droit domanial ; et puisque les Juifs ne sont pas membres de la cité, il faut qu'ils paient pour que le roi s'occupe d'eux.

On voit bien par là que les considérations purement humanitaires ne préoccupaient pas le roi. On protège le Juif, parce que sa participation au commerce est utile ; dans un pays à tendance mercantile il est un aimant d'attraction puissante des métaux précieux ; alors on le garde. Dans le cas contraire, il fera sagement de s'en aller, pour ne pas courir le risque d'être expulsé. Outre le droit royal, on lui réclame souvent un droit de péage, lorsqu'il entre dans la province ou lorsqu'il en sort. C'est l'intendant,

agent direct du roi, qui est chargé de la protection et de
la surveillance des Juifs ainsi que de la répression des
abus commis individuellement envers ces derniers, aussi
bien qu'envers les communautés israélites.

Examinons d'abord la situation de l'individu juif. Il
peut être commerçant, mais dans des conditions spéciales.
Il n'est pas ce que nous appellerons aujourd'hui un commerçant patenté. On ne lui permet que le prêt sur gage
mobilier, non sur hypothèque, puisqu'il ne peut acquérir
d'immeubles en dehors de ceux qui lui sont personnel-
lement nécessaires et cela, après décision de l'autorité
royale. En effet, les immeubles et particulièrement les
terres sont à la base de la constitution sociale de l'ancienne France. L'acquisition des terres n'est permise, en
principe, qu'aux régnicoles, à ceux qui acceptent entièrement tous les principes — ou les préjugés — de la
Société monarchique. Les Juifs sont des éléments de
population trop mobiles, trop inquiétants pour qu'on les
laisse participer, en dehors du strict nécessaire, à cet
espèce de sacerdoce des fonctions sociales que constitue
sous l'ancien régime, la propriété foncière. « On ne conteste pas l'utilité des Juifs dans un système économique,
dont il n'a pas été possible d'éliminer complètement
l'usure. Le Juif rend à la Société cette grande utilité de
prêter à intérêt ; mais on le cantonne dans le commerce
des meubles » (1).

Maintenant passons à l'organisation des communautés
juives dont nous avons déjà parlé un peu.

<hr>

(1) Olivier MARTIN, Cours de doctorat, 1921-1922, op. cit..

Elles n'ont pas de contact avec les autorités locales, parce que ces dernières sont évidemment très mal disposées à leur égard. Le roi les prend spécialement sous sa protection par l'intermédiaire de ses agents. Ce régime d'exception est donc organisé dans l'intérêt des Juifs. Ces communautés ont une large autonomie et s'organisent en toute liberté, selon les prescriptions de leurs lois religieuses, en dehors de l'intervention des autorités municipales et sont soumises à la surveillance directe de l'intendant du roi. Elles constituent un petit monde à part, très serré et le plus souvent cantonné dans un quartier spécial de la ville. La municipalité et la communauté juives constituent deux personnes morales distinctes de la ville. Exclues de l'administration urbaine, elles ne participent pas aux charges communales, mais ne sont pas exemptes de toutes contributions et dépenses du royaume. Le roi traite directement avec elles. Et cette contribution spéciale, payée par chaque communauté, est répartie par le syndic entre tous les membres.

Il y a là un système social dont on parle trop souvent avec légèreté, sans le connaître.

c) Nous rencontrons cette organisation à peu de chose près, dans toutes les villes allemandes. C'est ainsi qu'à Francfort qui était la ville type de cette vie juive, la situation des Juifs était fixée par l'ordonnance dite expressément « de protection » (*Schutzordnung*) de 1616, en vigueur jusqu'aux dernières années du xviii° siècle. Les Juifs sont des étrangers, placés sous la haute protection de l'Empereur ; ils payent cette protection d'un tribut annuel ; ils forment une commune autonome, ils sont

obligés de vivre dans un quartier spécial, die Judengasse:
leur sont interdits, parmi les professions : l'agriculture,
les travaux manuels et, dans le commerce, la vente des
armes, du pain et du vin. Enfin, pour empêcher le
nombre des Juifs de s'accroître : limitation du droit
d'établissement, et limitation des mariages (1).

(1) Note de Duparc, p. 21.

CHAPITRE II

Les Minorités chrétiennes en Turquie au XVIIe et au XVIIIe siècles

§ 1. — Le xviie et le xviiie siècles nous offrent une longue série de conventions qui assurent les droits des minorités chrétiennes en pays musulman. Parmi celles-ci il en est deux qui méritent d'attirer notre attention : celle de Carlowitz de 1699 et celle de Koutchouk-Kaïnardji de 1774. Toutes deux ont fondé le droit des deux puissances chrétiennes d'intervenir dans les affaires de la Turquie, pour protéger non plus seulement leurs propres sujets, mais même les chrétiens indigènes. Le traité de Carlowitz, dans son article 7, établit la protection des individus minoritaires de religion catholique par la Pologne et par l'Autriche et donne un droit de remontrance à leurs ambassadeurs. Il fut confirmé, par l'Autriche, à Pojéréwatz et à Belgrade (en 1718 et en 1739).

Par le célèbre traité de Koutchouk-Kaïnardji, conclu entre Abdul Hamid et Catherine II, la Russie prit en mains la protection et la défense des chrétiens orthodoxes de la péninsule des Balkans et de l'Asie-Mineure qui jusque-là était simplement régis par le droit public ottoman (1).

---

(1) Plus tard, l'interprétation que le Tzar Alexandre donnait au traité de Kaïnardji l'encourageait à pousser plus loin ses prétentions et à se poser en médiateur entre les Ottomans et la *masse entière* de leurs sujets chrétiens. Il avait, croyait-il, pour mission de protéger ces derniers et, au besoin, de les délivrer. (Voir Lavisse et Rambaud, l'*Histoire générale*, t. x, p. 167, op. cit..).

Aux termes de l'article VII de ce traité de « paix perpétuelle » (1), « la Sublime Porte promet une ferme protection à la religion chrétienne et à ses églises. Et elle permet aussi aux ministres de la Cour impériale de Russie de faire, dans toutes les occasions, des représentations, tant en faveur de la nouvelle Eglise de Constantinople (dont il sera fait mention à l'article 14) que pour ceux qui la desservent, promettant de le prendre en considération comme faites par une personne de confiance et d'une puissances voisine et sincèrement amie » (1).

Par l'article 16, la Russie obtient le droit de protection sur les principautés vassales de Moldavie et de Valachie, qui reçoivent une large autonomie.

Ce traité marque une date importante dans l'histoire des minorités chrétiennes en Turquie. La communauté de race avec la plupart des chrétiens des Balkans, communauté de religion avec tous, ce droit, reconnu par un traité, donnait à la Russie un prestige moral, une situation de protection officielle qu'elle mit longtemps — et malheureusement pour les minorités — au service de ses visées impérialistes sur les Détroits. Cette protection a duré jusqu'au traité de Paris de 1858 (2).

Sans nier les desseins politiques de la Russie et les inconvénients que toute intervention isolée présente, nous voulons cependant ajouter que la protection russe des minorités chrétiennes en Turquie a été nécessaire et, abstraction faite des visées politiques des hommes d'Etat

---

(1) V. MARTENS, *Recueil des principaux traités*, t. IV, p. 615.
(2) V. S. SEIGNOBOS, *Histoire politique de l'Europe contemporaine*, p. 789, op. cit..

russes, elle a été aussi provoquée par les considérations humanitaires à une époque où l'on s'occupait si peu des souffrances humaines.

Nous avons vu l'Autriche intervenir par le traité de Carlowitz pour la protection de la minorité catholique. C'était une intervention religieuse. On protège la religion catholique, plutôt que la conscience religieuse de l'homme. C'est en faveur du Pape et non en faveur de l'individu que l'Autriche, plus catholique que le Vatican lui-même, intervenait dans les affaires intérieures de la Turquie. On se désintéressait complètement des souffrances des orthodoxes qui constituaient la majorité numérique dans l'Empire ottoman, et qui avaient vraiment besoin, pour vivre, de la protection internationale.

Car « les actes sanguinaires qui se commettent journellement en Turquie sont dus à l'ignorance complète dans laquelle vit la presque totalité des Musulmans. Le Gouvernement ottoman n'a jamais rien fait pour les initier à la civilisation. Au contraire, sa politique, dont le but égoïste consiste à dominer avec une faible minorité musulmane une formidable majorité chrétienne, lui imposait l'obligation de nourrir constamment chez les sujets mahométans la haine du raïha chrétien. Un Musulman se fait difficilement à l'idée que les droits sont égaux entre lui et le chrétien. Toute entreprise faite pour faire accepter des concessions libérales aux Turcs ignorants, fanatiques, infatués d'eux-mêmes, était destinée à rester stérile » (1).

(1) Spalaïkovitch, *Bosnie et Herzégovine*, thèse Paris, 1898, introduction, p. 9.

« L'absence de légalité dans l'Empire ottoman et le caractère peu satisfaisant de son régime intérieur ont fini par compromettre tout à fait ses intérêts et son prestige en Europe. La Turquie est demeurée un véritable anachronisme dans la Magna civitas » (1). D'où la nécessité impérieuse pour la protection internationale des chrétiens orthodoxes.

Personne ne voulait les protéger, pour la simple raison que personne ne voulait aider les intérêts politiques russes en Turquie. Et pendant que les puissances européennes, avec leurs buts ambitieux sur Constantinople, se querellaient entre elles, les minorités chrétiennes souffraient sous le joug turc ; les intérêts politiques particuliers préoccupaient beaucoup plus les Puissances que les intérêts de l'humanité.

Sans aller jusqu'à dire que l'intervention russe était complètement désintéressée — politiquement parlant — nous insistons particulièrement sur ce fait, qu'elle n'était pas seulement une intervention religieuse en faveur de l'Eglise orthodoxe mais encore une intervention humanitaire, à laquelle le système particulier du droit public turc a ajouté le caractère d'une intervention en faveur *des nationalités.*

§ 2. — En effet, la protection des « Eglises chrétiennes » — terme très significatif du traité de Koutchouk-Kaïnardji — s'est trouvée par suite de l'organisation des minorités religieuses en Turquie — organisations dont nous avons déjà signalé les principaux traits — une pro-

____
(1) SPALAIKOVITCH, loc. cit..

tection *des minorités nationales.* On n'ignore pas que, depuis la conquête ottomane, les populations chrétiennes sont classées par l'autorité turque en groupes séparés (Miléti), « en nations. » Le Droit public turc considère l'Eglise comme le signe distinctif de nationalités. Conformément au principe fondamental du Coran, il y a nationalité distincte, quand il y a religion différente ; le chef religieux est aussi le chef civil de sa nation (Millet Bachi). C'est cette croyance turque que l'Eglise constitue la nationalité, plus que le fait même de croyances religieuses, qui a contribué à la formation des nationalités en Turquie ; c'est cette conception juridique — religieuse du droit public turc qui a créé les nationalités. Cela semble paradoxal, mais cela est ; car chaque partie distincte par ses origines ethniques d'une même église a compris les avantages considérables qu'elle aurait à tirer de la reconnaissance d'une millet et *elle s'est groupée* pour l'obtenir. De la sorte est née la nationalité serbe.

C'est ainsi que la lutte des nationalités non ottomanes, formées grâce à cette conception du droit public, et les interventions constantes de la Russie depuis le traité de Koutchouk-Kaïnardji jusqu'à 1858, et des Puissances depuis le traité de Paris, dans les affaires intérieures de la Turquie, constituent la trame de *la question d'Orient.*

Donc, c'est toute la question des minorités souffrantes dans un Etat peu viable, qui était la cause véritable et profonde des complications internationales au xixe siècle dans les Balkans.

§ 3. — Pour finir cette page d'histoire de la Turquie, nous citerons la réponse du premier délégué serbe à la

conférence de Lausanne (1922-1923), du ministre Spalaïkovitch, aux déclarations d'Ismet Pacha, au sujet des
minorités chrétiennes en Turquie :

« L'histoire de l'Empire ottoman pendant les derniers
siècles ne saurait être expliquée uniquement par l'intervention de la Russie et de ses agents en Turquie. Des
deux facteurs qui ont exercé une influence décisive sur
le sort de l'ancienne Turquie Ismet Pacha n'a mentionné
qu'un seul : le facteur extérieur, c'est-à-dire les visées des
grandes puissances, notamment celles de la Russie.

Il est certain que pendant la dernière période de son
existence, l'Empire ottoman était une sorte d'entreprise
des grandes puissances. Sur ce point Ismet Pacha a raison ; mais là où il a tort c'est quand il dit que toutes les
insurrections dans les Balkans ont été soulevées par la
Russie tsariste. Une pareille assertion montre qu'Ismet
Pacha ignore le second facteur ayant joué le rôle prépondérant dant les destinées de l'Empire ottoman.

Ce facteur est le sentiment des nationalités chrétiennes
des Balkans qui ne pouvaient oublier leur idéal national.
Dans les aspirations de ces nationalités se trouvait le
principal levier de leurs luttes pour l'indépendance ; le
sentiment national a joué, comme nous le savons, le rôle
décisif dans la création de tous les États modernes. C'est
ainsi, grâce à ce même sentiment national, que nous
voyons aujourd'hui naître une nouvelle Turquie, une
Turquie kémaliste, c'est-à-dire nationale » (1).

(1) Documents diplomatiques, *Conférence de Lausanne*, t. 1ᵉʳ, pp. 167-168.

CHAPITRE III

L'apparition des nationalités et des minorités nationales avant la Révolution française

Avant de passer à l'examen des notions de l'Etat et de la communauté internationale dans leurs rapports avec les minorités, nous allons attirer l'attention sur un fait qui va compliquer notre étude en y apportant un élément nouveau, qui va jouer un rôle des plus importants dans l'évolution de cette question du Droit des gens.

Nous faisons allusion au principe des nationalités qui commence déjà à apparaître dans les relations internationales, bien que timidement encore. Eclipsé pendant l'ancien régime par l'idée de l'Etat et aussi par l'idée de l'équilibre entre les Etats, l'idée puissante, née bien avant la Révolution française, va se réveiller avec une force étonnante au XIX⁰ siècle.

§ 1. — L'antiquité n'a pas connu la Nation, au sens que nous lui donnons aujourd'hui. Mais elle a connu un groupe ethnique déterminé, infiniment pénétré par l'idée religieuse, l'idée qui la différenciait des autres, un groupe organisé, avec ses caractères propres, ses mœurs, ses traditions, sa langue, son esprit de culture spéciale — une cité, une patrie. Il suffit d'élargir cette notion de cité sans en modifier le contenu et voici née la Patrie moderne (1).

La Patrie peut être Etat, à la condition d'ajouter à la notion de patrie le caractère d'une existence politique

(1) V. Henri HAUSER, *Le Principe des Nationalités, Ses origines histori-ques*, p. 14.

libre, mais ce n'est pas la nation. La *terra patria*, c'est la terre où l'on est né, c'est donc, remarquons-le, un fait naturel et non pas volontaire qui nous y attache. Pour arriver à l'idée abstraite de la nation, il faut débarrasser la notion de la patrie de ce caractère territorial, de ce lien de l'homme avec le sol et y ajouter un élément psychologique, une conscience collective. Or l'Antiquité et le Moyen-Age en étaient incapables. La culture nationale supérieure, indispensable à la formation des nationalités, manquait naturellement aux peuples anciens (1).

On voit par là que l'idée des nationalités ne peut pas être une idée très ancienne. Elle exige un état de civilisation assez avancé, une culture supérieure, indispensable pour la formation de la conscience individuelle, un effort de vaste abstraction, pour la création d'une conscience politique collective.

Pour qu'il y eût vraiment des nations, il fallut qu'au préalable fût rompue l'unité chrétienne, et que le sentiment d'unité morale d'un groupe existât en dehors des liens religieux. Nous croyons que Holtzendorff a raison en disant que la base historique du principe des nationalités ne peut se trouver que dans le déclin des idées de suprématie spirituelle et temporelle (2).

§ 2. — Avant le schisme, il y a bien eu, sous l'unité religieuse apparente, des diversités réelles, mais c'étaient

----

(1) V. dans le même sens : HAUSER, ouvrage cité ; Ramsay Muir, *Nationalisme et Internationalisme* ; FIORE, *Droit international public*, t. 2, pp. 5, 6 et 7 ; RENAN, *Qu'est-ce qu'une Nation*, dans *Discours et Conférences*, p. 280.

(2) V. HOLTZENDORFF, *Le principe des nationalités et la littérature italienne du Droit des gens*, dans la R. D. I, année 1870, p. 105.

des diversités féodales. Rien là qui ressemble à la fois à
un groupement étendu et stable. Il y a eu bien des éléments susceptibles de former des nationalités : éléments
ethniques, linguistiques, culturels et ceux qui lient un
groupe au sol ; on s'y attacha fortement, on l'aima naturellement, instinctivement, d'une façon primitive, inconsciente. Ce sentiment spontané, irréfléchi du peuple
envers la terre où il vit, où il est né, où il se perpétuera,
contribuera à la formation de l'idée de patrie. Il suffit de
rendre ce sentiment conscient, de le réveiller et voici née
la nationalité de ce groupe. Une nation n'existe pas
comme telle, tant qu'elle n'arrive à concevoir son existence collective. « Dans la psychologie collective comme
dans la psychologie individuelle le moi ne prend conscience de soi qu'en s'opposant au non-moi » (1). Ce qui
a créé les nations c'est la lutte, le conflit entre les groupements organisés. On voit par là *qu'à l'origine de la
nation nous trouvons l'État.* C'est une idée à laquelle
nous sommes très attachés et suivant laquelle nous considérons l'organisation étatique, comme un des éléments
le plus important à la formation des nationalités, à la
formation de la conscience collective des groupes.

Le sentiment de l'unité morale, base d'un agrégat de
personnes formant un organisme — c'est une idée sur
laquelle nous insisterons davantage dans la suite — peut
dériver non seulement d'un fait naturel (race, langue,
attachement au sol, identités d'origine, etc.) mais surtout d'un fait artificiel : l'action de l'État, fait de l'État,
qui non seulement crée la nationalité en réveillant les

(1) HAUSER, op. cit., p. 11.

affinités naturelles déjà existantes, en les rendant conscientes dans le cerveau du groupe   mais encore et surtout — nous le soulignons — l'Etat nous apparaît comme
un facteur créateur de l'unité morale dans la conscience
des groupes qui n'ont rien de commun, au point de vue
des affinités naturelles.

« Supposons, dit Fiore, que les populations différentes
de race, de tradition, de langue, se trouvent réunies sur
le même territoire, soumises au même gouvernement,
que ce gouvernement devienne peu à peu l'expression de
la raison et de l'ordre, qu'il sache employer la force uniquement pour défendre la justice, pour garantir les
libertés, provoquer le développement de toutes les forces
sociales et individuelles et assurer le perfectionnement
de l'humanité. Un tel gouvernement, qui procéderait
correctement, selon les principes de l'ordre social et les
intérêts des administrés et qui conserverait toutes les institutions propres à harmoniser et à coordonner les intérêts particuliers de tous avec les intérêts généraux de
l'association, pourrait devenir le principe de l'unité morale des populations ainsi réunies, en leur donnant un
but commun, une culture uniforme, un caractère distinctif propre » (1).

Cette idée de l'Etat créateur des nationalités, artificiellement, en dehors de tous liens naturels, anthropolo-
giques, religieux, linguistiques est à la base de notre
thèse et donne un argument sérieux en faveur de nos
conclusions, en ce qui concerne les minorités.

Donc, nous l'avons vu, un Etat peut à l'aide de prin-

____

(1) FIORE, *Nouveau droit international public*, t. 1er.

cipes éminemment justes créer cette unité morale de tous les groupes soumis à son autorité, cette unité que nous appellerons la nationalité, *tout en permettant à ces différents groupes de garder leur individualité spéciale ethnique, religieuse, linguistique et culturelle.* C'est le véritable rôle de l'Etat. C'est dans ce sens que doit agir son action assimilatrice et créatrice de l'unité nationale. C'est grâce à cette action hautement civilisatrice que l'Etat assimile les différents groupes ethniques et les unit dans un principe commun. Le principe de l'unité de l'Etat vient se confondre ainsi avec celui de l'unité nationale.

Cette unité ne signifie pas l'uniformité.

Pour nous la notion de nationalité contient un seul élément : le vouloir-vivre collectif (1). Et nous ajoutons que le facteur essentiel, contribuant à la formation de ce sentiment, est l'Etat, l'organisation étatique bien conçue, soit qu'il rende conscientes des affinités naturelles déjà existantes chez un groupe, soit qu'il crée, par son action civilisatrice, artificiellement, en séparant la notion des nationalités de tout élément ethnique, religieux, culturel, linguistique ou en le débarrassant du lien avec le sol, cette unité morale.

Personne ne peut nier la puissance de l'intérêt dans la formation des nationalités. La mission essentielle de l'Etat est de créer cet intérêt. L'Etat dans lequel je vis bien est ma nation : *Ibi bene, ubi patria* (2).

(1) L'expression heureuse est de M. H. Hauser.
(2) « *Patria est ubicumque est bene* », vers de Pacuvius cité par CICÉRON dans *Fusculans* (I. 37).

Nous verrons l'importance de la communauté internationale pour la création de cette conception de l'Etat.

A. — Malheureusement il arrive le plus souvent que l'action étatique, au lieu de se traduire par la formation constante et progressive de cette unité morale, aboutit à des phénomènes contraires.

D'abord, l'Etat se montre dans la plupart des cas incapable d'assimiler les différents groupes *nationaux* vivant sur son territoire. Il ne pourra le faire qu'en les mettant sur un même pied d'égalité avec le groupement primitif, fondateur de l'Etat ; ce qui aurait pour conséquence de substituer aux anciens principes d'unité morale de ces divers groupes, l'unique principe de l'Etat, élevé au-dessus de toutes ces nationalités, les dominant, les effaçant lentement. Ainsi le principe de l'Etat sera à la base de leur unité morale et deviendra leur seule nationalité.

Car le principe des nationalités n'est pas immuable. Les minorités nationales peuvent disparaître, grâce à l'action intelligente de l'Etat. Elles peuvent continuer à garder leurs caractères spéciaux, leurs langues, religions, cultures, mais avec cette différence qu'elles cesseront de voir ces faits naturels comme base de leur unité morale : cette unité sera remplacée par le principe de l'Etat. En perdant le sentiment que ces traits spéciaux font leur unité nationale, elles deviendront simplement les minorités de langue, de religion et de race.

B. — En second lieu, l'Etat nous apparaît en fait, non seulement un mauvais assimilateur, mais encore le créateur de minorités nationales, là où elles n'avaient pas ce caractère. L'attitude hostile de l'Etat envers une langue minoritaire, par exemple, créera la lutte entre cette minorité et l'Etat. Cette lutte aura pour conséquence de former le sentiment national de ce groupe. Leur langue deviendra le facteur principal de leur nationalité puisque, grâce à l'éveil de la conscience collective du groupe, elle sera sentie comme telle, le groupe lui attribuera « la valeur d'un critère de nationalité » (1).

Tous ces phénomènes, nettement contraires au but social que doit avoir l'action étatique, ont leur origine dans la conception fausse de l'Etat. Au lieu de s'élever au-dessus de toutes les diversités des groupes, l'Etat a une tendance fâcheuse de devenir la chose d'un seul groupe, représentant exclusif chargé de défendre les intérêts de ceux qui détiennent la force sociale, de la majorité nationale. Ainsi, pour lui, les intérêts de cette majorité viennent se confondre avec les intérêts de l'Etat. Parti d'une conception fausse du principe des nationalités, il rejette en dehors de la notion de national tout ce qui ne porte pas le caractère distinctif du groupe majoritaire, tout ce qui ne parle pas sa langue, ne croit pas à sa religion, n'est pas lié par les affinités ethniques, par le passé et par l'histoire, qui a créé l'identité des traditions et a confondu le groupe majoritaire avec l'Etat. Peu importe à l'Etat que ce groupe soit rattaché à lui par un sentiment ferme de vouloir-vivre collectif. Ce seul facteur de nationalités, puissant, très élevé, civilisé, l'Etat nationaliste — représentant exclusif de la majorité — ne veut pas le connaître.

De même qu'il est conquérant en dehors, poussé par le

(1) Cf. Hauser, p. 6 et Louis Le Fur, *Races, Nationalités, Etats*, p. 101.

désir d'arrondir son territoire jusqu'aux limites dites naturelles, l'État nationaliste a une forte tendance à s'arrondir par le dedans : c'est-à-dire à faire disparaître les enclaves constituées à l'intérieur de son aire géographique par des groupes différents de la majorité. Et cela, par une pression constante, violente le plus souvent, sur ses îlots ethniques. Or, l'État ne peut comprendre l'assimilation que dans le sens nationaliste. Pour lui, assimiler une minorité signifie la forcer, par tous les moyens, à abandonner tous ses caractères propres qui le plus souvent ne sont pas les facteurs d'une nationalité distincte, l'absorber à tous les points de vue dans le groupe majoritaire. Or cette pression engendre précisément des résultats contraires au but. La lutte va, en grandissant, accentuer les différences, jusqu'au jour où ces minorités, devenues véritablement nationales, conscientes de leur existence en tant que collectivités distinctes, émettront la prétention d'être indépendantes, ou, tout au moins, d'être rattachées au groupe voisin, avec lequel elles ont eu, dans l'histoire, quelques affinités d'origine — liens que l'État, par son attitude hostile, n'a pas su effacer.

§ 3. — Pour continuer notre exposé historique, rappelons qu'avec la Réforme qui brisa l'unité chrétienne, les différences nationales commencent à apparaître.

Jean Huss en Bohême réveille la conscience tchèque. Le mouvement gallican commence à se nationaliser. En Allemagne, la Réforme reste par essence un mouvement national. Zwingli, en Suisse, déchaîne contre Rome et contre le service étranger, une révolte deux fois nationale.

« C'est surtout par la langue, par la langue vulgaire

opposée à la langue de l'Eglise universelle que s'affirme
l'autonomie des nouvelles Eglises nationales. En traduisant la Bible en allemand, Luther n'a pas seulement
déchaîné une révolution religieuse, il a créé la langue
allemande, donné à la conscience allemande une expression. Cet exemple est suivi par les réformateurs en
France, en Flandre, en Ecosse, en Angleterre. On ne saurait évaluer trop haut l'importance de ce grand fait : la
nationalisation de la prière » (1).

D'autre part, dans l'ordre politique — c'est le fait sur
lequel nous insistons le plus — la fin du xve et le début
du xvie siècle sont l'époque de la formation des grands
Etats. Les puissantes monarchies vont lentement et progressivement effacer les tendances séparatrices des différentes provinces que la féodalité avait fait naître et vont
devenir le facteur principal d'unification, de centralisation
et vont poser au-dessus de toutes les diversités féodales
un principe commun d'unité, le principe de l'Etat. L'Etat
contribuera efficacement à la formation des grandes nationalités. La nationalité n'est par l'Etat, mais elle trouve
dans l'Etat naissant d'abord un organe, un appui à sa
conservation, une grande garantie pour son avenir, un
défenseur puissant et armé contre les attaques du dehors ;
ensuite il sera un facteur important de développement,
d'élargissement de nationalité. L'Etat va par la création
de l'économie nationale unir tous ses sujets dans un vaste
syndicat d'intérêts — à condition bien entendu d'un
traitement égal. Unis par le lien de l'habitude de voisinage, les différents groupes d'un même Etat sont main-

---

(1) Henri HAUSER, loc. cit., p. 13.

tenant unis par les liens d'un autre ordre, font partie d'un même système économique en antagonisme avec les systèmes rivaux. Les luttes entre les Etats, ces luttes où vont s'affirmer en s'opposant les divers intérêts des groupes, prennent une importance déterminante pour la formation des grandes nationalités et d'un même sentiment national chez tous les groupes de l'Etat (1).

§ 4. — Nous verrons comment ce principe a évolué après la Révolution française. Pour le moment bornons-nous à signaler ici que ce fait des nationalités a déjà commencé à notre époque à être pris en considération, bien qu'exceptionnellement, par le Droit international public, comme une règle de conduite à suivre par les Etats en cas d'annexion. C'est ainsi que dans les traités d'annexion, on voit apparaître la clause permettant aux habitants cédés de conserver leur nationalité s'ils veulent émigrer hors de leur pays conquis. Telle est la règle posée par l'article 17 du traité de Ryswick en 1697 ; celle posée par l'article 14 du traité d'Utrecht en 1713. C'est là que le principe des nationalités, entendu dans le sens de liberté individuelle, reçoit son application, timide encore, dans le Droit des gens (2).

---

(1) Cela fournit quelques excuses à la confusion que Vattel avait faite de la notion de l'Etat avec celle de la nationalité. La définition qu'il donne « les Nations ou Etats sont des corps politiques ou Sociétés d'hommes qui recherchent leur bien-être et leurs avantages communs en réunissant leurs forces ». malgré ses imperfections, n'était pas trop éloignée de la réalité de son temps.

(2) Cité par André Weiss, *Cours de Droit international public* à la Faculté de Paris, 1920.

CHAPITRE IV

L'État et la communauté internationale jusqu'à la Révolution française

§ 1. — Nous avons déjà noté les principales conséquences du traité de Westphalie ; nous ne pouvons pas
énumérer toutes les théories internationales, nées à cette
époque. Elles se construisent d'une façon empirique et
si l'on voulait les résumer toutes, on pourrait en présenter
autant qu'il y avait d'Etats en jeu. Chacun, suivant ses
appétits, ses intérêts, ses idées morales ou religieuses,
s'appliquait à faire triompher les règles qui lui paraissaient les plus favorables pour la justification de ses intérêts propres.

Même de nos jours, les théories reproduisent très souvent dans leurs bases et leurs conclusions les aspirations
de ceux qui les formulent. C'est une idée qui a été magis-
tralement développée et illustrée par de nombreux exemples par notre maître, le professeur du Droit des gens à
la Faculté de Paris, M. G. de Lapradelle (1). L'éminent
professeur signale ce danger de la discipline juridique
internationale qui consiste à ce que « chacun prétend
invoquer le droit pour soi-même et chacun, au gré des
intérêts parfois momentanés de sa politique, s'efforce de
le déformer. L'esprit légiste — et nous ajouterons, l'esprit

____

(1) *Cours de Doctorat*, 1921-22.

politique — s'introduit dans le droit international au
détriment de l'esprit juridique ou plus simplement de
l'esprit juriste... » « Alors on assiste à ce spectacle : dans
le droit international où se rencontrent des conceptions
nationales opposées se forment de véritables antago-
nismes entre les doctrines juridiques ; suivant qu'il s'agit
d'un pays ou d'un autre la conception du droit international sera différente. » « Mais leurs intérêts n'ont pas
toujours la même direction ; la force de résistance qu'ils
opposent à l'unification du droit n'est pas une force constante mais variable ; le jour où les États auront le sentiment d'une nécessité politique commune une véritable
théorie internationale commune peut se fonder. » C'est
lorsqu'ils verront que leur intérêt véritable est l'intérêt
commun et c'est le Droit, ce qui est juste, raisonnable,
rationnellement, abstraction faite de toute utilité immédiate et variable.

Mais le plus souvent une règle internationale naît d'une
transaction entre les divers intérêts en jeu ; elle est nécessairement imparfaite ; malgré tout, elle constitue toujours un progrès parce qu'elle tient compte des intérêts
multiples qui peuvent être opposés. Une théorie portant
sur des matières de droit international public n'a pas de
chance d'être acceptée si elle viole trop ouvertement les
droits des autres États. Un État, par conséquent, ne
s'imaginera pas qu'il suffit de son acte unilatéral, d'une
disposition émanée de sa souveraineté, pour que celle-ci
s'impose à tous les États, là au moins où ils ont un intérêt
égal à faire connaître leur volonté. Or, comme il existe
nécessairement dans une société des États des besoins

communs qui demandent une réglementation acceptée
par tous les intéressés, des organes internationaux se
créent, destinés à formuler les règles communes du Droit
international.

Ainsi la diplomatie européenne, lors de la guerre de
Trente Ans fut la première expression d'une organisation
internationale qui, dans la circonstance, travailla avec
quelques succès pour arrêter une transaction entre les
différents intérêts des Etats, en formulant quelques règles
générales du droit des gens positif.

§ 2. — Il y en a une qui arrêtera notre attention, à
propos de la notion de l'Etat : c'est la reconnaissance par
les Etats européens *de leur souveraineté respective, découlant du fait des stipulations formulées dans les traités* (1).

Avant de voir comment on la concevait et les conséquences de cette conception, disons tout d'abord que la
notion de souveraineté, en tant qu'elle affirme l'existence
du *summum imperium* ne répond pas à une idée inconnue jusqu'alors : il y a eu, dans le passé, des situations
où celui qui détenait le pouvoir prétendait l'exercer sans
réserve, comme s'il avait été investi de la *summa potestas*. Mais à cette conception féodale le xv° et le xvi° siècles
ont ajouté quelque chose de nouveau. Pendant son travail
d'unification et de centralisation, détruisant les forces
centrifuges de la féodalité, l'Etat ne pouvait ne pas aper-
cevoir la puissance jusqu'alors inconnue des moyens que
lui offrent les efforts et les forces puissamment centra-
lisées de la vie nationale. Alors la notion de souveraineté

____

(1) TCHERNOFF, thèse citée, op. cit., p. 52.

se précisa et logiquement s'exagéra. Jean Bodin donne la formule qui traduit exactement l'état de fait et les tendances de son époque, dans son livre « *De la République* » (1). Il ne voyait la souveraineté que là où une autorité pouvait s'affirmer et s'exercer sans recevoir des ordres d'un pouvoir supérieur. C'est là où gît la différence avec la conception ancienne.

Les traités conclus pendant les guerres de religion y ajoutent une nouvelle différence, indirectement. La notion de la souveraineté dans le droit international découle de ce fait que les autres Etats reconnaissent une autorité publique comme souveraine, en signant un traité avec elle. Le fait de l'existence d'un Etat, pourvu d'une certaine organisation, ne suffit pas pour que sa vie et ses intérêts puissent s'imposer au respect de l'autre Etat. Cela s'explique aisément, si l'on songe que l'organisation d'un Etat n'était, à cette époque, bien rassurante ni quant aux moyens d'action ni quant au but qu'il se proposait de poursuivre. L'Etat contenait dans son organisation, dans ses aspirations, trop d'éléments hostiles, égoïstes, incompatibles avec la sécurité des autres Etats, pour que ceux-ci acceptent d'avance et consacrent même par un consentement tacite la légitimité de toutes les manifestations d'une souveraineté étatique. Pour qu'un Etat soit souverain aux regards de la souveraineté internationale « il fallut qu'il se présentât avec une physionomie plus précise et qu'il se montrât plus respectueux des intérêts des autres collectivités (2).

(1) Cité par Esmein, *l'Histoire du Droit public français*.
(2) V. Tchernoff, loc. cit..

Cette notion de la souveraineté a un caractère absolu, tant dans ses manifestations à l'intérieur qu'à l'extérieur. On aperçoit bien les conséquences contradictoires, pour ne pas dire absurdes, qui logiquement doivent s'en déduire.

A. — Dans le droit public interne, le souverain invoqua son *imperium*, qu'il ne concevait que comme *summa potestas*, pour écarter tous les obstacles qui s'opposaient à l'exercice de son autorité. Le souverain est l'unique source d'autorité. Il la tient, d'après la théorie du droit divin, de Dieu seul et de son épée. Cette souveraineté illimitée est indépendante de toute autorité temporelle ou spirituelle. La puissance monarchique dans l'intérieur de l'Etat n'est limitée ni par les droits individuels, ni par aucune institution positive. Mais, malgré cette notion absolue, il y a eu, pour limiter l'absolutisme du monarque, un frein moral et un frein religieux, par suite de la conviction chez le souverain qu'il exerce une fonction, qu'il remplit un devoir exclusivement dans l'intérêt du peuple ; et ceci est d'autant plus important, que le souverain est chrétien et sincèrement chrétien, ayant le sentiment profond de sa responsabilité devant Dieu. Ensuite, il existe quelques garanties d'ordre juridique tenant à l'existence de ce qu'on appelle les lois fondamentales de l'Etat, difficilement conciliables avec la théorie du droit divin, mais qu'on considère, un peu vaguement, comme des manières d'être de l'Etat qui sont nées avec lui et sans lesquelles on ne le concevrait pas (1).

(1) V. Olivier Martin, *Cours de l'Histoire du Droit public français*, Faculté de Paris, doctorat 1921-22.

« C'était le vice essentiel de ce système, que le sort d'un pays dépendait uniquement de la volonté d'un seul homme » (1).

Donc, à l'intérieur pas de limites à la souveraineté, ni constitutionnelles, ni internationales.

B. — Cette notion de la souveraineté a eu pour conséquence l'exclusion absolue de la sphère d'activité d'un Etat de tout organe émané d'une autre souveraineté. Dès lors ce n'est pas à cette époque qu'on pourrait voir la coopération d'un organe international, coopération destinée à assurer aux éléments minoritaires un statut juridique stable et conforme à leurs besoins.

Mais par cela même que la nouvelle notion de la souveraineté n'était que la conséquence d'un état de choses qui ne se réalisait pleinement que dans l'intérieur d'un Etat, cette même notion de la souveraineté produisit des effets contraires dans le Droit international public. Une puissance dans ses rapports avec des nations étrangères n'apparaît pas, dans l'état des choses nouveau, avec le même degré de force avec lequel l'Etat se présente à l'égard de chacun des éléments qui le composent. Au-delà de ce territoire, foyer unique de l'activité de l'Etat, il n'est pas souverain, parce qu'il vient se heurter avec la souveraineté absolue d'un autre Etat.

Ainsi comprise la notion de souveraineté engendre non seulement le système absolutiste à l'intérieur mais l'idée d'indépendance absolue à caractère anarchique, excluant

(1) V. OLIVIER et MARTIN, *Cours de l'histoire du Droit public français*, Faculté de Paris, doctorat 1921-22.

toute ingérance, toute intervention du dehors dans les
affaires intérieures de l'Etat. « Sans doute, dit le Professeur Rougier (1), Grotius, Vattel, Puffendorf, enseignaient
déjà que tout un peuple peut légitimement recourir aux
armes pour combattre la tyrannie dans un Etat voisin :
mais c'est une théorie vague, appuyée sur des exemples
tirés de l'antiquité grecque, d'un caractère plus moral que
juridique — chose naturelle d'ailleurs dans une école qui
ne sépare pas le droit de son fondement éthique. »

La conception absolue de la souveraineté étatique
amène cette conséquence que les concessions faites par
une souveraineté à une autre, l'étaient, non pas au nom
du droit, ni sous la forme d'une règle de droit, mais sous
l'apparence d'une mesure de courtoisie. La volonté de
l'Etat, sa souveraineté exclusive, constitue la seule règle ;
il en résultera que toutes les concessions faites n'auront
la force obligatoire que dans la mesure où il continuera
à le vouloir et ne seront pas susceptibles, au cas de violation, de fonder une réclamation légitime.

Une question se pose forcément : quelles furent les conditions qu'un Etat devait remplir pour prétendre à l'exercice des prérogatives exorbitantes qu'il faisait découler
de la souveraineté ? — Qu'il fasse preuve d'une certaine
puissance de fait. Ainsi nous voyons que le fait qui sert
de fondement à la souveraineté est un fait brutal, excluant tout élément spirituel, puisqu'il ne demande, pour
produire un effet définitif, ni l'adhésion expresse ou tacite
des habitants, ni le consentement des autres Etats. Or,

(1) V. *La théorie de l'intervention de l'humanité*, article extrait de la
R. G. D. I. P., 1910, p. 9.

en fondant la souveraineté sur le fait unique de l'occupation et de la conquête, si on va au fond des choses, l'idée de puissance matérielle se confond avec l'idée même de l'Etat. « Une collectivité ne pourra donc être vraiment un Etat que si celui-ci possède de puissants moyens d'action ; et, comme les seuls moyens d'action véritablement puissants sont ceux de la force physique, l'Etat fort, seul, constituera réellement un Etat. Les autres n'auront qu'une souveraineté nominale » (1).

On voit bien les conséquences de cet état de choses : une Société constituée sur le principe de souveraineté absolue de ses membres est, par la force des choses, une société anarchique ; ce n'est même pas une société, étant donné l'antinomie de ces deux termes: anarchie et société. Alors vu l'inégalité matérielle des groupes, dans une communauté internationale fictive, juridiquement inexistante, comme dans toute société non organisée, incapable de défendre les principes contre les faits, parce qu'ils ne s'accordent pas — le principe de souveraineté absolue est la négation de l'égalité, de l'indépendance et de la souveraineté des groupes faibles et, à l'intérieur comme à l'extérieur de l'Etat, il ouvre le chemin à l'arbitraire illimité. Elle constitue une conception antijuridique et antisociale.

§ 3. — En face de cette souveraineté absolue trouve-t-on une force de nature à s'imposer aux volontés capricieuses des Etats ? Cela nous conduit à nous demander quel est à cette époque le rôle de la communauté internationale, son fondement et ses moyens d'action ?

(1) V. Paul Fauchille, *Traité de Droit international public*, édit. 1923, t. 1er, p. 428.

Précisons d'abord l'aspect sous lequel elle se présente. Ce n'est pas une union juridique entre tous les Etats. Cependant la doctrine de l'Ecole du Droit de la Nature a entrevu, il est vrai, cette union placée sur le terrain du Droit international, une union juridique.

A. — En effet, l'idée d'une Société des Nations hantant les esprits bien avant le XIXᵉ siècle. Cela est logique et très compréhensible : en face de la Société anarchique des Etats, l'humanité a senti depuis toujours — cruellement — ce manque d'union nécessaire au progrès. Cette idée répond à un besoin naturel de l'humanité à se sentir unie. Elle est la conclusion fatale, inévitable de tout esprit juridique cherchant les moyens de résoudre les conflits internationaux. Cette idée est dans la nature même de toute société. Si elle n'a pas réussi à s'imposer jusqu'à une époque toute récente, tardivement, nous considérons ce fait comme anormal, hors de la logique et de la nature des choses. Nous l'expliquerons par une déviation extrême que l'évolution de l'humanité a subie dans le domaine du droit international, une déviation déterminée par ceux qui la dirigeaient. On le voit bien : une évolution déterministe, matérialiste aurait dû depuis longtemps arriver à cette conclusion. Ce qui l'a empêchée, c'est la conception de la souveraineté, le particularisme égoïste non pas des groupes (toute association logiquement aurait été amenée, par sa nature même, à trouver une solution au conflit dans l'idée d'une société internationale) mais de ceux qui avaient l'intérêt et l'ambition à être insoumis, hors toute loi, de ceux qui ont toujours une mentalité particulière et qui sont censés représenter la volonté collective et qui n'ont que leur volonté à eux, en dehors et au-dessus de la loi, souveraine en elle-même. D'où sort la puissance souveraine ? Qui la crée ? Si on remonte du phénomène à sa cause logique, on découvre que cette conception de la souveraineté est antisociale et qu'elle ne peut être la conception d'une collectivité. Une nation, un groupe, une société ne peuvent jamais avoir cette idée spontanément, logiquement ; car, l'idée de souveraineté, étant individualiste par son essence même ne peut être la création collective, sortie du cerveau d'un groupe ; l'idée réfractaire à tout lien social aurait été pour elle une auto-négation. La vraie origine de la souveraineté se trouve dans la théorie du droit divin du monarque. Nous en avons déjà parlé. Or, le droit international officiel a été, dès le début, pour la plus grande partie, l'œuvre des diplomates. Ces gentilshommes ont été élevés dans l'atmosphère des cours où ils ont appris que les rois, leurs maîtres, ne peuvent point commettre d'injustices ; qu'il ne pouvait y avoir aucune puissance intermédiaire entre le Roi et la Divinité. Cette idée, par une déduction logique en apparence, fut appliquée à la nation par ceux qui ont remplacé le roi, en prenant des titres plus démocratiques ; la théorie du droit divin de cette façon n'a pas été abandonnée, mais elle a changé simplement de sujet : au lieu de s'appliquer au roi, elle s'applique maintenant à la nation ; si elle ne peut pas exprimer sa volonté ou si elle n'en a pas, on se charge de lui en donner une, celle du gouvernement (1).

(1) V. dans le même sens Herbert Spencer, *Principes de sociologie*, t. 2, § 220 et suiv. et aussi Edmond Villey : *la souveraineté nationale, son fondement et ses limites* (dans la R. du droit publ. et de la science politique, année 1904.

On voit bien que l'idée de souveraineté, résistant à la formation d'une union juridique des Etats, issue de la conception *individuelle* médiévale, féodale, aristocratique du droit divin, fiction des imaginations savantes mises en torture pour la recherche de l'intérêt personnel du monarque est en contradiction formelle avec la société démocratique et constitue un anachronisme dans les temps modernes. Les juristes ont accepté la doctrine du monde diplomate ; ainsi appuyée elle a reçu une approbation quasi générale ; d'où la difficulté des savants de déraciner ce préjugé (1) (2).

Cependant, malgré cet état de choses, il y a eu des esprits qui ont eu l'audace de prévoir une société des Etats et qui ont été de véritables précurseurs de l'œuvre féconde du Président Wilson.

En France : c'est Pierre du Bois dans un livre intitulé « *De recuperatione terræ sanctæ* », 1306 ; c'est Emeric Crucé (« *Nouveau Cynée* », 1600), sous l'influence duquel Grotius — ce prodige de Hollande — écrit, dans son « *De jure belli ac pacis* » (1625) : « Il serait utile et, en quelque sorte, nécessaire que les puissances chrétiennes fissent entre elles quelques espèces de corps, dans les assemblées desquelles les différends de chacun se termineraient par le jugement des autres, et qu'on cherche même les moyens de contraindre les parties à s'accorder sous des conditions raisonnables » (3). C'est ensuite Sully dans ses

(1) Jackson H. Ralston, *le Droit international de la démocratie*, pp. 11-19.
(2) V. notamment l'éminent juriste français, M. Duguit : *l'Etat, le Droit objectif et la loi positive*, pp. 9, 319 et s..
(3) Cité par G. de Lapradelle, *Cours de Doctorat*, 1921-22.

« *Mémoires de Henri IV* » ; c'est enfin l'Abbé de Saint-Pierre qui, au moment où s'élabore la paix d'Utrecht, écrit ses « *Mémoires pour rendre la paix perpétuelle* », dont Rousseau, lui-même, donna un abrégé (1).

« Dans cet Abbé de Saint-Pierre et dans les railleries dont il a été l'objet — observe justement, dans ses conférences sur la Société des Nations, M. de Lapradelle — toute l'opinion française se trouve résumée : constructive dans l'absolu et dans l'abstrait, et négative, destructive dans l'ironie, sans aucun souci de ce qu'il peut y avoir de réalisable, progressivement, dans une idée... » (2).

Ensuite dans le monde anglo-saxon, c'est Penn, fondateur de la Pensylvanie dans son « *Essai* » et enfin Bentham en 1789, qui ont été les véritables représentants de la conception anglaise de la Société des Nations (3).

B. — Cependant, le fait et la pratique étaient très loin de répondre à ces théories. A l'époque que nous étudions, il n'y a pas trace d'une véritable organisation internationale. Et cependant il existe entre les Etats une certaine communauté juridique qui est essentiellement limitée et dont les liens du droit n'ont rien de permanent et de stable. Dans cette société de fait nous allons chercher ces liens exceptionnels de droit. C'est là où nous trouverons des manifestations de la communauté internationale. Nous savons que par le fait de la diminution de l'autorité du pape, qui était pendant longtemps seule assez forte pour réunir les Etats européens dans le même système des rapports internationaux, l'idée de la communauté

(1) G. DE LAPRADELLE, *Cours de Doctorat*, 1921-1922, op. cit..
(2 et 3) G. DE LAPRADELLE, loc. cit..

internationale n'a plus à sa base l'unité de la mission religieuse imposée aux Etats par une force externe. Et comme, d'autre part, les Etats sont encore loin d'avoir la claire notion de ce fait, que le bien de l'individu est leur but principal commun et leur seule raison d'être, il faut chercher le fondement de la communauté internationale ailleurs que dans l'analogie de la mission des Etats civilisateurs.

Nous voyons à cette époque la manifestation de la communauté internationale dans les divers groupements des Etats, chaque fois que ces groupements se forment en vue des intérêts qui peuvent éventuellement devenir communs à tous les autres Etats. Cette définition, purement empirique, répond véritablement à la situation de fait d'une époque, où les Etats ne se lient entre eux que s'ils ont des intérêts communs à régler ou à poursuivre.

Ce qui est essentiel pour le progrès du droit international, c'est qu'il y ait désormais un organe d'union de nature à être manié par tous les Etats, en faisant abstraction des considérations religieuses, de celles de races ou de couleurs, en s'arrêtant simplement à celles tirées de leur intérêt. Lorsque, plus tard, une fois cet intérêt bien entendu, l'Etat sentira le lien de solidarité qui le rattache nécessairement à l'humanité entière, une véritable communauté internationale englobant tous ses membres pourra se fonder.

Recherchons maintenant quel pouvait être l'intérêt commun de plusieurs Etats.

En temps de paix, rares sont les cas où les Etats ont clairement entrevu leurs intérêts communs. Cela s'explique aisément : les considérations égoïstes, étroites, conséquences de la conception particulière de l'Etat commerçant, mercantile, empêcheront les Etats de s'entendre pour obliger, par des efforts concentrés, un Etat quelconque à accorder un traitement humain à toutes les personnes minoritaires ou aux étrangers qui résident sur son territoire. Les considérations purement humanitaires ne préoccupent guère les Etats. On protège efficacement le commerçant établi à l'étranger parce qu'il est agent de l'Etat. Quand ce même commerçant reviendra dans sa patrie, il courra fort bien le risque de voir méconnus et violés ses droits les plus élémentaires (1). Si l'on inflige le mauvais traitement aux commerçants d'une nation ou à un groupe minoritaire prospère et actif, les autres nations seront tout naturellement portées à s'en réjouir, cela les débarrassera des concurrents gênants.

Si l'on veut chercher et trouver un intérêt qui pourrait grouper autour de lui les volontés, jusqu'alors divergentes, des Etats, il faut se placer en temps de guerre. Pour réprimer l'ambition d'un Etat dangereux qui, comptant sur sa puissance prépondérante, peut être tenté d'augmenter son territoire par la conquête, réalisée au détriment des groupes voisins, les Etats formeront entre eux une coalition ou, le plus souvent, ils se répartiront en groupements qui, par leurs forces respectives, se contrebalanceront.

La théorie de l'équilibre ainsi créée vient donner une consécration définitive à cette idée, à cette aspiration des nations civilisées qu'il ne faut pas qu'un Etat, mû par ses

____

(1) TCHERNOFF, op. cit., p. 69.

intérêts égoïstes, puisse annihiler, du jour au lendemain,
l'indépendance des groupes plus faibles. Cette même
théorie confirme et propage en pratique cette idée, que
toute union internationale doit avoir pour principal objet
de protéger l'existence des Etats faibles, en limitant l'action de l'Etat conquérant. Ce n'est pas la sympathie envers
ces petits groupes qui obligera la communauté internationale de prendre des mesures restrictives de la liberté
du conquérant. Non, il peut enlever à tout groupe ennemi toute indépendance, si la communauté n'y voit
aucun intérêt d'intervenir. Ce qui n'est pas permis, c'est
que cette conquête augmente la force agressive de l'Etat
vainqueur, au point qu'il pourra un jour devenir dangereux pour l'équilibre des forces. Elle ne demande pas à
l'Etat d'user de son action civilisatrice au profit de telle
ou telle catégorie minoritaire. La communauté ne se
trouve unanime que quand il s'agit de s'opposer à l'extension démesurée de l'Etat. Ce n'est pas une modification dans le système de sa législation que la communauté internationale va demander à cet Etat. Elle com-
mencera par réduire sa force de conquérant. Pour cela,
les membres de la communauté internationale n'ont
qu'un moyen : celui de faire la guerre à l'Etat intéressé.
Une fois en guerre — nous le soulignons — cette communauté dans ses moyens d'action se trouve aussi libre,
aussi arbitraire, aussi peu scrupuleuse du droit, que l'Etat,
dont elle vient de combattre les dangereuses prétentions.
L'action collective est loin d'offrir ici toutes les garanties
de l'équité et de la justice. C'est pour cela qu'on ne peut
pas sûrement prendre la manière d'agir de la commu-

nauté internationale, telle qu'on l'a conçue jusqu'à une époque toute récente, pour la proposer comme remède à tous les maux de la vie internationale. Dans cette conception, la communauté internationale elle-même n'est que l'union momentanée, politique des Etats et, dans sa manière d'agir, peut se comporter comme chacun des Etats qui la composent (1).

Or, l'idée qui se dégage très clairement de ce raisonnement est celle-ci : la communauté internationale elle aussi n'est pas libre dans le choix de ses moyens d'action : il faut, en tout cas, pour trouver une base juridique à ses actes, ne pas se contenter du fait brutal de l'intervention collective ; il faut chercher les limites plus précises de son pouvoir d'agir. Ces limites peuvent se trouver dans une « communauté internationale constitutionnellement organisée » (2). Cette délimitation est d'autant plus indispensable que nous voyons, au cours du XIXᵉ siècle, la communauté internationale se faire, pour ainsi dire, une profession d'intervenir dans les affaires intérieures des Etats, sous des prétextes les plus divers.

Pour cette raison, le principe de l'équilibre, mis à la base des relations internationales pendant si longtemps et qui a abouti, nous le verrons, dans ses conséquences extrêmes, à la théorie des compensations aux Congrès de Vienne et de Berlin (1815-1878) a été justement critiqué (3).

(1) Tcherxoff, loc. cit..

(2) L'expression est de M. Georges Scelle, *Essai de systématique du droit international*, p. 15, note 1.

(3) V. sur ce point la note de A. Pillet : *Recherches sur les droits fondamentaux des Etats*, p. 52.

Notre enquête sur l'époque qui précède la Révolution est terminée. Maintenant notre système va changer. Le but de la vie publique, de l'activité sociale de l'Etat va être clairement désigné. Une lutte s'engagera entre les traditions du passé et les aspirations de l'avenir. Cette lutte, déjà si ardente et si difficile dans le domaine du droit public interne est encore plus acharnée sur le terrain des rapports internationaux. Le but visé sera et restera : l'Eat pour l'individu, à n'importe quelles conditions, dût-on nier l'existence de l'Etat lui-même.

Mais il faudra compter avec des situations transactionnelles, avec la loi de l'évolution qui n'opère que très lentement, avec la grande loi de la continuité.

Pendant des siècles, dit Holtzendorff (1), le Droit des gens a procédé d'une abstraction universelle et imparfaitement conçue : celle d'un Etat universel à créer ou à rétablir dans sa prétendue perfection naturelle et devant laquelle l'Etat historique était considéré comme une entrave. Ce n'est que récemment, que les sciences sociales, envisagées dans leur ensemble, ont reconnu de toutes parts l'Etat historique, comme base du développement et de la réalisation de l'idée de droit.

Mais il ne suffit pas que l'Etat historique, ayant pris conscience de ses droits, puisse opposer désormais une résistance à toute tentative d'absorption, dans une organisation où son individualité ne serait pas effacée, mais où sa capricieuse volonté trouvera des limites juridiques, nettement dessinées. Il faut que la notion, le fondement

_____

(1) *Introduction*, p. 35, op. cit.

même — et nous dirons encore plus — le mot même de la souveraineté change. Si celle-ci repose sur le fait brutal de la conquête, sur la force, cette force aura beau se montrer respectueuse de certains principes de droit, c'est là toujours une force qui reste arbitraire dans ses manifestations et rien ne l'empêche d'aspirer toujours à sortir des limites de son domaine naturel propre, pour empiéter sur le domaine d'autrui.

TROISIÈME PARTIE

LES MINORITÉS, L'ETAT ET LA COMMUNAUTÉ INTERNATIONALE, DEPUIS LA RÉVOLUTION FRANÇAISE JUSQU'A LA CRÉATION DE LA SOCIÉTÉ DES NATIONS & JUSQU'AUX TRAITÉS DE 1919-1920-1923.

Il est hors de doute que les principes de 1789 ont exercé une influence sérieuse dans le domaine du Droit des gens. En effet ils avaient pour but de renverser les bases du système social et politique, en vigueur jusqu'alors, et de leur en substituer de nouvelles. C'était précisément le corps de la Société dans son ensemble, qui constituait l'objet de l'œuvre révolutionnaire ; et par conséquent aucune de ses formes historiques ne pouvait être négligée ni laissée en dehors. L'action devait porter sur l'homme et sur l'Etat, mais elle ne devait pas s'en tenir là. Suivant son cours naturel elle devait se répandre dans un autre milieu social, dans l'association des Etats.

Ici même il y avait beaucoup à faire, quoique les innovations à introduire n'eussent été qu'une conséquence de ce qu'on venait d'accomplir à l'égard de l'Etat même. Dans la sphère du Droit international, il ne s'agit donc, à la vérité, que d'un contre-coup ou d'un écho, en quelque sorte, des principes de 1789 ; ce qui devait, du reste, arriver naturellement pour réaliser l'harmonie du système. Nous nous proposons de rechercher ici quelles sont, parmi les théories en question, celles qui se sont affirmées dans la sphère du Droit international et qui touchent au rapport des trois notions qui font l'objet de cette étude.

Avant de passer à l'examen de l'évolution historique de cette question, il nous faut, tout d'abord, faire un exposé théorique des trois notions, sans lequel il nous serait difficile de comprendre cette évolution : l'individu, l'État et la communauté internationale. Cela nous permettra de mieux saisir l'histoire des minorités et de leurs rapports avec l'État et la communauté internationale au xixe siècle.

CHAPITRE Ier

L'Individu

Le point de départ inauguré par la Révolution française était la proclamation des droits de l'homme et du citoyen. L'homme d'abord considéré en lui-même, l'individu en sa qualité d'être humain, doit être investi nécessairement de certains droits ; ensuite l'individu, envisagé comme membre d'une association, ne perd pas, en participant à la vie collective et aux sacrifices qu'elle comporte, son droit propre.

Le pouvoir qu'il constitue ou qu'il est réputé constituer par un acte de sa volonté ne peut s'exercer qu'au profit de l'individu. Cette idée va pénétrer le plus profondément dans les esprits, les mœurs, transformer des institutions et modifier les conséquences encore persistantes des anciennes conceptions, gagnant du terrain chaque jour, s'imposant aux Etats. Il suffit de jeter un coup d'œil sur les Constitutions des Etats civilisés pour y trouver, presque partout, un chapitre consacré aux droits individuels. Là où les Constitutions sont muettes, on trouve dans la législation ordinaire des dispositions assurant à l'individu l'exercice de certains droits qui font, pour ainsi dire, partie de son état civil. Mais malheureusement, nombreux sont les cas, et multiples sont les situations où les anciennes idées persistent et règlent encore les rapports de l'individu avec l'Etat. Le droit de l'individu est loin d'être reconnu partout et toujours. Respecté en temps de paix, le plus souvent, il est presque foulé aux pieds en temps de guerre. Tantôt nous voyons l'État agir en vue du bien de l'individu, limiter ses actes, fixer sa compétence à l'avance ; tantôt l'État se présente à nos yeux violent et arbitraire. Dans ce cas, il en résulte un malaise qui pèse sur l'humanité entière et qui entrave le développement normal des relations pacifiques.

Ainsi, le plus souvent, l'État infligera un régime spécial aux habitants d'un territoire envahi et surtout aux anciens sujets de l'État rival, vivant sur le territoire annexé. Leur qualité d'être humain va s'effacer devant leur qualité d'anciens sujets de l'État qui ne peut être animé que de sentiments de haine et de revanche envers l'État vainqueur.

Il faut rappeler qu'il y a quelques États dont l'organisation est restée réfractaire au principe de la liberté individuelle. Ici, chaque fois qu'il s'agit de faire respecter le droit de l'individu, on sera dans la nécessité de porter atteinte « à l'indépendance » de l'État par une intervention dans les affaires intérieures, autrement l'unique sanction serait le droit à l'insurrection, proclamé par la Révolution.

§ 1. — De cette simple idée, qui s'affirme de plus en plus, que la seule raison d'être des États réside dans leur assistance mutuelle en vue d'assurer, par les efforts communs, le bien de l'homme, résulte cette conséquence importante que l'existence d'un État, son organisation interne, le rapport de l'individu et des collectivités inférieures avec l'État, ne sont pas une chose indifférente pour la communauté internationale. Chaque Etat accorde, par le jeu normal de ses institutions, une certaine assistance aux autres Etats, par le fait même qu'il accorde à l'individu le bienfait de sa vie sociale, abstraction faite de caractère ethnique, de race, de religion ou de nationalité ; et ainsi l'Etat se trouve utile aux autres Etats, dans ce sens qu'il seconde la répartition régulière, nécessaire à l'humanité sur le globe terrestre, en prenant à sa charge le soin de satisfaire certains besoins éprouvés par tous les habitants de son territoire.

Le fait que les Etats assument volontairement l'accomplissement de ces charges, dans les conditions normales de la vie internationale, engendre cette obligation : celle de ne pas se décharger, par un acte arbitraire, de sa fonction éminemment civilisatrice, qu'il a assumée envers la communauté internationale et de traiter humainement tous les individus, et particulièrement ses sujets minoritaires, admis au bénéfice de la vie sociale.

Ainsi dans le même ordre d'idées, l'Etat occupant s'engage à respecter le groupe vaincu, à travailler au développement de sa vie collective, matérielle ou morale, et cela en dehors de toute convention écrite. On peut considérer ce dernier ordre d'engagement comme une obligation contractée non seulement envers les individus et les groupes minoritaires, mais aussi — et surtout — comme une obligation internationale, régulièrement contractée par un Etat à l'égard des autres qui n'ont accepté le fait de la conquête et de l'occupation, que sous réserve de certains droits au profit des groupes vaincus et au profit de la Société des Etats.

Si nous supposons que la législation d'un État contient de graves lacunes de nature à laisser sans défense certains droits minoritaires, le moyen le plus simple de régler le conflit entre ces individus et l'État en question serait d'enlever à celui-ci sa souveraineté et de le mettre ainsi dans l'impossibilité de continuer les injustices dont il s'est rendu coupable. La suppression absolue de l'autorité du souverain local, à l'égard de cette catégorie de personnes, n'est pas fréquente bien qu'elle soit possible et — nous osons l'ajouter — bien qu'elle soit très souvent nécessaire et indispensable. C'est lorsqu'un État, par ses cruautés, jette un défi à la civilisation, en commettant des injustices, dont la réparation exige sa suppression qui constituera la garantie la plus sûre, pour qu'il ne les renouvelle pas. Il y a des États dont l'existence est un obstacle à l'avènement du droit humain : leur disparition sera l'une des garanties pour la société civilisée (1).

Mais le plus souvent on se servira de l'organe législatif de l'État en question, pour lui imposer certaines règles. Étant donné le caractère obligatoire de la loi, quelles que soient les circonstances de fait qui obligent l'État à édicter la disposition législative, même s'il subit la pression externe exercée sur lui par d'autres États, et qui se traduit par des modifications apportées à sa législation, il conserve cependant l'autonomie nécessaire à l'administration du pays.

§ 2. — Depuis la Révolution on voit converger deux

(1) Lire à ce sujet la vigoureuse étude d'André Mandelstam, *Le sort de l'Empire ottoman* (Paris, 1917).

courants : d'une part, on y voit l'action de plus en plus efficace de la notion des devoirs qui s'imposent aux États — l'obligation nous l'avons vu à caractère international, positif, quasi contractuel — envers tous les autres membres de la communauté internationale, notion qui permet à la communauté d'intervenir à juste titre dans les affaires de l'État qui ne remplit pas ses obligations.

D'autre part, l'intervention des États trouve un obstacle dans la prétention qu'oppose toute nation de s'administrer, sans aucun contrôle, par ses propres organes.

Nous nous demanderons maintenant dans quelle mesure la théorie des droits individuels proclamés par la Révolution a reçu son application définitive dans les théories internationales et dans les rapports internationaux des États.

Sur ce deuxième point, l'histoire des minorités au XIXᵉ siècle, analysée plus loin, en liaison intime avec celle des droits internationaux de l'individu, montrera clairement que la réalité est loin de répondre aux aspirations ardentes des idéalistes de 1789. Car elle a ses exigences, celles de l'évolution qui marche à pas lents, qui procède souvent sans méthode apparente, mais qui poursuit son œuvre à travers l'histoire. Les principes de justice ne pénètrent pas brusquement dans le domaine du droit. Avant d'y entrer ils se cachent souvent dans quelque règle de moindre importance. Il en est ainsi des droits des individus minoritaires.

Si on va au fond des choses, toutes les théories du Droit international se rejoignent dans la personnalité de l'homme ; si l'on veut savoir quelle est la puissance réelle des principes du Droit des gens, il faut voir si, et dans quelle mesure, l'homme isolé est respecté par l'omnipotence de fait de l'État, dans quelle mesure le principe du droit individuel a pénétré la vie, a pu s'imposer à la conscience de la majorité, comme une norme juridique, applicable dans les rapports de la vie quotidienne et y exerçant sa féconde action.

Ces principes eurent d'abord à subir l'assaut des tendances anciennes, présentées sous des formes nouvelles.

Ensuite ils ont donné naissance à des théories qui découlent logiquement des principes révolutionnaires.

§ 3. — Les théories allemandes nient complètement l'existence des droits individuels en affirmant que l'individu, n'ayant pas de droits propres dans le domaine du droit public interne, ne peut pas non plus se prévaloir des droits internationaux (1).

Holtzendorff lui-même fait remarquer, à l'appui de cette thèse, que le droit de l'individu à la liberté matérielle résulte uniquement d'un acte positif, de l'engagement exprès contracté par les États, s'obligeant à supprimer la traite des noirs. Il n'y a pas, d'après l'auteur cité, à en tirer argument en faveur des droits individuels, existant indépendamment de l'État, en dehors des traités (2).

Jellinek, à son tour, soutient que c'est dans la législation interne de chaque État qu'il faut chercher la source

____

(1) Dans ce sens Stoerk, cité par Holtzendorff, *Handbuch*, t. 2. p. 586.
(2) HOLTZENDORFF. *Handbuch*, t. 1ᵉʳ. p. 61, op. cit..

directe et immédiate des dispositions qui règlent la condition des individus (1).

Les auteurs cités n'admettent même pas que l'individu
puisse être considéré comme sujet indirect du droit international ; car les traités, qui stipulent des droits au profit
des individus, ne peuvent pas être considérés comme
conférant des droits que ceux-ci peuvent invoquer à leur
profit. Sur ce dernier point, les auteurs allemands sont
en désaccord, mais on peut retenir la prédominance, dans
la science allemande, de la tendance de ne voir dans l'individu ni le sujet direct, ni le sujet indirect de la discipline juridique internationale, ce qui doit logiquement
conduire à ces deux conséquences : l'individu, n'étant pas
sujet direct du droit international, ne peut pas placer la
garantie de ses droits sous la protection collective des
Etats ; n'étant pas même sujet indirect, il ne peut réclamer à son profit le bénéfice des stipulations contenues
dans les traités et aux termes desquelles certains droits
lui sont conférés.

En définitive, dans ce système, l'individu n'a pas de
droits propres à invoquer à son profit ; il n'a pas, d'autre
part, la faculté d'obtenir la sanction de ses droits, dans
le cas où ils sont violés, sauf s'il est étranger et s'il plaît à
l'Etat dont il relève de prendre en mains la cause des
nationaux. Les autres — les minorités surtout — n'ont
qu'à s'adresser à l'autorité locale.

Or, si l'individu n'a aucun droit propre à invoquer
devant cette autorité — droit qui, rationnellement ne

(1) V. Jellinek, *System der subjective offentliche Rechte*, pp. 312 et suiv.,
op. cit.

devrait jamais descendre au-dessous d'un minimum juridique, commandé par le respect du droit égal des autres et par les nécessités de l'ordre social, strictement défini (droit rationnel de l'individu) — ; si, d'autre part, cette autorité n'est limitée par aucune autorité extérieure ; enfin, si cette autorité est souveraine, dans le sens que lui donnent les mêmes auteurs allemands, c'est-à-dire omnipotente à l'intérieur, distincte des individus qui la composent, ayant une vie propre, une fin propre et des intérêts propres, et qui non seulement n'est pas limitée par les raisons même qui la fondent, mais repose sur une pure hallucination, sur la thèse de l'Etat-Providence, chargé de faire le bonheur des individus, même malgré eux, cette autorité fondée sur l'idée fausse de la souveraineté illimitée et, d'autre part, ne pouvant être exercée que par mandataires, vient se confondre avec le pouvoir souverain du gouvernement, choisi par la majorité. Or, par un phénomène tant de fois constaté — surtout à l'heure présente — phénomène engendrant la concentration du pouvoir dans un seul homme du gouvernement, logiquement, l'autorité ainsi comprise, amène la dictature, avouée ou non, mais toujours effective et avec tout son caractère absolutiste et arbitraire du droit divin des rois de jadis.

Si toutes ces théories, logiquement enchaînées par les auteurs allemands, sont admises, on voit bien la situation de l'individu devant l'omnipotence écrasante de l'autorité sociale dans l'Etat, ne trouvant ni dans le droit public interne ni dans le Droit des gens, aucune garantie du droit qu'il doit avoir en tant qu'homme, droit qui comporte, non seulement la liberté de la personne, la sûreté de la personne, la sauvegarde de son honneur et de sa conscience, mais encore le libre développement de son activité et de sa personnalité, droit qu'il doit avoir, tant que certains individus n'auront pas exhibé des titres supérieurs qui les autorisent, au nom de la nature des choses, à le supprimer.

A supposer même que les gouvernants aient seuls compétence pour tracer les limites de leur action, il ne faut pas conclure de là que la question de l'auto-limitation du pouvoir social, même si elle est toute morale, soit sans intérêt pratique ; car, il est possible de trouver dans un système constitutionnel, un organisme investi du droit de reconnaître ses limites et de les faire respecter ; il constituera une véritable garantie pour l'individu.

Déjà, chez les Grecs, on trouve l'indice d'une idée qui mérite d'être retenue : c'est la remarquable institution des Éphores, élus par le peuple, pour contrebalancer l'autorité du roi et du Sénat, et chargés de suspendre de leurs fonctions ceux qui violent les lois et de les punir (1).

Évidemment, une autorité constituée, inspirant pleine confiance, capable d'empêcher et de réprimer les abus du pouvoir, serait une appréciable garantie interne pour les droits de l'individu. Sieyès avait imaginé l'institution d'une Jurie constitutionnaire pour contenir les gouvernants. *Quis custodiet custodes?* disait Stuart Mill. Et cependant ce serait peut-être sage, si l'on pouvait pratiquement organiser une chose aussi utile. Nous voyons

(1) V. Edmond VILLEY, *l'État et le progrès social* (Paris, 1923), p. 10 et suiv., op. cit..

déjà que, aux Etats-Unis, la Cour Suprême peut refuser
d'appliquer une loi qu'elle estime contraire à la Constitution ; et c'est là une précieuse garantie pour l'individu.
Mais cela n'est pas admis dans la plupart des Etats ; et
même en France, les magistrats qui s'aviseraient de suspendre l'exécution d'une loi, voire même de délibérer sur
le point de savoir si telle loi sera exécutée, seraient,
d'après le Code pénal, coupables de forfaiture (art. 127).

Voilà qui est illogique : car, si le juge a pour mission
d'appliquer la loi, lorsqu'il se trouvera en présence de
deux lois contradictoires, la loi constitutionnelle et une
loi ordinaire, le simple bon sens dit qu'il doit se conformer à la loi constitutionnelle, qui est incontestablement
supérieure ; « mais cela serait contraire aux principes
sacro-saints de la souveraineté nationale qui veut que la
volonté des gouvernants ne rencontre aucun frein » (1).

Cela est dangereux pour un Etat poly-national contenant des minorités : car, à supposer qu'un Etat ait été
obligé d'insérer dans sa constitution et de les tenir pour
« lois fondamentales » (2), certaines règles de conduite,
touchant aux individus minoritaires, ces dispositions
seront sans grande efficacité, si les juges ne sont pas
autorisés constitutionnellement à rejeter l'application de
toute loi réglant la situation des minorités et que la majorité du Parlement avait manifestement votée dans un
esprit hostile aux groupements minoritaires de l'Etat.

Cela est dangereux pour l'Etat : car saboter ainsi les
garanties constitutionnelles des individus minoritaires

(1) V. Edmond VILLEY, loc. cit..
(2) L'expression est dans les traités de 1919, 1920, 1923.

provoque chez ceux-ci le juste sentiment de révolte, qui peut menacer les bases même de l'unité étatique. L'Autriche a payé cher son mépris constant, systématique de la loi fondamentale dite « loi des nationalités » de 1867. Avis aux intéressés d'aujourd'hui !

En définitive, la plupart des auteurs allemands contestent que le droit international reconnaisse des droits à l'individu, indépendamment de ses relations avec l'Etat.

De Louter (1) résume bien l'idée mise à la base de cette théorie qui nie l'existence des droits fondamentaux des hommes sous la protection du Droit des gens : « les prétendus droits « innés » venus lentement du droit naturel ou de la philosophie du droit au terrain politique, ne sont entrés que partiellement et conditionnellement dans le droit public positif de la plupart des peuples civilisés. Le droit international en a, sous l'influence grandissante des principes humanitaires, reconnu quelques-uns qu'il a soumis à des règlements internationaux, très strictement déterminés et sobres de contenu. Il ne prétend nullement reconnaître directement des droits personnels aux sujets de ses propres membres, mais, sous l'expresse réserve de quelques exceptions, il laisse aux Etats souverains le soin de régler eux-mêmes le caractère et l'étendue des droits, qui appartiennent à leurs sujets, entre eux et dans leurs relations avec l'Etat. »

Est-ce à dire que le sort de l'individu doit rester indifférent au Droit international public ? Nullement, car on

_____

(1) De Louter, *le Droit international positif*, t. 1ᵉʳ, pp. 263-264 (édition française), cité par Fauchille, *Traité du Droit international*, t. 1ᵉʳ, p. 759, édition 1923.

est d'accord, même dans ce système, pour dire que le Droit international public doit s'acheminer dans une direction qui conduira les peuples à améliorer graduellement la situation des individus.

La science du Droit international public, dit Holtzendorff, constitue le dernier jalon menant à la perfection de l'œuvre et se rattache au droit privé. En effet, le résultat final de tout travail qui procède du Droit des gens, résultat relativement indépendant de la carrière de différents États et des vicissitudes historiques, doit être la création, le maintien et la considération du droit qui revient à l'homme en tant qu'être humain, abstraction faite de sa situation politique vis-à-vis de l'État (1).

Mais, suivant le procédé favori de la science politique allemande, ce progrès qui est le bien de l'individu et qui constitue la phase finale de l'évolution du droit international, s'accomplira par l'action des États, dont l'activité internationale deviendra de plus en plus grande et qui étendront ensuite le bénéfice des droits, résultant de cette activité, à leurs nationaux. L'individu n'aura de droit que si l'État, dont il relève et qui *socialise* entre ses mains tous les droits internationaux, veut bien lui en permettre le bénéfice.

Donc, ce n'est pas dans la théorie allemande que, dans une étude de droit international, nous trouverons la solution équitable de la question de protection des individus minoritaires.

Cela est d'autant plus intéressant à constater que nous

(1) V. Holtzendorff, *Handbuch*, pp. 32-39, op. cit..

voyons aujourd'hui les auteurs allemands mettre toute leur ingéniosité juridique en torture pour élaborer un système de protection internationale des minorités. Chose paradoxale : ce sont les disciples de Hegel, de Haenel et de Jellinek qui se posent en défenseurs les plus violents des droits internationaux des minorités. Or, autrefois, les théories du droit public allemand ont été élaborées pour servir les intérêts allemands. Aujourd'hui ces intérêts ont tourné de face : désormais, il ne s'agit plus d'avoir une méthode juridique offensive contre les éléments minoritaires slaves, — méthode admirablement fournie par les théories allemandes — il leur faudrait maintenant défendre les éléments germaniques englobés dans les jeunes Etats. Pour cela, les auteurs contemporains allemands, comme Bordhin, Epstein, Schmid, Opet Otto, ont eu l'audace singulière de concilier les principes fondamentaux de la doctrine allemande du droit public avec les nouvelles exigences des intérêts minoritaires allemands — et cela malgré l'incompétenc radicale des théories allemandes en cette matière (1).

§ 4. — En face de ce système déniant tout rôle international à l'individu, se place un système qui a rencontré beaucoup de faveurs en Italie, en France, en Amérique

---

(1) V. Bordhin, *Die positive Recht der nationalen Minderheit.* Berlin, 1921.

V. Epstein, *Der nationale Minderheitenschutz als internationale Rechtsproblem.* Berlin, 1922.

V. Schmid, *Wie Können nationale Minderheiten Geschützwerden* (dans Schriften über Minderheitenschutz, t. I).

V. Opet Otto, *Der Schutz der nationalen Minderheiten,* (publication de la *Deutschen Liga für Völkerbund.* Berlin, 1919).

et en Angleterre — lorsqu'il ne s'oppose pas aux intérêts anglais. La théorie des droits internationaux de l'individu a trouvé son expression la plus précise sous la plume du savant auteur italien Fiore.

« Les droits de l'homme, au point de vue international, dit-il, sont ceux que lui confère sa personnalité au regard de tous les États, de tous ses semblables et de toutes les autres personnes formant la Magna civitas. Ce sont, à proprement parler, les droits de la personnalité humaine appartenant à chacun, à raison même de son existence et indépendamment du lien de nationalité qui l'unit à un l'État déterminé » (1). L'auteur donne ensuite une liste qui contient les droits et les devoirs internationaux de l'individu et il déclare que les droits internationaux de l'homme sont placés sous la garantie juridique collective de tous les États civilisés. L'atteinte portée à un de ces droits sera considérée comme une violation du droit international et pourra justifier l'intervention de tous les États civilisés (2).

Dans ce système, la communauté internationale sera réputée avoir doté l'individu d'une espèce d'état civil ; ce sera la même communauté qui interviendra pour sanctionner la violation d'un droit dont celle-ci garantit l'exercice à l'individu. Faut-il un acte exprès de la communauté internationale pour faire de l'individu le titulaire d'un certain nombre de droits internationaux ? Non, c'est la qualité d'être humain qui mettra l'individu en possession des droits dont nous parlons. La communauté

_____

(1) V. Fiore, *le Droit international codifié*, p. 165, § 317 et suiv., op. cit..

(2) V. Fiore, *le Droit international codifié*, § 317 et suiv., op. cit..

internationale interviendra seulement pour en garantir l'exercice, pour les sanctionner.

La caractéristique de ce système consiste dans deux traits : on y voit apparaître un minimum de droits individuels et d'autre part, la communauté internationale y apparaît chargée d'une nouvelle fonction qui est celle de sauvegarder les droits internationaux de l'homme.

Partant de ce point de vue, logiquement, les auteurs italiens ont été amenés aux conséquences finales de ce système : ce n'est pas seulement l'individu, mais tout intérêt humain (quelle que soit sa forme), qui se fait jour grâce à l'activité de l'individu qui doit jouir de la même protection du droit international (1).

L'intérêt humain peut résider dans un intérêt collectif, intérêt d'un groupe. Et ainsi, les auteurs italiens, partant du droit international de l'individu, arrivent aux droits internationaux des collectivités qui représentent des intérêts humains ; la nation peut être le sujet direct du droit international, les minorités peuvent être reconnues entités collectives et comme telles, protégées par le droit international.

§ 5. — Nous avons exposé les deux systèmes diamétralement opposés sans nous prononcer sur leur valeur. Il suffira cependant de se reporter au développement que nous présenterons à la fin de cette étude, en parlant des minorités, pour comprendre ce qu'il faut penser des opinions que nous venons d'analyser.

Ce travail sera considérablement aidé par les travaux qui ont été faits pendant et après la grande guerre, sur

______

(1) V. Fiore, *le Droit international privé*, t. 1, art. 302 et suiv., op. cit.

le même sujet, à l'Institut Américain du Droit international (projet Alvarez de 1917) et à l'Institut du Droit international (projet de Lapradelle de 1921 et la proposition de Mandelstam sur « la protection internationale des droits de l'homme, du citoyen et des minorités »), et surtout, par l'analyse des traités des minorités de 1919-1920 et 1923.

Pour le moment, bornons-nous à dire que notre opinion ne peut pas être trop différente du système italien. La marche de l'histoire a donné raison aux continuateurs des philosophes de la fin du xviii° siècle, des hommes de la grande Révolution française, de tous ceux qui ont été les initiateurs de ce mouvement d'opinions qui veut que l'individu doit, comme tel, posséder certains droits. Leur doctrine, malgré les nombreuses critiques et malgré la réaction du commencement du xix° siècle, a pénétré dans maints documents diplomatiques. Leur grand nombre suffit pour démontrer que la nécessité de protéger l'individu en dehors de ses relations avec l'Etat et quelquefois même contre l'Etat, a été constatée. La protection de la personnalité humaine, au point de vue physique, intellectuel, moral, indépendamment de la race, de la naissance, de la confession religieuse est devenue une obligation pour la communauté internationale. Et parmi tous ces actes, les plus importants sont les traités des minorités qui ne parlent pas seulement des groupements minoritaires, mais, chose importante, qui érigent en principe général la protection internationale de l'individu et du citoyen (1).

(1) V. FAUCHILLE, ouvrage cité, t. 1er, § 157 et 397, op. cit..

Pour finir cet exposé des droits internationaux de l'individu, notons que le système italien a été un système de combat ; il représentait ce que nous appelons aujourd'hui une idée-force. L'existence d'une nation se trouve-t-elle menacée par les appétits d'un État conquérant ? Eh bien, érigeons en dogme le respect des nationalités, déclarons que celui qui touche à l'intégrité d'une nation, viole le Droit international public. L'individu n'a-t-il pas été méconnu très souvent dans ses droits les plus élémentaires ? Dotons-le alors d'un minimum de droits suffisants pour lui assurer son existence et pour lui permettre de maintenir son individualité propre ; et, pour que le souverain local ne puisse être tenté de modifier son statut, on va proclamer le droit de contrôle de la communauté internationale.

Ce système, en juxtaposant deux autorités, l'une étatique, et l'autre internationale, sur un même territoire, pose une grave question dont nous parlerons plus loin (1) : c'est celle de la délimitation de deux compétences en présence.

Dès lors qu'on admet qu'il existe des droits internationaux au profit de l'individu, il faut nécessairement décider qu'il y a à la charge des États une obligation de les respecter et de les protéger. Et ce n'est pas une obligation morale, mais, comme nous l'avons déjà constaté, une obligation juridique contractée envers la communauté internationale qui donne à cette dernière un droit de contrôle. C'est toutefois une obligation juridique d'un

____

(1) V. Chapitre 4 de cette partie, *les Minorités* et la 4ᵉ et 5ᵉ parties.

caractère particulier. Car, il ne faut pas oublier que l'homme n'est pas une personne internationale de la même manière que le sont les Etats. Il est tout à la fois sujet de Droit international — parce qu'il a certains droits en lui-même, droits individuels, subjectifs, non des droits « reflets » de ceux que l'Etat seulement possède — et sujet aussi du droit particulier, public et privé de son propre pays (1).

Or ces deux qualités sont souvent en conflit. Car, si l'Etat est tenu d'avoir égard aux droits de l'individu, il ne faut pas que le respect ou la protection qu'il leur doit puisse mettre en péril sa propre conservation : l'Etat a, au premier chef, la charge de l'intérêt collectif de la nation et celui-ci ne doit pas être compromis par un intérêt particulier.

Mais si l'Etat a des droits, la communauté internationale en a aussi, et parfois de supérieurs, par cela même qu'elle représente une fin plus générale. Elle est un organe essentiel dans la vie des peuples et répond aux formes supérieures de la vie internationale, telle qu'elle se présente à la suite du développement des relations économiques et commerciales qui lient de plus en plus intimement les nations et créent un ordre de choses que la communauté internationale doit représenter. Celle-ci a donc une fonction bien supérieure à celle des organes internes de chaque Etat. Pour cette raison, la loi de la solidarité humaine prime l'autonomie de l'Etat et en tout

(1) V. FAUCHILLE, op. cit , p. 211, t. 1er, Paix, 1re Partie.

cas « l'autorité du droit international est supérieure à celle du droit national » (1).

C'est à la communauté internationale que doit appartenir le devoir ne ne pas permettre à l'Etat, dans un conflit entre lui et l'individu ou les groupements inférieurs à l'Etat, « de descendre au-dessous d'un minimum juridique, qui doit exister pour chaque époque de l'histoire » (2).

(1) A. Pillet, *Recherches sur les Droits fondamentaux des Etats*, p. 22.
(2) André Mandelstam, *Le sort de l'empire ottoman*, p. 159.

CHAPITRE II

L'Etat

§ 1. — Dans la célèbre Déclaration des Droits de l'Homme et du Citoyen, nous lisons, article 3 : « Le principe de toute souveraineté réside essentiellement *dans la nation*. Tout corps, tout individu ne peut exercer d'autorité qui n'en émane expressément. »

De cette idée fondamentale que la souveraineté a pour base la volonté, l'adhésion expresse et tacite du groupement national, découle cette conséquence importante que partout où cette volonté collective se retrouve, elle doit être respectée. Là, au contraire, où le consentement du groupe fait défaut, la souveraineté est absente. Il peut y avoir la manifestation d'une force qui saura imposer sa domination par la violence, mais il n'y aura pas de souveraineté proprement dite parce que celle-ci a nécessairement besoin de la consécration juridique, de l'élément de droit qui ne peut lui être fournie que par l'adhésion réfléchie de ceux sur lesquels la souveraineté prétend étendre son action (1).

La volonté d'un groupe de s'administrer, de s'organiser, de vivre librement doit produire un effet juridique: elle doit s'imposer au respect des autres groupes, *indépendamment de la force*, et du nombre des membres de la collectivité reconnue « souveraine », libre.

(1) J. Tchernoff, thèse citée, op. cit., p. 81.

Ainsi présenté, l'Etat, expression juridique de la nation, a un champ d'activité déterminée, des éléments propres. Inutile pour l'Etat de chercher à étendre démesurément son domaine, de s'imposer à ceux qui n'acceptent pas son autorité ; car, dans ce cas, celle-ci nous offrira le spectacle d'une suprématie tyrannique, puisqu'elle sera privée de sa base juridique, de l'élément de droit que la Révolution a fait rentrer dans la conception de l'Etat moderne.

En revanche, dans son domaine propre, la collectivité reste maîtresse de ses actes par lesquels elle croit réaliser le mieux le but de sa vie sociale, les aspirations de ses membres. Elle est donc *libre*, et rien de plus. La notion de la liberté implique tout de suite une idée de *limitation*, qui résulte du respect de la liberté égale des autres et des restrictions qui sont nécessaires au maintien de l'ordre social. Et cela constitue non pas une diminution mais une confirmation du principe de la liberté. Si ces deux restrictions à la liberté n'existent pas, la société n'est pas possible, car l'état de société indique forcément certaines limites aux volontés individuelles ou collectives.

C'est donc dans ce sens que nous interpréterons la notion de la souveraineté qui a donné lieu à tant de controverses, parce que, à notre avis, le terme « souveraineté » est mal choisi.

Le principe de liberté individuelle, transporté par la Révolution au domaine abstrait de l'Etat, a engendré le principe de souveraineté nationale. Or, pour nous, ces deux mots différents veulent dire une même chose et comportent, dans leur définition même, deux restrictions :

pour l'individu, la liberté trouve ses bornes devant la liberté égale de ses semblables et dans l'ordre social représenté par l'Etat ; pour l'Etat, la souveraineté se trouve aussi doublement limitée, d'abord par la liberté égale des autres Etats et ensuite par l'ordre social, qui est ici représenté par la communauté internationale.

Or, cet ordre social représenté par la communauté internationale veut que le droit de l'individu s'impose au respect de l'Etat. La violation du droit individuel par un Etat veut dire violation du droit international, de l'ordre social, de l'ordre public, représentés par la communauté internationale.

§ 2. — Là, où la volonté de la nation ne se trouve pas à la base du pouvoir qu'elle subit, on est en face d'une simple force, de la force brutale d'un conquérant.

Dès lors, la conquête à elle seule ne suffit pas pour fonder une souveraineté, pour constituer un Etat. Il faut que la population conquise soit au moins consultée sur le point de savoir si elle accepte ou non l'autorité du nouveau maître.

Dans la théorie qui exige un plébiscite pour régulariser et consacrer le fait de la conquête, il y a un double élément : elle affirme, d'abord, qu'un groupe ne peut être dépouillé de sa liberté par le simple fait d'un Etat plus fort ; ensuite, elle développe jusqu'au dernier degré le droit de l'individu qui, tout en ne pouvant pas exercer les prérogatives, qui n'appartiennent qu'à la collectivité, peut, par une manifestation contraire de volonté, tenir en échec, quant à lui, la prétention du conquérant.

§ 3. — Depuis la Révolution française, un double élément s'est fait jour : l'identité des fondements de tous les
Etats et l'analogie de leur fin, qui est le bien-être de
l'individu (1). Il a pu assigner les limites naturelles à
l'activité d'un Etat et, comme nous le verrons dans le
chapitre suivant, une base certaine au fonctionnement
de la communauté internationale. Pour le moment, nous
nous arrêterons à la première conséquence de ce système:
la souveraineté d'un Etat se trouve limitée à l'intérieur
par le droit de l'individu, dont le respect est imposé à
l'Etat par la communauté internationale, et, à l'extérieur,
par le droit égal des autres Etats.

Cette double limitation serait la conséquence logique
de ce système qui a pour double base l'identité des fondements et l'analogie des fins des Etats.

Mais ces principes, non seulement ne passèrent pas
entièrement dans la pratique — l'histoire des minorités
au XIXe siècle le montrera clairement —, mais encore ils
eurent à lutter contre les théories entièrement opposées,
où on retrouve tous les éléments des doctrines des siècles
passés : l'exagération du rôle de l'Etat, la notion absolue
de la souveraineté même quand celle-ci s'affirme par des
moyens d'action comme la guerre.

Tel est le système de Hegel.

§ 4. — Pour Hegel (2) la souveraineté est un principe
absolu. La notion d'une communauté internationale est
considérée par le philosophe comme arbitraire et contraire à l'indépendance des Etats. Pour lui, les principes

(1) Tchernoff, loc. cit..
(2) Cité par Ch. Beudant, *Le Droit individuel et l'Etat*, art. 124, pp. 197
et suiv..

du Droit des gens ne sont au fond que de simples règles
de convenances que les Etats s'accordent à respecter, mais
uniquement dans la mesure de leurs intérêts. Pourquoi
Hegel attribue-t-il cette portée absolue à la notion de la
souveraineté ? Il le dit lui-même : parce que l'Etat est
appelé à jouer un rôle universel. Chaque Etat réalise une
idée dont l'existence et le triomphe intéressent le monde
moral. Comme les idées changent, les Etats le mieux
appropriés pour les réaliser ne restent pas les mêmes.
C'est l'Etat dont la structure et les aspirations répondent
le mieux à l'idée dominante qui est appelé à jouer le
rôle prépondérant et à subjuguer les autres. Pour cette
succession à la représentation de l'idée dominante, des
combats vont se livrer, facilitant la sélection. La guerre
est, d'après le philosophe, l'échange des idées, une condition du progrès dans l'histoire. La théorie de Hegel a joui
un certain temps d'un énorme succès — ce qui étonne —,
surtout dans les pays où la notion de la liberté individuelle était peu développée ou plutôt étouffée — ce qui
étonne moins. Elle se combina à merveille avec la théorie
darwinienne, mais fut mitigée par les tendances utili-
taires qu'on essaya d'y introduire.

Par ailleurs, elle a été d'un appui considérable au
concept allemand de race, qui a conquis, surtout depuis
l'épanouissement des sciences biologiques, une énergie,
une cohésion, une résistance prodigieuses. « Transporté,
vaille que vaille, dans la région du droit international, il
y provoqua des bouleversements extraordinaires, en dépit
de son incompétence radicale » (1).

(1) Louis LE FUR, *Races, Nationalités, Etats*, op. cit., p. 7.

La théorie absolutiste de Hegel combinée avec la théorie *racique* est devenue un principe de politique allemande, parce que « c'est en elle que les éducateurs et les chefs du peuple allemand ont cru trouver la base scientifique cherchée du pangermanisme (1).

§ 5. — Les théoriciens modernes du droit public allemand ont cherché à concilier la doctrine de Hegel avec les exigences sociales nouvelles, en élaborant un système connu sous le nom de *l'Etat sous le régime du Droit, Rechtstaat.*

Nous n'entendons pas entrer ici dans de longs développements pour reproduire toutes les théories allemandes de Rechtstaat. Nous nous attacherons surtout à un point spécial des théories de Haenel et Jellinek.

A. Tout d'abord, nous soulignons ce fait que les auteurs dont nous analysons les opinions sont d'accord pour déclarer que l'Etat moderne, chaque fois qu'il prétend exercer sa souveraineté, croit devoir conformer ses actes à des normes fixes, et se considère comme obligé de commencer par délimiter son champ d'action, par indiquer les moyens dont il compte se servir, les sanctions qu'il propose d'édicter à ses prescriptions ; bref, on reconnaît qu'un Etat de droit doit commencer par prescrire des bornes à ses actions, en érigeant en sujets de droit les personnes sur lesquelles sa souveraineté va s'exercer.

Ainsi, Jellinek (2) insiste avec force sur la nécessité

----

(1) Le Fur, loc. cit..

(2) Jellinek, *System der subjective offentliche Rechte*, pp. 80 et 181, op. cit..

pour un Etat de droit d'ériger les individus en sujets de droit, en personnes juridiques.

De même, Haenel (1) dit que s'il est vrai que les limites changeantes de sa compétence ne viennent pas à l'Etat d'une autorité supérieure, puisqu'il les impose à sa volonté, rien n'empêche un Etat de s'imposer les restrictions qui l'obligent à changer la teneur de ses lois d'après une procédure fixée à l'avance.

Cependant Combohtecra (2), tirant jusqu'au bout les conséquences contenues dans la doctrine de Haenel, nous dit : « l'Etat souverain, en possession de la force suprême, ne saurait être vaincu par aucune force, tant qu'il demeure réellement Etat. La nécessité de se conformer aux usages plus ou moins stables du monde civilisé, en ne manquant pas à ses engagements, est du domaine de la morale et de la science pure du droit. » Partant de l'idée que la souveraineté est une force humainement absolue, ne connaissant pas de bornes humaines, Combohtecra arrive à cette conclusion que, quand l'Etat s'oblige lui-même, cette auto-limitation (*Selbstbindung, Selbstbeschrankung*) n'a qu'un caractère moral (3).

En définitive, ainsi présenté, l'Etat n'agit qu'après avoir donné un contenu concret à sa volonté, contenu qui pourra se modifier, suivant les circonstances, mais qui, une fois déterminé, jusqu'à nouvel ordre, s'impose à l'Etat lui-même.

____

(1) HAENEL, *Deutches Staatsrecht.* V. aussi COMBOHTECRA : *La conception de la souveraineté,* dans la *Revue du Droit public,* année 1897, p. 268.

(2) Ibid., p. 261.

(3) COMBOHTECRA, article cité, p. 261.

C'est la conception allemande de l'Etat sous le régime du Droit.

B. Quelle est maintenant la force obligatoire d'une prescription que l'Etat s'impose par une loi ?

Ici, il faut distinguer, suivant qu'il s'agit d'une règle acceptée par les Etats dans leurs rapports entre eux et suivant qu'on se trouve en présence d'une prescription qui n'a pour but que de régir certains rapports dans l'intérieur de chaque Etat.

Les avis sont partagés.

D'après un système soutenu par Haenel (1), la souveraineté de l'Etat étant cette prérogative qui lui permet de déterminer la compétence de sa compétence (théorie de la *Kompetenz-kompetenz*), il en résulte qu'un Etat souverain ne peut régulièrement se considérer comme lié par une disposition émanant d'une autre souveraineté; dans le cas contraire, en effet, il n'aura pas la compétence de sa compétence. Dès lors, si un Etat dans ce système fixe la teneur d'une loi qui doit régir ses rapports avec les autres Etats, c'est là un engagement purement unilatéral, qui ne s'impose à l'Etat ayant pris la mesure que jusqu'au moment où il ne déroge pas par un autre acte de sa souveraineté.

Les Etats doivent s'abstenir d'imposer des règles aux autres Etats sur lesquels leur compétence ne s'étend pas. Si ces derniers veulent bien accepter une règle commune, pour s'en inspirer dans leur conduite envers les autres Etats, cette règle n'aura de force obligatoire pour

____

(1) HAENEL, *Deutches Staatsrecht*, p. 114.

eux qu'en tant qu'elle est inscrite dans leur législation interne.

Il est clair qu'avec cette doctrine il est impossible d'imaginer un système des règles juridiques qui devraient s'imposer par leur propre vertu à tous les Etats faisant partie de la communauté internationale.

Dans un autre système défendu par Jellinek (1), un Etat, par le fait même qu'il entre en relations avec d'autres Etats, reconnaît certaines règles comme normes de son action. Il reconnaît comme telles les règles formées par la coutume et généralement toutes celles qui découlent logiquement de la nature des relations juridiques internationales. Ces normes, une fois adoptées par un Etat, comme une règle de conduite envers les autres puissances, s'imposent à lui, comme si elles découlaient d'un droit objectif, dont l'existence se trouve ainsi reconnue par Jellinek, au moins quand il s'agit de règles de Droit international public.

C. Quelle est maintenant la portée d'un engagement pris par un Etat envers ses sujets ?

Dans le premier système où l'Etat n'est souverain que parce qu'il a la compétence de sa compétence, l'Etat est toujours libre de modifier la teneur de ses lois, et par là même de révoquer les droits qui en résultent pour un individu. En effet, si l'action de sa souveraineté pouvait être tenue en échec par la prétention de l'individu, il n'aura plus la compétence de sa compétence.

Cependant Haenel apporte à l'action de la souveraineté

(1) JELLINEK, *System*, pp. 181 et suiv..

ainsi conçue une importante restriction, résultant du respect dû aux principes du Droit et nécessairement du droit des individus (1). Cette restriction, destinée à calmer les esprits effrayés par ce qu'il y a d'absolu dans la notion de la souveraineté ainsi comprise, est de nature à détruire le système tout entier.

Pour Jellinek (2), la souveraineté de l'Etat, c'est cette qualité qui lui permet de ne se déterminer que par sa propre volonté. Donc, l'Etat ne peut être obligé à respecter les droits individuels, parce qu'alors, il serait obligé par une volonté autre que la sienne. Dès lors, on se trouve dans ce système en présence d'une contradiction : quand deux Etats adoptent une norme juridique comme règle commune de leur conduite, cette norme juridique s'impose aux Etats et limite leur liberté de détermination. Au contraire, quand un Etat prend un engagement envers un individu, en lui conférant une certaine faculté, cette dernière sera réputée avoir sa source non dans un droit objectif, celui qui s'impose à l'Etat comme à l'individu, mais dans la volonté unilatérale de l'Etat.

D. Pour comprendre ce qu'il y a d'excessif dans les conclusions qui se déduisent logiquement du système de Haenel, nous retenons celles qui conduiraient à enlever la souveraineté à tout Etat qui n'a plus la jouissance de toutes se prérogatives. Car la souveraineté étant essentiellement indivisible, il en résulte que des Etats ne peuvent former entre eux une fédération sans se dépouiller de

----

(1) Voir : HAENEL, *Deutsches Staatsrecht*, cité par Le Fur, *Etat fédéral et Confédération d'Etats*, p. 438.

(2) JELLINEK, loc. cit., *System*.

leur souveraineté au profit de l'organe central. L'Etat n'existe que comme souverain, entièrement, ou il n'existe pas.

Cela signifie que la souveraineté peut se fonder sur le simple fait de la conquête et ce qu'il y a de plus grave, sur le fait d'une supériorité, si minime qu'elle soit dont jouit un Etat plus fort dans ses rapports avec un Etat plus faible.

Borel (1) a prévu cette objection et il fait remarquer que l'Etat existe pour manifester et développer la nation qu'il représente, et non pour conquérir d'autres Etats ou leur faire la guerre ; en empiétant sur leur domaine, il sort de lui-même, « il sort des formes et des règles auxquelles il doit son existence » (2). Ce n'est qu'un simple vœu et la pratique internationale, les guerres de conquête donnent un démenti catégorique à cette affirmation.

Haenel (3) répond par une autre affirmation, chère aux économistes allemands, disciples de Listz : « L'Etat est une communauté d'individus suffisante et complète. Complète, dans ce sens qu'aucun but nécessaire ne lui est étranger ; suffisante, dans ce sens qu'elle trouve en elle-même les conditions de sa vie et de son activité. » Mais qu'arrive-t-il, si l'Etat croit devoir réaliser les conditions de sa vie par un empiétement sur les droits d'un autre Etat ? Suffira-t-il, lorsqu'il trouvera qu'il n'est pas un organisme complet, se suffisant à lui-même, qu'il ait les forces nécessaires à la réalisation de son entreprise,

(1) Borel, *Etude sur la souveraineté*, p. 27.
(2) Borel, loc. cit..
(3) Haenel. *Deutsches Staatsrecht*, loc. cit.

pour conclure qu'il agit dans la plénitude de sa compétence ?

On le voit bien, la vérité est qu'on ne peut pas de nos jours donner une portée aussi absolue à la notion de la souveraineté. Sans doute, l'État moderne ne peut exister, ou n'existera que péniblement, s'il n'a pas un minimum nécessaire à sa liberté d'action ; mais, si l'on constate qu'une collectivité n'a pas la compétence de sa compétence pour toutes les manifestations de son activité, il ne faut pas lui enlever tout droit à l'autonomie, sous prétexte qu'à lui seul il ne peut pas remplir toutes les fonctions qui incombent, dans l'état de choses actuel, à tous les États civilisés.

D'abord, il peut remédier à l'insuffisance de ses forces par une union contractuelle avec d'autres États. Ensuite — et c'est le point qui nous intéresse particulièrement —, la présence des collectivités internationales non souveraines, en face d'États souverains apparaît dans le développement historique comme une transaction entre les prétentions des groupes plus forts et la résistance des groupes plus faibles ; ces derniers, tout en acceptant, sur certains points, la domination d'un État, en le reconnaissant comme suzerain ou protecteur, conservent à l'intérieur un noyau de vie assez solide, assez individualisé, suffisamment conscient de son unité. Le groupe féodal, le fief, en maintenant la compétence en ce qui concerne le règlement de son organisation interne, nous offre un exemple de cette transaction entre l'État vainqueur et l'État vaincu ; le protectorat moderne, les groupes autonomes, puissamment décentralisés, reposent sur la même idée.

E. C'est en tenant compte des nécessités de la pratique internationale que Jellinek déclare que la souveraineté n'est pas un élément essentiel de l'Etat. Autrement, dit l'auteur, on serait obligé de ne considérer comme Etat ni l'Etat vassal, ni l'Etat particulier d'un Etat fédératif (1).

Tant qu'il y aura des Etats conquérants ou même des Etats comprenant des groupements hostiles, maintenus dans une certaine cohésion uniquement par l'effet de la force, *il faut dresser une barrière juridique devant la volonté du plus fort en lui imposant le respect de la vie interne du groupe vaincu.* Celui-ci, qui n'a pu résister à une attaque du dehors, peut demander à exercer les droits et les prérogatives nécessaires pour assurer la conservation de son individualité en tant que *groupe distinct* dans l'Etat — distinct à l'égard de l'Etat, de même qu'à l'égard de la communauté internationale.

Le système de Jellinek est plus satisfaisant sur ce point. Le critérium qu'il applique à la souveraineté lui permet de concevoir l'existence internationale des groupes non souverains (2). Notamment l'Etat souverain peut laisser à un groupe un certain domaine où ce dernier pourra agir en ne se déterminant que de sa propre volonté.

C'est là où gît la contradiction qui existe dans le système du savant auteur. Quand il s'agit d'un engagement pris par une puissance envers l'autre, l'observation de cet engagement est obligatoire en vertu des règles internationales du droit. S'agit-il au contraire d'un acte de

(1) Jellinek, *Staatenverbindungen*, p. 31.
(2) Jellinek, *Staatenverbindungen*, p. 40.

l'autorité étatique ayant pour objet de conférer une faculté à l'individu, le droit objectif s'évanouit et l'on ne se trouve qu'en face de la souveraineté toute puissante et sans limites de l'Etat.

Pourquoi donc la souveraineté, conçue comme absolue dans un cas, se trouve-t-elle limitée dans l'autre cas ?

Jellinek est lié à l'avance par sa conception de droit individuel qu'il nie et qu'il est cependant bien près d'accepter. En effet, s'il nie la théorie des droits naturels, ne déclare-t-il pas que nombre de *droits reflets* tendent à devenir des *droits subjectifs*, individuels. Du reste, sa conception fondamentale de l'Etat comme organisation essentiellement juridique implique le devoir pour l'Etat de reconnaître des droits à l'individu. D'après lui, en effet, un Etat de droit doit commencer par se considérer comme un sujet de droit et par conférer cette même qualité à tous les êtres avec lesquels il va entrer en rapport. Du moment qu'un Etat, si puissant qu'il soit, n'est pas en dehors du droit — et Jellinek ne le conçoit pas autrement — il doit fixer certaines limites à son action, il doit déterminer les pouvoirs dont il jouira dans ses rapports avec l'individu et par là même il reconnaîtra à ce dernier un domaine où son action sera nécessairement libre, où il aura des droits propres (1).

Pour nous la notion des droits individuels n'est pas incompatible avec les bases essentielles du système de Jellinek ; et c'est pour cela qu'il était porté à reconnaître l'existence des Etats non souverains. Il ne pouvait pas éviter de conclure en faveur de ces derniers, car il était

____

(1) V. JELLINEK, *System*, chapitre sur *Reflexrecht und subjectives Recht*.

forcé de reconnaître que, dans les rapports internationaux des groupes, les forces en présence sont telles qu'après leur expansion destructive, dans la lutte de plusieurs siècles, elles ont été obligées de se faire reconnaître réciproquement et d'accepter un ensemble des droits pour éviter l'anarchie et la destruction. Il est certain qu'en fait, actuellement encore, on trouve des Etats assez puissants pour absorber quelques autres nations et cependant *cette absorption ne se fait pas*. Le droit du groupe à une vie autonome, indépendamment de sa force, triomphe et Jellinek a mille fois raison de reconnaître l'existence internationale des groupes non souverains.

F. Nous expliquons ce refus de Jellinek à reconnaître à l'individu des droits propres parce que, quand on se trouve en présence d'un individu, on a affaire à un être qui n'a pas la *force suffisante* pour affirmer son droit dans les rapports internationaux et qui, même à l'intérieur de l'Etat, réduit à ses propres ressources, isolé, est impuissant.

Or c'est là où gît la profonde erreur de Jellinek. Malgré les progrès réalisés par l'idée de Rechtstaat, à l'aide de laquelle Jellinek et l'Ecole allemande moderne ont voulu échapper aux extrèmes conséquences auxquelles conduit fatalement la théorie de la suprématie de la force de l'Etat sur celle de droit, ils n'ont pas pu se débarrasser des idées anciennes et *donner au droit une valeur indépendante de la force* (1). Les concessions que Jellinek a faites

(1) André Mandelstam, *La construction théorique du droit à l'intervention*, dans *Le sort de l'Empire ottoman*, p. 423, op. cit..

à l'idée de droit sont insuffisantes, les contradictions que nous soulignons sont la conséquence logique de ce compromis entre l'idée de droit et celle de la force. Le dualisme entre ces deux choses absolument incompatibles engendre des sophismes.

Un publiciste hollandais, Kraabe, dans un ouvrage assez peu connu en France, « *die Lehre der Rechtssuweranilat* » (1) a fait une critique vigoureuse des théories allemandes et notamment de celle de Jellinek. Il démontre clairement cette contradiction de Jellinek qui, tout en maintenant la suprématie de l'Etat sur le Droit, laisse supposer que l'Etat peut être lié juridiquement. En effet, quand Jellinek dit que les règles édictées par l'Etat lient ces organes, nous nous trouvons en présence d'un sophisme, car l'action des organes de l'Etat est l'action de l'Etat lui-même ; et l'autre argument de Jellinek, se prévalant de la promesse faite par l'Etat à ses sujets, par la règle qui lie ses organes, n'a pas une valeur plus grande, car, en vertu de la théorie de la souveraineté de l'Etat, il n'y a pas au-dessus de ce dernier d'autorité qui puisse rendre sa promesse intangible pour lui-même. L'auto-limitation juridique de l'Etat (*rechtliche Selbstbeschrankung*) de Jellinek est une contradiction *in adjecto ;* dans sa théorie cette limitation n'est que morale (2).

Ces contradictions sont les conséquences logiques du principe fondamental, du point de départ, absolument

<hr>

(1) Paru à Groningen en 1906.

(2) KRAABE, *Die Lehre der Rechtssouveränität*, op. cit., pp. 7-8 et pp. 11 et 15, cité par MANDELSTAM : *La construction du droit à l'intervention*, dans *Le Sort de l'Empire ottoman*, p. 127.

faux et inacceptable : c'est l'axiome : Etat = Force (*Staat
= Gewalt*) (1) qui est à la base de toutes les théories
allemandes, même celles, plus modernes, de Rechtstaat.
De plus, ce point de départ est accepté d'avance sans que
l'on examine la cause et la substance du pouvoir de domination étatique. Kraabe cite le dernier ouvrage de Jellinek, *Allgemeine Staatslehre*, où le savant auteur allemand déclare que le pouvoir de l'Etat « d'imposer incon-
ditionnellement sa propre volonté aux volontés des autres
est un pouvoir qui est en lui, qui est primordial (*urs-
prünglich*) et qui ne dérive juridiquement d'aucune autre
puissance » (2). C'est tout, en fait d'explications et de
justifications du fondement de l'Etat ; et cela ne peut être
plus obscur, ce qui étonne chez un auteur qui, généralement, pousse l'analyse juridique jusqu'aux plus secrets
mouvement sociaux.

G. Pour finir, le dernier point essentiel chez la plupart
des auteurs allemands : cette force qui est à la base de
l'Etat et dont l'origine n'est jamais rationnellement expliquée, conçue en dehors de toute fin, est matérialisée
et reçoit un représentant — devient pouvoir personnel du
roi (3). Donc, la souveraineté de l'Etat vient se confondre,
comme autrefois, avec le pouvoir du Prince qui ne dérive
d'aucune source juridique. Quelle frappante analogie avec
les théories absolutistes d'autrefois !

§ 6. — En face de cet Etat qui est la seule source de

(1) KRAABE, p. 96.
(2) Cité par KRAABE, p. 120.
(3) KRAABE, p. 109.

droit et qui, dans sa forme la plus pure de l'Etat hegelien, ne devait pas rencontrer des bornes à ses prétentions et qui devait même empiéter sur la liberté des autres Etats, on essaya de placer une autre notion qui devait servir de barrière infranchissable pour défendre les Etats faibles, affirmer le rôle historique de l'Etat contre les aspirations à la suprématie universelle des nations fortes.

On imagina la théorie des nationalités.

Chaque nation, chaque groupe ethnique primitif aurait le droit d'occuper une certaine étendue de territoire qu'il pourrait défendre contre les invasions du dehors. Telle est la doctrine de Mancini et de l'Ecole italienne (2).

Chaque nation devrait logiquement, dans ce système, être constituée en une unité irréductible, qui pourrait légitimement prétendre à une autonomie, à une réglementation exclusive par ses propres organes.

Il est certain que la théorie italienne eut pour point de départ le principe proclamé par la Révolution française, notamment le principe de la souveraineté nationale, mais il existe entre les principes de la Révolution et ceux de l'Ecole italienne une différence profonde qui est toute à l'avantage des premiers.

En effet, ce qu'on entend par nation dans les idées révolutionnaires, c'est la réunion de personnes qui, mues peut-être par les affinités ethniques, par la communauté de race, de religion, de langue, d'origine historique, — cela importe peu — expriment la volonté de fonder ou d'accepter un régime social et politique commun, de

(2) V. MANCINI, *Della Nazionalita come fondamente del dirito delle genti.* Et de ROQUETTE BUISSON : *Du principe des nationalités.*

partager les mêmes destinées. On ne se trouve pas, dans cette conception, en présence *d'une unité irréductible, dont les rangs sont fermés*, qui invoque pour justifier ses droits à l'existence les titres historiques, la pureté de son sang, l'élévation de sa vie m... ... toutes choses dont le droit n'a que faire, mais en face de l'expression d'une volonté commune, expressément ou tacitement affirmée et par là capable de recevoir une consécration juridique.

La souveraineté ainsi conçue n'exerce nécessairement son action directe et immédiate que sur une portion du globe déterminée, comprenant des éléments qui, après leur juxtaposition, ont déclaré vouloir former un groupe indépendant ; ensuite, elle ne repose que sur le consentement exprès ou tacite de chaque personne qui compose la nation.

Cette théorie offre deux traits qui la distinguent des conceptions anciennes : elle pose une limite naturelle à l'extension de la puissance d'un État ; cette limite ne se trouve pas dans la différence du caractère ethnique, religieux, linguistique, ou dans la différence du passé historique — comme le veut l'École italienne — du groupe que l'État voudrait englober, mais cette limite est la volonté de l'individu manifestée dans un sens contraire ; d'autre part, la nation, dans le sens juridique, n'offre pas l'aspect d'un groupe définitivement formé ; elle ouvre ses rangs aux nouveaux venus, comme elle laisse à ses membres la liberté de se détacher du groupe primitif, pour se rattacher à une autre collectivité.

Il en résulte que tout État devient, pour ainsi dire, une organisation à base cosmopolite, ce qui sera incompatible avec la théorie italienne. Il ne résume pas les aspirations exclusives et égoïstes, propres à une race, à une religion, à un groupe historique. L'Etat cherche d'instinct à satisfaire l'ensemble des intérêts qui se font sentir sur son territoire ; et il se trouve ainsi que, dans l'accomplissement de ses fonctions, il se rencontre avec les autres Etats.

L'analogie des fonctions à remplir, des buts à poursuivre est, dans cet état de choses, un phénomène naturel, spontané, dérivant de la composition cosmopolite des éléments de chaque Etat, de l'universalité de ses fonctions. L'union des Etats trouvera désormais un terrain très commode pour se réaliser (1).

§ 7. — Pour nous résumer : nous accordons qu'il faut nécessairement donner à l'Etat une sphère d'action où son autorité — que nous appellerons pour le moment souveraineté — puisse s'exercer sans entraves. Le tout est de savoir les limites précises dans lesquelles un Etat pourra prétendre à une compétence exclusive ; pour cela, nous avons essayé de mettre en lumière les principes sur lesquels une pareille compétence pourra reposer.

A. Nous savons déjà que les auteurs allemands ont essayé de définir l'Etat en faisant abstraction du fondement de droit sur lequel repose son pouvoir et en s'attachant uniquement à sa manière d'agir, à la portée de ses actes, à son mode de se comporter et ils ont conclu que l'Etat repose sur le principe de la souveraineté, conçue comme une force sans limites, s'exerçant librement.

Partant de ce principe, nous avouons qu'il nous serait

(1) V. TCHERNOFF, thèse citée, p. 85.

impossible de trouver une solution équitable de la question des rapports entre les minorités et l'Etat. Donc, nous le rejetons catégoriquement.

B. On a voulu chercher la source des droits dont devrait nécessairement être investi un Etat, dans la loi naturelle. Dans ces doctrines l'Etat lui-même tel qu'il se trouve constitué par les faits contingents, c'est-à-dire le type de l'Etat élaboré par la vie internationale apparaît comme l'effet immédiat du droit naturel, dont la science internationale a commencé à doter l'Etat aussitôt qu'elle a reconnu la nécessité d'assurer son existence. Et, comme il s'agissait de soustraire l'Etat aux tentatives d'absorption par les Etats conquérants, qui continuaient à être hantés par l'idée d'un Empire universel, la science, pour renforcer le droit d'indépendance de chaque Etat, lui a reconnu, comme droit fondamental, l'usage de tous les moyens d'action qui lui seraient utiles pour assurer son indépendance. « L'indépendance des Etats, c'était le point central sur lequel portait tout l'effort de la science diplomatique. La théorie de l'indépendance, admise par réaction contre l'exagération d'une souveraineté unique, impliquant la négation de toute supériorité extérieure, a engendré des abus » (1). Car, au moment où l'on s'accordait à donner une consécration juridique au besoin d'indépendance ressentie par chaque Etat, l'individu, dans le système de législation positive n'avait pas de droits propres ; en tout cas, l'Etat n'avait pas été considéré comme

(1) Louis Le Fur, *Philosophie du droit international*, extrait de la R. G. D. P., 1922 ; cours à l'Institut des hautes Etudes internationales en 1921, p. 27 ; V. aussi : *Races, Nationalités, Etats*, p. 2.

tenu d'orienter son organisation sociale vers la satisfaction des besoins des individus. Si l'on avait accepté cette idée que l'Etat n'est pas un effet de droit naturel, mais qu'il est créé en vue du bien de l'individu, on pourrait faire découler de cette mission de l'Etat la nécessité d'investir ce dernier de certains droits qui lui seraient absolument indispensables à l'accomplissement normal de sa mission. Cette base d'appréciation faisant défaut, on a été dans la nécessité, pour sauvegarder l'indépendance de chaque Etat, de placer sous la protection du droit naturel toutes les manifestations de sa souveraineté, abstraction faite du but auquel elle tendait. Dès lors, le champ était libre pour d'innombrables discussions portant sur le nombre, la portée, la signification des droits naturels de l'Etat ; d'où l'incertitude la plus absolue, en théorie, et l'arbitraire le plus grand, en pratique.

C. Le principe des nationalités, tel qu'il a été exposé par les auteurs italiens, qui voulaient trouver dans les affinités ethniques, religieuses, linguistiques ou historiques d'un groupe la base de l'Etat national ne nous offrent pas le caractère d'universalité nécessaire pour résoudre le problème du rapport des groupes minoritaires avec l'Etat. Conçu d'une façon trop étroite, il est susceptible, par une déviation dangereuse, de devenir la source d'oppression des éléments minoritaires et de conduire à l'impérialisme national (1).

D. Il n'y a qu'un moyen de sortir de l'incertitude. C'est fonder le droit de l'Etat sur un élément fixe, celui qui

(1) V. Louis Le Fur, *Races, Nationalités, Etats*. Conclusions.

par son universalité se retrouve partout, pouvant et devant même servir de base à toutes organisations sociales.

Si l'on reconnaît le principe des droits individuels que nous avons exposé en examinant le principe des nationalités, tel qu'il a été conçu par les hommes de la Révolution et qui concilie la notion des nationalités avec une organisation étatique à base cosmopolite, comprenant des éléments divers, au point de vue ethnique, linguistique, religieux ou historique, on donne aux prétentions d'un Etat une base solide et en même temps on les précise, en lui assignant des limites naturelles, dont nous avons déjà parlé et se sont : le droit de l'individu à sa vie, à sa conscience, à sa langue, au maintien de son individualité ethnique — en un mot le droit de l'individu au libre développement de son activité et de sa personnalité propre — et le droit de la communauté internationale.

Ainsi, et seulement en partant de ce principe, on peut concilier les droits des minorités avec ceux de l'Etat.

Car de même que l'Etat, dans le droit public interne, ne saurait s'abstenir d'assumer le devoir que lui imposent le progrès et les nouvelles conditions de la vie ; de même, dans le Droit international public, on ne peut reconnaître à l'Etat le droit de se réfugier derrière sa souveraineté pour échapper à l'accomplissement de ses obligations envers les individus, obligations que les intérêts communs des Etats lui imposent (1).

<hr>

(1) Dans le même sens. Antoine ROUGIER, *La théorie de l'intervention d'humanité*, p. 33 ; de même PILLET, (*Revue générale de droit international public*, tome 1er, 1894, p. 26 : « La communauté qui existe entre Etats est en effet une communauté de fonctions. Du moment qu'un Etat est entré dans la communauté internationale, il importe à la communauté que les

Cette idée a été condensée d'une façon aussi élégante que vigoureuse par notre maître M. de Lapradelle, dans un projet qu'il a soumis en 1921 à l'Institut de Droit International (Session de Rome). Tout en refusant, à la différence de notre opinion de voir dans l'individu un sujet direct du Droit international, dans son article 7 il a « du moins entendu poser d'une façon indiscutable le principe, d'après lequel l'Etat n'a de valeur qu'autant qu'il permet à l'individu d'exercer son plein épanouissement » (1).

« Art. 6. — Les Etats ont des devoirs, au regard non seulement des autres Etats mais des hommes ; il est des cas où le devoir au regard des individus et des groupes, de faire respecter leur liberté, leurs croyances, prime celui de respecter la liberté des autres Etats. »

« Art. 7. — Une Société des Etats dont les membres oublieront que, si l'individu est subordonné à l'Etat dans la cité, l'Etat dans le monde, n'est qu'un moyen en vue d'une fin, la perfection de l'humanité, manquerait essentiellement à son devoir en cessant de répondre à son but » (2) et (3).

Pour nous résumer : *à la base* de l'Etat nous trouvons

---

fonctions qui lui incombent soient remplies. Si la volonté et la force lui manquent, d'autres les rempliront à sa place.... » ; de même Basdevant ; R. G. D. P., tome II, p. 110.

(1) V. Annuaire de l'Institut de 1921, tome 28, pp. 205-207.

(2) Ibid., p. 208.

(3) Cette même idée a été développée par M. de Lapradelle dans un article de la *Revue du Droit public et de la Science politique* de 1900, tome I, pages 75 et suiv. : « S'il est vrai que les Etats sont souverains, cette souveraineté n'est pas absolue. De même qu'en droit interne issu de l'individu, la souveraineté trouve une limite dans le respect des libertés

les droits individuels. Sa seule justification est dans sa finalité : le bien-être humain. Son rôle social est le même que celui de tout autre groupement ayant une personnalité internationale, c'est-à-dire le rôle d'un organisme administratif (le mot est de M. le professeur Scelle) *et rien de plus.*

Individuelles, de même, en droit international, issu de la même source, elle en trouve une dans les droits fondamentaux de l'humanité. Basée sur la volonté de l'homme, la souveraineté est obligée, par cette origine même, de respecter les droits de l'homme ».

CHAPITRE III

La communauté internationale

En étudiant les idées dégagées par la Révolution française, nous avons fait remarquer que le triomphe de ces idées dans les rapports internationaux permettraient d'établir sur une base solide la collaboration des Etats. Nous avons fait voir comment les Etats, en faisant respecter et garantir sur leurs territoires respectifs les droits des individus, se rendent un service réciproque, mais dont l'accomplissement ne dépend pas de leur bonne volonté, s'imposant à eux de plein droit.

§ 1. — Cependant les anciennes formes de collaboration des Etats comme celle fondée sur les nécessités d'assurer l'équilibre, de réfréner l'ambition d'un Etat conquérant se maintiennent ; elle se justifie par ce fait qu'il ne doit jamais être négligé que les Etats entre eux apparaissent très souvent comme des forces menaçantes pour la paix, qui ne s'inclinent que devant le plus fort, qui n'acceptent que les injonctions qui sont accompagnées de coups de canons.

De là, dans une communauté juridiquement inorganisée, les interventions collectives des Etats dans les affaires de certaines nations ; de là l'hégémonie des grandes puissances, statuant plus d'une fois souverainement, sans même consulter ceux dont les destinées sont débattues par elles. Elles sont supposées être les mandataires de la communauté internationale. Mais en fait celle-ci ne fait qu'accepter les décisions des grandes puissances. Dans ces conditions, elles ne représenteront vraiment la communauté internationale que dans les hypothèses heureuses, où leurs intérêts propres coïncident avec ceux de la communauté internationale. Malheureusement il n'en est pas toujours ainsi (1). Car, nous l'avons déjà dit, l'intervention collective ne prouve pas nécessairement l'équité, la justice ou même l'opportunité de l'action collective. Là où cette intervention aboutit à des actes de violence dépourvus de toute base de droit et a pour conséquence l'attribution arbitraire de certaines portions de territoire à tel ou tel Etat, là où les grandes nations se réunissent pour participer à un acte qu'on peut qualifier de brigandage, comme les partages de la Pologne, leur intervention collective ne nous intéresse pas.

Elle nous retiendra lorsqu'elle a lieu en vue d'améliorer la situation faite par un Etat à l'individu, en général, à l'individu minoritaire, en particulier.

En étudiant la protection internationale des minorités, nous verrons que ces hypothèses sont *exceptionnelles*. Elles se réalisent dans le cas d'un vice frappant dans l'organisation interne d'un Etat et qui suppose l'impuissance du souverain local, ou sa mauvaise volonté, de remplir sa fonction essentielle qui est la protection de la personnalité humaine.

---

(1) Voir RENAULT, *La Guerre Maritime*, Cours à la Faculté de Droit de Paris.

Le cas est moins rare, lorsqu'il s'agit de la protection internationale des étrangers résidant dans un Etat incapable d'assurer le respect de leurs droits. La communauté internationale interviendra plutôt pour défendre les étrangers, en tant que ressortissants des divers Etats. Ce n'est pas leur qualité d'individus, tout simplement, que la communauté protège ; ce sont les intérêts des divers Etats que la communauté internationale a en vue en prenant la défense collective de leurs sujets respectifs.

La protection des minorités suppose l'intervention collective des Etats, pour la défense des sujets, des citoyens d'un Etat contre leur propre souverain. Ici nous sommes en présence d'une véritable protection des droits individuels, abstraction faite de tout lien que l'individu peut avoir avec un Etat. C'est en vertu de leur simple qualité d'homme que la communauté internationale protège les individus minoritaires.

§ 2. — Ici il nous faut ouvrir une parenthèse. Les intérêts des individus minoritaires sont le plus souvent des intérêts collectifs, en ce sens, que pour un groupe d'hommes, ils sont les mêmes ; et alors la communauté internationale, en donnant sa haute protection à la langue, à la religion, à la race, à la nationalité d'un individu minoritaire — et même si elle n'entend par là que la défense des droits individuels, la protection de l'activité et de la personnalité humaines — cette protection aura pour conséquence inévitable de former les groupes entre ces individus, liés par les intérêts protégés et ainsi, malgré l'intention de la communauté de ne protéger que des droits individuels, devenir une protection globale. Ce n'est plus alors l'individu qui est protégé, mais une langue, une race, une religion, une nationalité, un intérêt humain, diront les auteurs italiens. C'est une déviation naturelle de la protection internationale des droits individuels des minorités dont nous parlerons plus loin, lorsque nous chercherons quel est le sujet des traités des minorités, quelle a été l'intention véritable de la communauté internationale ? Est-elle intervenue pour protéger une nationalité, une religion, un groupe ethnique ou les droits individuels ?

§ 3. — Lorsque nous passerons en revue la situation des minorités au XIX° siècle, nous verrons comment et dans quelles circonstances la communauté internationale est arrivée à formuler sa volonté et à imposer au souverain local une règle de conduite envers les sujets minoritaires de ce dernier ; nous verrons aussi l'efficacité d'une telle intervention.

Mais — chose qui nous retiendra ici — pour arriver a formuler une telle décision, la communauté internationale est obligée de procéder à une *enquête* destinée à jeter la lumière sur certains faits de la vie interne d'un État.

Pourtant l'histoire extérieure de l'Empire ottoman nous prouve qu'une pareille tentative a échoué misérablement (1).

Et cependant, le droit de faire une enquête est encore celui qui est d'une pratique courante et qui est même reconnu à tous les États, dans une certaine mesure.

____

(1) RENAULT, Cours cité

Ainsi, nul ne l'ignore, les ambassadeurs dans les pays où ils sont accrédités, se livrent à des enquêtes qui, si discrètes qu'elles soient, portent sur toutes les manifestations de la vie locale. De même les consuls, qui ont joué un rôle considérable dans le passé, et qui ont perdu de leur importance primitive, forment cependant un rouage essentiel de la vie internationale moderne, sont des agents informateurs par excellence. On sait l'importance qu'offrent les rapports des agents anglais et américains, pour ne point citer les autres. Se trouvant très près du théâtre de la vie locale, ils sont particulièrement bien placés pour savoir si, et dans quel cas, il vaut mieux s'adresser aux institutions locales pour obtenir réparation des droits minoritaires violés et quand, au contraire, il serait préférable ou même nécessaire de recourir à des mesures d'intervention. Leur présence sur le territoire d'un État, loin d'augmenter le nombre des conflits, le diminue. Ils sont une garantie pour la paix et d'une utilité incontestable pour la protection des sujets minoritaires.

Et cependant, malgré ces considérations, il est difficile de se fier entièrement aux enquêtes de ce genre ; elles aboutissent le plus souvent à des conclusions contradictoires, puisqu'elles sont conçues dans un sens favorable ou défavorable au souverain local, suivant le sentiment qui a animé l'enquêteur.

Les conclusions d'un rapport rédigé par plusieurs membres d'une commission d'enquête officielle, décidée d'un commun accord par plusieurs Puissances, auraient pu avoir beaucoup plus d'autorité et, livrées à l'opinion publique, ces conclusions auraient pu produire une action bienfaisante par des voies essentiellement pacifiques (1).

§ 4. — En étudiant l'individu et l'Etat dans l'ordre international moderne, nous avons vu en vertu de quels principes supérieurs la communauté internationale peut prétendre à la protection des minorités.

Ce principe de contrôle se trouve dans la véritable nature de la communauté des Etats. Celle-ci nous apparaît d'abord comme reposant sur l'analogie des fonctions civilisatrices de tous les Etats en vue de faire respecter le droit de l'homme, du citoyen et des groupements inférieurs. Elle s'impose à tous les Etats, comme reposant sur l'universalité de la nature humaine. Cette forme de collaboration est de nature *juridique*. Pour cette raison nous n'aimons pas beaucoup cette notion d'une Société *humaine* (2) qu'on place à côté de la communauté internationale proprement dite et envers laquelle les membres de celle-ci ne sont tenus que de devoirs moraux.

En tant qu'il s'agit de respecter le droit de l'individu, l'obligation réciproque des Etats est de nature juridique, ne relevant pas du domaine de la morale universelle, mais du domaine du droit.

Lorsque les Etats ne respectent pas les droits des indi-

(1) Nous insistons particulièrement sur ce point, car, à notre avis, ni les rédacteurs des traités des minorités, ni les ouvrages écrits à ce sujet n'ont suffisamment remarqué l'importance capitale de l'enquête internationale pour la protection des minorités.

(2) L'expression est de M. PILLET, *Le Droit International Public, ses éléments constitutifs, son domaine, son objet*, dans la R. G. D. P., 1892, pp. 1-32.

vidus et manquent à leur tâche civilisatrice, ils n'ont pas leur raison d'être, leur cause ; et la communauté internationale sera dans la nécessité d'imposer les restrictions à l'action normale de la souveraineté étatique. Ces restrictions seront légitimes en tant qu'elles tendent à soustraire l'individu à un traitement que le sentiment unanime de la société civilisée s'accorde à condamner (1).

§ 5. — Cependant il ne faut pas oublier que c'est surtout dans l'intérieur de chaque État, dans les rencontres quotidiennes des hommes de nationalités, de religions, de races, de couleurs diverses, dans le rapprochement des mœurs, dans l'union de l'humanité opérée sur chaque parcelle du globe, qu'il faut rechercher les germes et la source des progrès destinés à améliorer la situation de l'individu minoritaire. C'est là l'action de la coutume.

Il est vrai que c'est au souverain local qu'appartient, en premier lieu, le droit de constater le mouvement de la coutume et de consacrer législativement le progrès réalisé dans le rapport entre la majorité et la minorité ; mais il est vrai aussi que souvent un État n'a consenti à accorder des droits aux individus minoritaires que le couteau sur la gorge. Il y a des cas où l'intervention d'une force ex-

(1) Nous verrons quels sont les moyens de protection que la communauté internationale (dont les manifestations se matérialisent dans le fait de l'intervention collective exceptionnelle de plusieurs États civilisés jusqu'à la création de la Société des Nations) possédait à l'égard d'une collectivité internationale, qui, par suite d'un vice de son organisation interne, ou par suite d'un vice de la notion même de l'autorité étatique, se trouve incapable de remplir ses devoirs envers ses sujets. La question sera étudiée à sa place, dans le chapitre 4 de cette Partie et dans la 5e Partie.

terne est indispensable pour imposer à un souverain local des règles plus humaines dans son attitude envers les minorités.

Mais une fois la règle imposée, quand nous nous trouvons, non en présence des collectivités puissantes, mais des hommes, c'est la coutume qui agit le plus sûrement

CHAPITRE IV

Les minorités, dans le Droit international du XIX' siècle

Les grands principes proclamés par la Révolution, aboutissement logique de toutes les transformations d'idées opérées par la philosophie du xix° siècle, notamment celui de la liberté de conscience et de la souveraineté nationale, devaient, malgré toute la réaction du commencement du xix° siècle, trouver bientôt leur écho dans les Constitutions nationales et 'ans le Droit des gens.

Dans l'ordre international des faits, quoique les nationalités soient écrasées par les dynasties restaurées, de quelque façon que l'on entende la nationalité — « l'œuvre de Metternich en est la négation réfléchie » (1) —, et quoique la Sainte Alliance se soit donné pour mission de faire régner en Europe un droit public chrétien, malgré toute la puissance de cette alliance des monarques, dont la politique internationale était dirigée contre les peuples et contre toutes les manifestations démocratiques, les forces vives des principes de la Révolution devaient finir par s'imposer.

a) Le mouvement général du monde après la Révolution amenait à une *laïcisation progressive de l'Etat*, *comme de tous les phénomènes sociaux*, de même qu'aujourd'hui il tend à *internationaliser* l'Etat. Le Congrès

(1) Henri HAUSER, *Le principe des nationalités*, p, 23.

de 1815 ne pouvait pas aller contre ce premier courant.

b) De même le principe des nationalités, que la Révolution avait suscité contre le principe du droit divin de la monarchie, avait fait des progrès et, malgré les idées des hommes d'Etat de 1815, a réussi à trouver son application au Congrès de Vienne dans les stipulations concernant la minorité nationale polonaise.

1. — *Les minorités religieuses au Congrès de Vienne.*

Les minorités religieuses au Congrès de Vienne sont les Belges réunis aux Hollandais, dans l'Etat des Pays-Bas, et les sujets catholiques du duc de Savoie, cédés à la République de Genève.

§ 1. — Le protocole du 29 mars 1915, relatif au passage de certains territoires sardes sous la domination de Genève, assure aux habitants catholiques de la partie cédée l'égalité des droits avec les protestants genevois.

Ce protocole est remarquable par la façon précise, minutieuse, dont il règle la condition des catholiques, en ce qui concerne leurs écoles, leurs églises, l'organisation de leurs municipalités, les dépenses pour leurs institutions propres. Ce protocole établit *la différenciation* collective des minorités catholiques dans Genève protestante, dans tout ce domaine du droit religieux, civil, administratif où l'assimilation avec la majorité religieuse protestante, *confondue avec la République*, n'était pas possible. Et enfin, l'article 13 du même protocole établit une sanction qui consiste dans le droit appartenant au roi de Sardaigne de porter à la connaissance de la Diète helvétique et d'appuyer par le canal de ses agents diplomatiques auprès d'elle toute réclamation à laquelle l'inexécution du protocole pourra donner lieu.

Et en effet, le roi de Sardaigne, en vertu de l'article 13 est intervenu en 1822, au sujet des lois sur le mariage, promulguées par le Gouvernement de Genève et qui ont été contraires à la religion catholique. Le roi de Sardaigne a agi en qualité de mandataire de la communauté internationale, représentée par les signataires du traité de Vienne et en vertu de son mandat, expressément consenti par les grandes puissances, dans l'article 13, par lequel ces dernières chargent le roi de Sardaigne de l'exécution de la sanction concernant les clauses sur les minorités catholiques de Genève (1).

§ 2. — L'article 2 du protocole des quatre grandes puissances qui ont reconnu, en 1814, la réunion de la Belgique à la Hollande, transforme en une obligation internationale un principe constitutionnel, en disant : « Il ne sera rien innové aux articles de cette constitution (que le prince d'Orange avait déjà donnée à ses sujets) qui assurent à *tous les cultes* une protection et une faveur égales, et garantissent l'admission de tous les citoyens, quelle que soit leur croyance religieuse, aux emplois et aux offices publics. »

Ici nous trouvons garantie pour la première fois, dans un traité international, une règle constitutionnelle des plus importantes qui formule non seulement l'égalité entre deux confessions chrétiennes, en laissant à certains

(1) V. à ce sujet DUPARC, thèse citée, pp. 82-84 ; de même, HELMER ROSTINO, *Protection des Minorités par la Société des Nations*. Revue Internationale de la Croix-Rouge, 15 mars 1922, p. 201.

citoyens le droit dont ils jouissaient sous leur ancien souverain, mais l'égalité de tous les cultes, sans exception.

Cet article du traité de Vienne rendant obligatoire, pour le prince d'Orange, la constitution qu'il avait octroyée, provoqua des violentes protestations de la part des catholiques belges (1). Ces protestations ne pouvaient pas avoir d'effet : elles étaient contraire aux obligations internationales du souverain.

C'est là où nous trouvons le véritable principe de liberté religieuse de l'homme, posé dans toute son ampleur et garanti par le Droit international.

II. — *Le Congrès de Vienne et les Juifs d'Allemagne.*

L'article 16 du Pacte de la Confédération Germanique, élaboré par les plénipotentiaires allemands au Congrès de Vienne, concerne l'égalité de toutes les confessions chrétiennes, ce qui marqua à jamais la fin en Allemagne des principes du traité de Westphalie.

Le second alinéa du même article parle de « l'amélioration de l'état de ceux qui professent la religion juive. »

Ce second alinéa contient seulement une promesse, un vœu de l'unification des législations particulières des Etats, dans le sens d'une accession générale des Juifs au droit civil et politique et, en deuxième lieu, il rendait obligatoires des droits qu'ils avaient déjà obtenus dans les législations particulières (2).

---

(1) Notamment de la part de l'évêque de Gand, Mgr de Broglie.

(2) V. Dupuis, thèse citée, pp. 85-89. — Marc Vichniac, *La protection des droits des minorités*, pp. 9-10. — Lucien Brun, *Le problème des minorités devant le droit international*, thèse Grenoble 1923, p. 56-57.

Bien que les droits reconnus aux Juifs allemands ne furent pas placés sous la garantie générale de toutes les puissances, mais seulement sous la garantie collective des Etats allemands, il est permis de considérer cette garantie comme ayant un caractère international (restreint il est vrai), car il ne faut pas oublier que les liens qu'établit le pacte de confédération entre les divers Etats sont de nature internationale.

En ce qui concerne les Juifs, ces promesses ne furent pas fidèlement tenues par certains Etats ; notamment le Hanovre et les villes hanséatiques refusèrent longtemps de suivre une politique tolérante envers les Juifs (ce qui du reste provoqua une intervention de la Prusse en 1817). Mais dans l'ensemble les législations évoluèrent dans le sens libéral.

§ 2. — La protection des minorités juives en Allemagne à cette époque n'est pas seulement une affaire religieuse, car, en effet, le judaïsme a été considéré en Allemagne, avec juste raison, non seulement comme une famille religieuse, mais comme une minorité ethnique, quelquefois même — dans les villes où l'hostilité générale avait formé chez eux un sentiment profond de conscience collective, une résistance tenace à l'assimilation brutale — une minorité nationale, au sens que nous lui avons donné au début de cette étude.

Plus tard, vers 1890, nous verrons que ces éléments intransigeants, soutenus par le sionisme, demanderont des droits, en tant que collectivité, partout où la lutte avec l'Etat a formé chez eux le sentiment national juif.

Nous verrons au contraire que partout où l'égalité des

droits leur a été reconnue — en France, en Angleterre,
aux Etats-Unis — la résistance à l'assimilation progressive a cessé, ce qui a eu pour conséquence la dislocation
des groupes, la suppression de la question juive en tant
qu'elle touche aux collectivités religieuses, ethniques et
nationales. L'aspect global du problème y est disparu.

A l'Occident, l'assimilation n'a été que l'aboutissement
d'un long travail de rapprochement qui a été possible,
non pas comme semble le dire M. de Lapradelle (1), à
cause de la nature même des Juifs occidentaux, mais à

(1) M. DE LAPRADELLE (*Cours de Doctorat à la Faculté de Droit de
Paris, 1919-1920*), marque cette différence entre les Israélites d'Orient et
ceux d'Occident : « Dans les pays d'Occident, en Angleterre et en France,
l'Israélite ne se présente qu'avec une distinction de religion, et tout au
plus, pour compléter cette première distinction, qui est la seule profonde,
avec certaines qualités d'esprit, d'activité, qui aident à le reconnaître, qui
permettent de retrouver la trace de son influence dans la Société et parfois
même dans l'Etat, mais sans que cependant il essaie de se séparer de
l'ensemble des nationaux du territoire, parlant la même langue, et ne
cherchant nullement à se faire remarquer dans l'ensemble de la nation,
par ce qu'il peut avoir de traditions, de coutumes particulières, mettant au
contraire, si l'on peut dire, un soin tout spécial à montrer qu'il est,
quoique d'une origine étrangère, malgré la persistance de sa race, aussi
Français en France, Anglais en Angleterre que n'importe quel Français
ou Anglais, ne demandant qu'à jouir de l'ensemble des droits qui sont
ceux du citoyen, ne réclamant rien de plus.... Tout 'e autre est la situation
des Israélites en Orient, en Allemagne, en Pologne, en Russie, en Roumanie.... Là il y a de la part de l'autorité locale une certaine défiance
contre cet élément étranger, séparé par la race, par les mœurs, par les
usages.... De là une tendance à la persécution, tendance aussi naturelle
que regrettable, mais qu'on retrouve partout où il y a des distinctions
trop profondes avec formation d'un pouvoir particulier, dans lequel le
grand pouvoir souverain de la majorité pense qu'il peut trouver une
résistance. C'est une conséquence de la nature de l'Etat qui, parce qu'il
est caractérisé par la souveraineté, n'admet que très difficilement la limitation et moins encore la résistance. »

cause même de la conception de l'Etat occidental qui, d'une nature très élevée, a pu concilier le principe des nationalités avec le fait du cosmopolitisme, de diversités ethniques, religieuses, linguistiques ou historiques des groupes vivant sur un même territoire. C'est cette considération qu'il faut avoir à l'esprit constamment pour comprendre l'assimilation réelle des Juifs occidentaux.

On le voit bien : partout où la conception de l'Etat a pu se dégager du groupe majoritaire, cela a entraîné la suppression de la question minoritaire juive.

§ 3. — Cette question a été déjà résolue en France, malgré une brève réaction en 1807, sous l'Assemblée Constituante.

En Allemagne, malgré les tentatives de 1815 *elle n'est pas encore résolue* en fait, à cause de la notion que les Allemands ont de leur nationalité. Pour eux la nationalité allemande est une unité irréductible, dont les rangs sont fermés à tout ce qui n'est pas d'origine germanique, à tout ce qui ne traduit pas les aspirations exclusives, égoïstes du groupe ethnique allemand. D'où l'antagonisme violent qui a ses racines profondes dans la mentalité allemande ; il dure encore aujourd'hui plus vigoureux que jamais. Cette lutte crée de plus en plus chez les Juifs allemands l'esprit de haine nationale, créant un formidable obstacle à l'assimilation et elle constitue un élément indiscutable de décomposition pour l'Etat.

§ 4. — Pour éviter que l'Allemagne soit mise, « elle aussi, en croix » — suivant l'expression d'Adolphe Hitler, nationaliste bavarois (1) — le refus à tou' Juif de droit

(1) *Discours à Munich*, le 1ᵉʳ mai 1923, cité dans *Le Temps*.

de cité allemande, préconisé par les nationalistes intransigeants allemands, est un moyen aussi absurde que néfaste pour l'Etat. C'est là où le contrôle de la communauté internationale pourrait et devrait être d'un exemple aussi salutaire que juste.

III. — *La minorité nationale polonaise depuis le Congrès de Vienne.*

§ 1. — De l'égalité de religion à celle des groupes ethniques et nationaux, il n'y avait qu'un pas à franchir. En effet, le Congrès de Vienne, débordant le domaine religieux, étendit la protection aux minorités nationales polonaises. Ce progrès, le fait d'une assemblée qui se devait, semble-t-il, de revenir aux principes absolutistes des temps anciens, étonne.

§ 2. — Après le règlement de partage de la Pologne, dans l'Acte Final du Congrès de Vienne, une question se posait : celle des minorités polonaises. Il était évident que le Congrès, fidèle aux principes de l'équilibre européen — qui l'a amené aux compensations territoriales — ne pouvait pas appliquer à l'égard des Polonais le principe des nationalités, dans ses conséquences extrêmes et, dans ce cas, les plus rationnelles : donner à la Pologne une existence internationale.

D'autre part, démembrée en tant qu'Etat, la Pologne continuait à vivre en tant que nation. La vitalité nationale des Polonais n'était pas sans dangers pour l'Europe nouvelle. Pour les prévenir, à défaut de l'application intégrale du principe des nationalités, le Tsar Alexandre de Russie proposa une « réparation », une compensation qu'on trouva dans le principe de la protection des minorités nationales (1).

C'est seulement ainsi qu'on peut expliquer l'article 1er de l'Acte Final (du 9 juin 1815), rédigé dans un esprit tout opposé à celui qui avait animé la Sainte Alliance. On lit dans cet article : « Les Polonais, sujets respectifs de la Russie, de l'Autriche et de la Prusse, obtiendront une représentation et des institutions qui assureront la conservation de leur nationalité, et qui seront réglées d'après le mode d'existence politique que chacun des gouvernements, auxquels ils appartiennent, jugera utile et convenable de leur accorder. »

Il s'agit donc bien ici d'une minorité nationale reconnue et garantie par un traité international. Ici la question des minorités se présente sous son aspect global.

§ 3. — En effet, Alexandre 1er avait, la même année, donné une constitution libérale à la Pologne russe, garantissant aux Polonais une autonomie administrative, judiciaire, religieuse et même législative en créant une Diète nationale. Donc, le statut des minorités nationales polonaises avait une garantie constitutionnelle et internationale.

§ 4. — Mais la Révolution polonaise de 1830 prouva que c'était insuffisant et que le principe des nationalités intégralement appliqué, pour une nation qui se suffisait à elle-même, était le seul remède radical.

Les Polonais furent vaincus et le Tsar Nicolas s'efforça

(1) V. pour tout ce sujet : *La Protection internationale des Polonais*, dans la thèse de DUPARC, pp. 122-140.

de détruire tout ce qui aurait pu entretenir les « illusions d'une Pologne indépendante », rompant ainsi de sa seule volonté un engagement international.

La question de l'intervention fut posée pour les puissances signataires du traité de Vienne — au moins pour la France et l'Angleterre, car la Prusse et l'Autriche n'avaient pas la conscience suffisamment propre pour pousser leur audace jusqu'à se rendre accusatrices dans une cause où elles auraient sûrement fait figure d'accusées.

Pourtant malgré les paroles de La Fayette, l'inoubliable spécialiste pour ce genre de souffrances humaines, qui demanda au roi de « défendre ce traité qui *par hasard* est sorti du Congrès de Vienne », l'intervention du roi qui n'aimait pas, « par tempérament », les aventures, resta sans effet, de même que celle de l'Angleterre (1).

En effet, devant les risques d'une rupture éclatante avec la Russie et dans l'intérêt de la Paix, les puissances préférèrent ménager l'amitié du Tsar plutôt que d'intervenir vigoureusement pour faire respecter un acte de haute valeur morale qu'elles ont signé.

§ 5. — En 1846, lorsque l'Autriche, en s'annexant la République de Cracovie supprima le dernier vestige d'une Pologne libre, l'Angleterre essaya d'agir seule, sans succès d'ailleurs.

§ 6. — Lors de la Révolution de 1863, après une résistance obstinée d'une nation qui ne veut pas mourir, les

(1) Le comte d'ANGEBERG, *Recueil des traités, conventions et notes diplomatiques concernant la Pologne*, p. 800.

dernières traces d'autonomie administrative, religieuse et linguistique disparurent.

Ces nouvelles violations des stipulations de 1915 font que presque tous les gouvernements de l'Europe furent mis en mouvement. « La question polonaise est une question européenne », déclarait le ministre Billaut, au nom de l'Empereur Napoléon, au Sénat français, le 19 mars 1863. Et il exposa les raisons principales pour lesquelles la situation polonaise regardait l'Europe entière : il s'agissait de la paix. « L'intérêt, le désir de l'Europe, de la France, de la Russie elle-même, dit le Ministre, c'est la pacification de la Pologne, pacification qui ne peut se faire que par la satisfaction donnée aux intérêts légitimes. » Sur la demande de l'Angleterre, les Gouvernements de l'Europe poussés par l'opinion publique de la plupart des pays, adressèrent les uns après les autres, des représentations à la Russie, durant les mois de mars, avril et mai 1863, à propos de la Pologne. Après la France et l'Angleterre vinrent l'Espagne, la Suède et la Norvège, même l'Autriche, l'Italie, les Pays-Bas, le Portugal, le Danemark et (ô ironie !) — la Turquie. Quelques-uns de ces Gouvernements se contentèrent de faire appel à la Russie en termes généraux, afin « d'amener pour la Pologne une situation plus conforme aux légitimes aspirations des hommes de bien de ce pays. »

Les grandes puissances élaborèrent tout un programme en six points, dont la réalisation devait assurer à la Pologne une paix durable. Il est utile d'énumérer ces six points :

1° Amnistie complète et générale ;

2° Représentation nationale, avec des pouvoirs sem
blables à ceux qui étaient déterminés par la charte du
15/27 novembre 1815 ;

3° Nomination des Polonais aux fonctions publiques,
de manière à former une administration distincte et nationale, et inspirant de la confiance au pays ;

4° Liberté de conscience pleine et entière et suppression
des restrictions apportées à l'exercice des cultes catholiques ;

5° Usage exclusif de la langue polonaise, comme
langue officielle de l'Administration, de la Justice et de
l'Enseignement ;

6° Etablissement d'un système de recrutement régulier
et légal ;

Enfin 7° La réunion d'une Conférence formée de huit
Puissances qui ont participé au traité du 9 juin 1815.

Donc, c'est le traité de Vienne qui légitime le droit
d'intervention. C'était la thèse de l'Autriche et de la
Grande-Bretagne (1).

Le gouvernement de la Russie engagea des pourparlers
sur ce projet, mais le repoussa, en fin de compte (2).
Napoléon III déclara alors que, puisque tout avait échoué
en vue d'obtenir quelque chose en faveur de la Pologne,
« en pesant sur la Russie de tout le poids de l'Europe »,
il ne restait qu'un seul moyen : c'était de soumettre la
cause polonaise à un Congrès européen où seront repré-

---

(1) Cité par HALVDAN-KOHT, *Le problème des minorités nationales*, p. 10.
(2) Note de GORTCHAKOFF du 7 novembre 1863. *Livre Jaune*, n° 23, cité
par DUPARC.

sentées toutes les Puissances et d'où devait sortir, d'après les desseins de l'Empereur, une Europe nouvelle.

Par là, la diplomatie française, renonçant à faire état des actes positifs, était amenée à se réclamer des principes généraux — l'intérêt européen, le principe de solidarité humaine — pour demander de soumettre la question polonaise à l'Europe tout entière, assemblée en un Congrès.

Mais ce Congrès ne se réunit jamais et le gouvernement russe resta maître du sort des Polonais. Le Tsar, d'après l'interprétation de Gortchakoff n'avait accepté d'obligations que « vis-à-vis de Dieu, de sa conscience et de ses peuples » (1).

IV. — *Les minorités chrétiennes en Turquie et le Congrès de Vienne.*

Pour celles-ci rien ne fut fait au Congrès de Vienne.

Cependant, l'Empereur Alexandre avait proposé aux puissances réunies de placer les populations chrétiennes de Turquie sous la protection collective de toutes les nations européennes. Poussé par la puissance croissante des sentiments humanitaires et les progrès de la tolérance, il déclara que « les puissances qui avaient flétri la traite des noirs ne pouvaient se refuser à considérer les excès des Turcs contre les chrétiens comme tout aussi révoltants et aussi répugnants aux principes d'humanité et de morale universelle »; l'Europe civilisée pouvait, devait même protéger les chrétiens contre le fanatisme musulman.

(1) La même note de Gortchakoff.

Or, il ne faut pas oublier que les différentes églises chrétiennes en Turquie sont de véritables nations ; au point de vue de la formation des nationalités, la religion des Serbes, des Grecs, des Arméniens et des Bulgares a joué un rôle de première importance. C'était de véritables minorités nationales, puissantes, capables d'être indépendantes, organisées en collectivités, avec leur organisation particulière, leur juridiction spéciale, leur clergé, leurs écoles et on pourrait même dire leurs finances, par le droit public ottoman qui, ayant à sa base le Coran, éliminait toute idée d'assimilation ou d'égalité par transposition, entre les Infidèles et les Croyants.

En effet, pour comprendre la forme spéciale que prend la question des minorités en Turquie, il ne faut jamais oublier ce grand principe de droit public ottoman, à l'abri duquel les éléments non turcs se sont ménagé une autonomie ; la forme du gouvernement turc était essentiellement une théocratie ayant à sa tête un souverain, qui est aussi le chef religieux. Dans une telle organisation, non seulement l'Église et l'État ne sont point séparés, mais sont unis au point de se confondre. Les Turcs reconnurent volontiers aux peuples qu'ils avaient vaincus et dont ils ne voulaient pas s'occuper, une constitution analogue à celle qu'ils s'étaient eux-mêmes donnée (1).

Sous l'aspect des minorités chrétiennes en Turquie, il s'agissait plutôt — comme du reste pour la Pologne —

(1) Voir PERNOT. *Les minorités non musulmanes en Turquie.* Revue des Deux Mondes, avril 1922.

des nations suceptibles de former les Etats. Alors la seule solution juste aurait été non la protection internationale des minorités, mais la protection des nationalités amenant avec elle l'indépendance des groupes nationaux.

Car rationnellement, quand on se trouve en face de situations où la majorité des habitants d'un territoire, confondue avec l'Etat et animée par des intérêts égoïstes, persécute odieusement la minorité dissidente, quand cette minorité est assez considérable en nombre et forme une nationalité se suffisant à elle-même, la solution ne peut être cherchée dans la protection internationale de cette minorité, mais dans le principe des nationalités intégralement appliqué. Ce n'est qu'en donnant à ces minorités une existence internationale que la question peut être résolue en toute justice.

Les Puissances n'adhèrent point à ce projet pensant que protéger les minorités chrétiennes en Turquie, c'était servir les intérêts de la Russie.

En effet, toute la question d'Orient et toutes les souffrances des peuples des Balkans, l'étonnante durée « de l'homme malade », depuis le Congrès de Vienne jusqu'à la conférence de Lausanne, a sa cause dans la rivalité d'intérêt des grandes puissances.

V. — *La minorité nationale grecque et les sous-minorités religieuses en Grèce à la Conférence de Londres, 1830.*

A la Conférence de Londres, où fut reconnue l'indépendance de la Grèce, nous devons nous arrêter pour examiner les trois principes qui se sont fait jour pour la solution des questions minoritaires.

§ 1. — D'abord nous voyons un cas d'*intervention d'humanité*, dans la plus large acception du mot. Il ne fut plus possible aux Gouvernements de se soustraire à la pression de l'opinion publique, réclamant la cessation des massacres qui ont ensanglanté la terre grecque. Et en effet, le préambule du traité de Londres énumère les causes qui décident les Cabinets de Londres, de Paris et de Pétrograd à intervenir, et parmi celles-ci nous trouvons le souci de la paix de l'Europe, de sa dignité morale et de son sentiment d'humanité (1).

§ 2. — En second lieu, nous voyons que la question d'une minorité nationale avait reçu la solution la plus juste et la plus rationnelle, par l'application intégrale du principe des nationalités ; ce qui a eu pour conséquence de donner à la minorité grecque une existence internationale indépendante.

§ 3. — En troisième lieu, les lignes finales du Protocole n° 3, en date du 3 février 1830, établirent pour ainsi dire un principe à l'intention des États nouveaux en formation ; d'après ce principe tous les habitants devaient jouir d'une liberté religieuse complète, et l'accès aux fonctions publiques ne pouvait être subordonné à l'exercice de tel ou tel culte.

Cela signifie que *le principe des nationalités a ses lacunes et qu'il porte en lui des injustices ;* que l'application stricte de ce principe, là où l'élément religieux constitue un élément capital, le peuple lui attribuant « *la*

---

1) V. Antoine Rougier, *La théorie de l'intervention d'humanité*, p. 10.

valeur d'un critère de nationalité » (1), doit avoir un correctif. Ce correctif se trouve dans le principe de protection internationale des minorités religieuses dans un pays où la nationalité et la religion ont tendance à être confondues dans l'Etat.

VI. — *Les minorités chrétiennes en Turquie et le traité de Paris du 30 mars 1856.*

En 1852 éclate un nouveau conflit : la Russie, se fondant sur le traité de Koutchouk-Kaïnardji (1744) et d'Andrinople (1822) exigea, entre autres, la confirmation du droit de surveillance et de protection reconnu au Gouvernement de Pétrograd au profit des chrétiens orthodoxes de Turquie. Le refus du Sultan amena l'ouverture des hostilités. Cette fois les puissances occidentales se virent forcées d'agir pour empêcher le Tsar de devenir maître du Bosphore. La guerre de Crimée se termina par le traité de Paris en 1856, et eut pour conséquence de remplacer l'ancienne protection russe par un protectorat collectif des Etats occidentaux. On évita encore soigneusement de le reconnaître dans les mots, mais la chose en elle-même ne fit pas de doute. Ce n'est plus en face de la Russie et de l'Autriche seules que le Sultan était obligé à la tolérance, c'était vis-à-vis de tous ceux qui avaient signé le traité de Paris avec lui.

Cela résulte de l'article 9 du même traité par lequel « les puissances contractantes constatent la haute valeur de la communication qui leur était faite du firman (cons-

---

(1) L'expression est de M. HAUSER, p. 6.

titution « Hatti-Hamanayoun » du 18 février 1856) que Sa Majesté Impériale avait déjà octroyée spontanément (*sic*) et dans sa constante sollicitude (*sic*) pour le bien-être de ses sujets. »

Ce firman, dont les puissances prennent note dans l'article 9 et qu'elles avaient, en réalité, provoqué avant le Congrès, règle la condition des sujets chrétiens de la Porte, suivant les principes dont le droit public ottoman s'était déjà inspiré lors de l'élaboration du Hatti-Chérif de Gulhané en 1839. Il établit l'égalité de tous les sujets ottomans, sans distinction de religion, de langue et « *de nationalité* » (l'expression se trouve dans l'article 13).

Cependant ce mot d'égalité que nous trouvons dans toutes les constitutions turques (de 1839, de 1856, de 1876 et dans la charte constitutionnelle jeune-turque de 1908), visiblement inspirées des constitutions occidentales, est un non sens, vu le droit public ottoman qui, malgré l'effort accompli par les Turcs pour le séculariser, reste, par son essence même, un droit religieux (1). Or une assimilation complète entre sujets de religion différente, dans un Etat semblable, est chose impossible.

Pour cette raison, le droit public turc a été nécessairement forcé de laisser les minorités s'organiser en collectivités religieuses et nationales, en communautés qui ont leur existence propre, leur vie administrative et judiciaire autonomes, avec leurs chefs — qui ne sont pas simplement religieux — en tête.

Or l'égalité entre ces collectivités et l'Etat turc, repré-

<hr>

(1) V. Dupare, op. cit., pp. 29-30.

sentant d'abord et avant tout la collectivité musulmane, non seulement ne peut être conçue dans le sens d'assimilation, mais même l'égalité par transposition est chose paradoxale et impossible à imaginer.

On le voit bien, le vice naît de la conception même de l'Etat. Tant qu'elle ne change pas, tant que la majorité ne sera pas forcée par une force extérieure de réformer la base même de l'autorité étatique, la question des minorités reste insoluble.

Tant que la notion de l'Etat reste religieuse ou « nationaliste » — c'est-à-dire une collectivité fermée, traduisant les intérêts d'une religion, d'un groupe historique ou ethnique, d'une langue — la seul solution possible pour ces minorités, entrevue par le droit public musulman, c'est celle qui donne à ces minorités, organisées en collectivités, une existence autonome propre dans le sein de l'Etat. Or, une telle solution est insuffisante, vu la conception de l'Etat turc : *aucune égalité n'est possible entre ces collectivités nécessairement inférieures et l'Etat qui est censé les représenter et qui, étant religieux ou nationaliste, ne représente que la majorité religieuse ou nationale, le groupe dominant.* Alors, nous arrivons à une lutte dans l'Etat, entre la majorité nationale représentée par l'Etat lui-même et la minorité organisée. La Turquie, l'Autriche en sont les exemples frappants.

Dans le cas des minorités chrétiennes en Turquie, le seul remède, répétons-le, est de donner aux minorités une existence indépendante. Pour les empêcher d'employer à leur tour cette indépendance à la formation d'unités irréductibles, d'Etats nationalistes, il faut les forcer, si elles ne sont pas capables d'un pareil effort elles-mêmes, *d'élever le principe de l'Etat au-dessus de toutes les diversités religieuses, linguistiques, historiques, ethniques.*

Mettre l'Etat à sa véritable place, qui est celle d'une collectivité *administrative* internationale (1), destinée à satisfaire tous les intérêts qui se font sentir sur son territoire, sur un même pied d'égalité, c'est là le véritable rôle de la communauté internationale (2).

VII. — *Les minorités juives en Roumanie depuis la Conférence de Contantinople (1856) et celle de Paris en 1858 jusqu'au traité de Berlin.*

Le grave problème des minorités juives en Roumanie se posa, au point de vue international, pour la première fois dans les actes qui ont réglé la situation de la Moldavie et de la Valachie à la Conférence de Constantinople en 1856 et celle de Paris en 1858.

Ici la question se complique singulièrement avec celle

(1) L'expression, très significative, est de Georges SCELLE, V. *Essai de systématique du droit international*, p. 6.

(2) En 1860, à la suite du massacre de 6.000 chrétiens maronites et lors des événements de Crète (1866), de Bulgarie (1877) et de Bosnie-Herzégovine (1875), les Puissances, en intervenant, avaient invoqué l'article 9 du traité de Paris, pour expliquer leur action. Cependant leur droit d'intervenir ne peut pas se fonder sur ce texte qui — nous citons les termes de l'article 9 — « ne donne pas droit aux puissances de s'immiscer entre sa Majesté et ses sujets dans l'administration intérieure de l'Empire ». L'intervention de Syrie, comme toutes celles qui vont jusqu'au traité de Berlin, n'est pas une intervention tendant à exiger l'exécution d'une convention, mais elle est fondée de façon indiscutable sur ce fait que le Gouvernement turc a laissé massacrer ses sujets (V. ROUGIER, op. cit., p. 13).

de l'acquisition de la nationalité. Car, aux yeux des Roumains, les Juifs sont des étrangers et comme tels, ils ne constituent pas une minorité, ce qui, par définition, suppose des personnes ayant le statut légal des pays où elles habitent. Or, la Roumanie leur a longtemps refusé le droit de cité.

L'article 46 de la Convention de Paris, confirmant les dispositions du protocole du 11 février 1856 de la Conférence de Constantinople, déclare : « les Moldaves et les Valaches seront égaux devant l'impôt et également admissibles aux emplois publics. Les Moldaves et les Valaches des rites chrétiens jouiront également des droits politiques ; la jouissance de ces droits pourra être étendue aux autres cultes par des dispositions législatives. »

Il est clair que les premiers termes de cet article comprennent, aux yeux des puissances, la minorité juive. Or, les Juifs roumains en 1858 sont des étrangers, d'après le droit public roumain ; grâce à ce malentendu, conséquence de l'imprécision du texte, les Roumains prétendirent exclure les Juifs des dispositions libérales par la Constitution de 1866 qui réserve aux chrétiens seuls le droit de solliciter la naturalisation (1).

Des mesures d'exception prises par le gouvernement roumain contre les Israélites de 1866 à 1878, rendant la situation de ceux-ci de plus en plus intolérable, ont provoqué une série d'observations et de remontrances de la

---

(1) V. *Les Juifs roumains*, dans la thèse de DURANC, pp. 98 à 113. Dans la thèse de Nicolas VLADOIANO (Paris, 1921), *La protection des minorités en droit international.*

part de l'Angleterre, de l'Autriche, de la France et, en dernier lieu, des États-Unis (1) :

a) En 1867, des circulaires du gouvernement de Bratiano interdisent aux Juifs : 1° d'être propriétaires de terre ; 2° de prendre des terres à ferme ; 3° d'exercer la profession de cabaretier et d'aubergiste dans les communes rurales (2). On procéda à des arrestations de Juifs en masse. Une intervention personnelle de Napoléon III amena la réintégration des Israélites déportés en vertu de ces circulaires.

b) En 1868, le Consul et agent général d'Autriche demanda, à deux reprises, la réintégration des Juifs expulsés arbitrairement, l'allocation d'indemnités aux victimes et la punition des fonctionnaires coupables ; il obtint satisfaction. Le Consul de France fit entendre des protestations analogues.

c) L'Angleterre prit, en 1870, l'initiative d'un projet d'intervention collective, abandonné par la faute de l'Allemagne qui — naturellement — se retrancha derrière le principe de non-intervention, découlant logiquement de la conception allemande de l'État et du Droit international. La note cependant fut remise individuellement. L'intervention, dit la note anglaise, tire son droit en vertu d'un texte pré-établi, de l'article 46 de la Convention de Paris de 1858 qui « prescrit pour les Juifs comme pour les Chrétiens une égalité complète pour les droits légaux

(1) ROUGIER, *Intervention d'humanité*, p. 13.
(2) Cité dans la thèse de Romeo VIDRASCO, Paris, 1921, *De la réserve du droit des minorités et du contrôle des puissances.*

et fiscaux aussi bien que pour la liberté des personnes et la sécurité des biens ; et, quoique la convention n'ait accordé le droit politique qu'aux seuls chrétiens, elle a laissé la porte ouverte pour les principautés d'étendre spontanément ses droits aux adhérents de toute autre religion, ce qui implique de la part des puissances le vœu de les voir aussi étendus... » (1).

d) En 1872, à l'occasion d'un nouveau projet d'intervention collective, les Etats-Unis firent savoir au Gouvernement français qu'ils étaient tout disposés à s'y associer.

Nous savons pourtant que les Etats-Unis n'étaient pas signataires de la Convention de Paris. Le Gouvernement américain ne pouvait se prévaloir, pour légitimer son intervention, d'un texte pré-établi. Et cependant, pour nous, leur droit d'intervention est incontestable, en tant qu'il est fondé sur un principe juridique d'une haute valeur internationale. Car, en effet, l'obligation positive qui résulte du traité de Paris pour l'Etat roumain ne fait que confirmer, d'après nous (et c'est la thèse du gouvernement américain) (2) une obligation non seulement mo-

---

(1) Cité par LOEB, *La situation des Israélites en Turquie, en Serbie, en Roumanie*, p. 562. — V. aussi REY, *La question israélite*, dans la Revue générale du droit international public, année 1903, cité par ROUGIER.

(2) V. Lettre de M. Vashburne, secrétaire d'Etat aux Affaires étrangères de Washington, écrite à M. de Remusat, Ministre des Affaires étrangères de France en 1872 : « Bien que le Gouvernement des Etats-Unis ne soit pas l'une des parties signataires du traité, le grief dont il est ici question est si flagrant et a d'ailleurs un caractère tellement universel et cosmopolite que tous les Gouvernements et toutes les croyances religieuses ont intérêt à en demander le redressement. »

rale, mais une obligation juridique déjà existante. Car les droits humains sont la résultante nécessaire d'un état de civilisation. Ils s'imposent impérieusement au respect de l'État, en l'absence de tout acte positif, avec la valeur non seulement d'un principe vague d'équité, mais de caractère nettement juridique. « Le traité qui les incorpore les transforme en droits écrits, il ne les crée pas de toutes pièces » (1).

Si nous essayons de résumer la situation des minorités dans la période qui va du traité de Vienne à celui de Berlin, nous remarquons, tout d'abord, que cette période d'incertitude, de flottement, de transactions entre les idées révolutionnaires et la réaction de fait n'a pas pu dégager un principe commun, en ce qui concerne la protection internationale des minorités religieuses, ethniques et nationales.

a) Cependant au Congrès de Vienne nous voyons l'application partielle du principe révolutionno de la liberté de conscience, rendu obligatoire, dans l'intérieur de l'État, par un traité international et sanctionné par l'intervention éventuelle, en cas de violation du traité, par les puissances signataires, intervention basée sur un traité dont les dispositions prévoient expressément un contrôle permanent d'un mandataire des puissances signataires (article 13 du protocole du 21 mars 1815).

Il s'agit ici — dans le cas des Belges — de la protection internationale, avec sanction, des individus minoritaires

(1) DUPARC, op. cit., pp. 66, 67.

appartenant à une religion autre que celle de la majorité des sujets de l'Etat. On ne protège pas une religion mais le droit de l'individu à sa religion. C'est l'application, dans les rapports internationaux, du principe de la liberté individuelle dans son aspect particulier de liberté de conscience.

b) Ensuite l'article 1ᵉʳ de l'Acte Final du Congrès de Vienne, concernant les Polonais, montre un exemple d'applications du principe de protection internationale d'une minorité nationale reconnue collectivité inférieure à l'Etat. Ici nous trouvons une application nouvelle, particulière, du principe des nationalités : le droit d'un groupe ethnique à la conservation de son individualité nationale, dans le cadre d'un Etat qui représente une majorité dissemblable, par son caractère ethnique, à la minorité. Cette application partielle du principe des nationalités est une compensation à l'application intégrale et rationnelle du même principe, qui exige le droit pour le groupe d'être indépendant.

c) La Conférence de Londres nous montre un exemple d'intervention d'humanité — intervention découlant logiquement des principes juridiques et internationaux et non fondés sur un texte — qui a eu pour conséquence une solution juste de la question touchant à une minorité nationale capable de former un Etat.

Ensuite de nouveau nous voyons s'affirmer le principe de liberté individuelle religieuse dans les rapports internationaux dans le cas d'un Etat nouvellement reconnu : règle qui sera plus tard généralisée et qui, au Congrès de Berlin, conditionnera la reconnaissance de l'Etat.

d) Le traité de Paris (1856) marque la phase de protection collective internationale des minorités religieuses en Turquie, qui, par l'effet du droit public turc, se trouvait être une protection des nationalités. Bien que ce texte (article 9) n'établisse pas de sanctions positives, sa violation nous offre plus d'un exemple d'interventions basé sur des principes humanitaires, interventions qui devaient aboutir au traité de Berlin.

e) La question juive sous son aspect religieux, ethnique, national et économique rentre pour la première fois dans le Droit des gens dans les Conventions de Constantinople et de Paris, 1856-1858, donnant lieu à plusieurs interventions fondées sur ces textes et même à un essai d'intervention d'humanité nettement caractérisée et définie de la part des Etats-Unis.

VIII. — *Les minorités religieuses et les minorités juives en Serbie, en Roumanie, au Monténégro, en Turquie et en Bulgarie, au Congrès de Berlin (1878).*

§ 1. — On connaît les faits qui amenèrent la crise de 1878. La révolte de la Bosnie-Herzégovine et de la Bulgarie avait provoqué une répression tellement sanglante et odieuse que la Russie se vit entraîner à déclarer la guerre au Sultan. Le traité de San-Stefano fut imposé au grand Turc. Mais l'Europe ne pouvait laisser la Russie débattre seule la paix à conclure. Au Congrès de Berlin, la question d'Orient fut réglée à nouveau par la volonté commune des grandes puissances.

Les actes du Congrès de Berlin sont ceux qui ont formulé le plus nettement l'obligation pour les Etats de donner à leurs sujets minoritaires, aussi bien qu'aux étrangers, la liberté de conscience.

Déjà en 1875 le comte Andrassy dans sa circulaire du 30 novembre avait demandé une liberté religieuse, pleine et entière. Les protocoles du Congrès montrent que les plénipotentiaires de la France reprirent ces demandes sous une forme précise et obtinrent l'assentiment de tous les autres délégués. Bismarck ne manifesta qu'une opposition relativement molle. La résistance la plus acharnée fut motivée par les délégués russes Gortchakoff et Chouvaloff (1), non pas contre le principe de la liberté religieuse, mais contre la protection internationale des Juifs de Roumanie et de Serbie qu'ils considéraient non pas comme minorités religieuses, mais comme groupes ethniques, économiques et nationaux. En effet, tandis que les plénipotentiaires du Congrès y voyaient une question avant tout religieuse, aux yeux de Gortchakoff c'était un problème national et économique en même temps. Il voulait traiter les Juifs comme les étrangers, non comme une minorité religieuse, et leur refuser le droit politique et même quelques droits civils, en demandant au Congrès « de ne pas confondre les Israélites de Berlin, de Paris, de Londres, avec ceux de Roumanie, de Serbie et de Russie, qui sont, à son avis, un véritable fléau pour les populations indigènes » (2).

§ 2. — C'est l'éternelle thèse des Roumains, des Polo

----

(1) Cité par Marc Vichniac, p. 12.

(2) Séance du 28 juin, protocole n° 8 : voir Martins, *Recueil général des Traités*, 2ᵉ série, tome 3, p. 341 ; v. aussi Clercq, *Recueil des Traités de France*, t. 12.

nais et des Russes. Elle soutient que le problème juif, à cause même de la mentalité des Juifs de l'Est et d'Orient, n'est pas de même nature qu'en Occident. En effet, il est vrai que la question ne se pose pas de la même façon dans ces deux parties de l'Europe. Mais si l'assimilation, qui dans l'Occident s'était produite par une longue évolution, est rendue impossible dans ces pays, ce n'est pas la faute aux Juifs, mais par suite de l'incapacité de l'État, qui n'a pas eu la force nécessaire pour laïciser d'abord, dénationaliser ensuite la notion de l'autorité étatique (ici le mot dénationaliser est pris dans un sens couramment employé et qui signifie : élever la notion de l'État au-dessus des intérêts particuliers des groupes ethniques et historiques et *la dégager de la majorité*).

C'est cette considération qui légitime une protection internationale. De plus, cette protection est de nature non seulement à atténuer la haine légitime des minorités, provoquée par l'infériorité de leur situation au point de vue des droits civils et politiques et au point de vue de leur situation de fait, mais elle peut imprimer un mouvement forcé de rapprochement des groupes dissemblables dans l'État, mouvement qui est de nature à créer progressivement avec ces éléments autrefois hostiles une *nationalité*, dans le vrai sens de ce terme, une volonté de vie commune, abstraction faite de toute considération de différences ethniques, historiques ou religieuses.

§ 3. — M. Waddington, délégué du Gouvernement français, déclara, le 28 juin 1878, qu'il « croyait important de saisir cette occasion pour faire affirmer les principes de la liberté religieuse par les représentants de l'Europe » ; et il ajouta que « la Serbie, qui demandait à entrer dans la famille européenne sur le même pied que les autres États, devait, au préalable, reconnaître les principes qui sont à la base de l'organisation sociale de tous les États civilisés et les accepter comme une condition nécessaire de la faveur qu'elle sollicitait. »

Les délégués des grandes Puissances approuvèrent cette déclaration et l'article 35 du traité de Berlin fut rédigé en ces termes : les dispositions suivantes formeront la base du droit public en Serbie : « La distinction des croyances religieuses et des confessions ne pourra être opposée à personne comme un motif d'exclusion et d'incapacité, en ce qui concerne la jouissance des droits civils et politiques, l'admission aux emplois publics, fonctions et honneurs ou l'exercice de différentes professions ou industries dans quelque localité que ce soit. »

« La liberté et la pratique extérieure de tous les cultes sont assurées à tous les ressortissants de la Serbie, aussi bien qu'aux étrangers, et aucune entrave ne pourra être apportée soit à l'organisation hiérarchique des différentes confessions, soit à leurs rapports avec leurs chefs spirituels. »

La même règle fut appliquée par le Monténégro (article 27), la Bulgarie (article 5), la Turquie (article 62), et la Roumanie (article 44).

Toutefois pour cette dernière on ajouta : « Les nationaux de toutes les puissances, commerçants ou autres, seront traités en Roumanie sans distinction de religion sur le même pied de parfaite égalité. » Sans doute avait-elle particulièrement besoin de cet avertissement.

Quant à la Turquie, elle promit par l'article 62 de maintenir le principe de la liberté religieuse en y donnant « l'extension la plus large. »

§ 4. — Cet article nous offre deux choses intéressantes à noter : en outre de la protection internationale du droit de la conscience individuelle, on y trouve une protection des Églises et des Religions chrétiennes, en tant qu'institutions. « Les ecclésiastiques, les pèlerins et les moines de toutes les nationalités en Turquie, ajoute l'article 62, jouiront des mêmes droits, avantages et privilèges... Il est bien entendu qu'aucune atteinte ne saurait être portée au statu quo dans les lieux saints, de même aux institutions de Mont Athos... »

La sanction de cette obligation pour la Turquie « est le droit de protection officielle, reconnu aux agents diplomatiques et consulaires des puissances en Turquie, tant à l'égard des personnes que des établissements religieux, de bienfaisance et autres, dans les lieux saints et ailleurs » (1).

Donc — cela est très important — il s'agit ici d'un véritable contrôle international permanent, fondé sur un traité, exercé par les agents diplomatiques sur les affaires intérieures de l'Empire ottoman, pour empêcher la violation des droits individuels.

L'article 62 consacre juridiquement le droit d'intervention des gouvernements signataires, toutes les fois qu'il s'agit de garantir un minimum de droits aux habitants

____

(1) V. MARTENS, texte cité, 2ᵉ série. tome 3. Comp. *Traité de Vienne*, les sujets catholiques du roi de Sardaigne, pp. 164-165 de notre ouvrage.

de la Turquie et notamment d'assurer la liberté religieuse. Du fait de ce traité, l'intervention d'humanité devient une base du droit public spécial qui régit les rapports de l'Europe et de la Porte (1).

En fait, il a reçu plusieurs fois des applications énergiques, notamment en 1896 dans l'affaire des massacres d'Arménie et en 1906 en faveur des populations macédoniennes.

§ 5. — Pour le moment, nous parlerons du nouveau système de protection des minorités qu'inaugurent les articles 26, 34 et 43 du traité de Berlin.

D'après ces articles, l'observation des dispositions relatives à la protection des minorités religieuses en Serbie (article 34), en Monténégro (article 26), et en Roumanie (article 43) est une condition *sine qua non* de la reconnaissance internationale de ces principautés.

Qu'est-ce qu'il faut penser de cette règle ?

Louis Renault (2) estime qu'un Congrès n'est pas compétent pour trancher de pareilles questions : « Si la Serbie, le Monténégro, la Roumanie réunissent les éléments essentiels qui font les États souverains, ils doivent être reconnus comme tels, quelle que soit leur manière de voir, en ce qui touche la liberté religieuse, l'accessibilité des habitants aux fonctions publiques, etc... »

Pour M. de Lapradelle (3) « cette condition n'aura de valeur que si elle répond aux sentiments réciproques des

(1) ROUGIER, op. cit., p. 12.
(2 V. Nos *Remarques générales*, l'opinion intégralement citée de RENAULT dans son *Introduction à l'étude du droit international*.
(3) *Cours de doctorat*, Paris, 1919-1920, op. cit..

deux parties. Le traité n'est véritablement susceptible d'exécution que si, des deux côtés, on est d'accord pour lui donner d'effet. Il y a seulement dans cette prétendue condition, ce que les civilistes appellent un *modus*, une charge. C'est une obligation qui est contractée par l'Etat nouveau à l'égard de l'Etat ancien de traiter les ressortissants d'une certaine manière. »

De même, M. Piédelièvre croit que le respect de l'égalité des droits de tous les citoyens sans distinction religieuse comme condition de reconnaissance, lui paraît ne pas avoir été imposé mais seulement recommandé par les Puissances (1). Pour lui « le seul effet qui doit être attaché à la non-exécution de cette clause est que l'Etat réfractaire doit renoncer à obtenir l'assistance, la garantie des puissances signataires du traité qui l'a constitué, pour le cas où son autonomie viendrait à être menacée » (2).

« La sanction, pour M. de Lapradelle, ne peut jamais être le retrait de la reconnaissance, car il n'y a pas là, au sens juridique du mot, une condition » (3). Du reste, pour le savant professeur, la reconnaissance ne peut être considérée comme un acte discrétionnaire, facultatif de la part des Etats vis-à-vis de l'Etat nouveau. « C'est un acte déclaratif de ce qui existe, non créateur de l'Etat... Il est obligatoire, dès l'instant que tous les éléments de l'Etat se trouvent réunis » (4). « Dès qu'une communauté politique présente tous les caractères de l'Etat, la recon-

---

(1) V. *Droit international public*, tome 1ᵉʳ, Paris, 1891.
(2) Piédelièvre, loc. cit..
(3) *Cours de doctorat*, 1919-1920, op. cit..
(4) *Cours de doctorat*, 1921-1922, op. cit..

naissance est obligatoire et n'est susceptible d'aucune modalité, pas plus d'une condition que d'un terme » (1).

Nous sommes tout à fait de l'avis de M. de Lapradelle ; et pourtant, c'est en nous servant des mêmes théories, que nous oserons affirmer qu'il est possible qu'une collectivité politique ne soit pas reconnue comme État, tant qu'elle ne remplit pas les obligations ayant le caractère des articles 27, 35 et 44 du traité de Berlin. C'est dans ce sens, il nous semble, qu'il faudrait interpréter ce dernier texte.

En effet, partant de ce point de vue — nous ne le contestons pas — que la reconnaissance est obligatoire, dès qu'une communauté politique présente tous les caractères de l'État, nous considérons que, si cette communauté viole les règles essentielles, volontairement acceptées, que constituent les droits sacrés de l'individu à son existence et au libre développement de sa personnalité, la seule raison d'être de l'autorité étatique, son caractère essentiel, son fondement même est incontestablement absent. Et alors si une communauté politique « oublie — nous citons les propres termes de M. de Lapradelle — qu'elle n'est dans le Monde, qu'un moyen en vue d'une fin, la perfection de l'humanité, elle manque essentiellement à son devoir en cessant de répondre à son but » (2) et — nous ajouterons — elle manque de base en tant qu'État.

La communauté internationale qui est obligée de cons-

(1) *Cours de doctorat*, 1919-1920, op. cit..

(2) V. *Projet de Lapradelle* à l'Institut du Droit international, session de Rome, 1921.

tater ce qui existe — et rien de plus — reconnaît par un acte déclaratif, cette communauté politique telle qu'elle est, c'est-à-dire ne présentant pas le caractère essentiel d'un État, comme elle constatera l'existence d'une bande de brigands. Il n'y a là ni retrait, ni acte discrétionnaire attributif de reconnaissance ; il y a seulement un acte déclaratif qui constate un fait : il ne peut donner à cette communauté le caractère d'État, que ce dernier n'a pas en fait.

Si on cherche un peu, même dans l'histoire contemporaine, on verra que cette théorie cadre avec les faits.

On peut se demander, dans l'hypothèse où la notion de reconnaissance avec condition est rejetée, si les puissances avaient en vertu du traité de Berlin un droit d'intervention, pouvant servir de sanction, en cas de violation des dispositions des articles 27, 35 et 44 ? Oui, la légitimité de l'intervention en vertu d'un texte préétabli est indiscutable. Suivant la théorie du contrat, du principe général sur lequel repose la Société moderne et sans lequel toute relation sociale est impossible à imaginer — « les conventions légalement formées tiennent lieu de lois à ceux qui les ont faites » — suivant ce principe de l'inviolabilité de la parole donnée, les puissances étaient en droit de demander l'exécution intégrale des obligations du traité de Berlin et d'en suivre l'application.

§ 6. — *Les minorités juives après le Congrès de Berlin.* — Les articles 5, 27 et 35 furent exécutés sans grande difficulté par la Bulgarie, le Monténégro et la Serbie, et ne donnèrent pas lieu à l'intervention des puissances. Notamment la situation juridique des minorités juives en

Serbie fut assimilée à celle de la majorité serbe. La même situation imposée au royaume de Grèce en 1831 n'a pas produit des inconvénients sérieux.

D'autre part, le traité de Berlin (article 44) qui engage la Roumanie à accorder les mêmes droits à tous ses sujets, sans distinction de religion, et qui vise nettement les Israélites roumains. n'a pas produit les mêmes effets et a donné lieu à des graves difficultés internationales.

Cette différence de traitement a plusieurs causes.

En effet, les conditions n'ont pas été les mêmes : nous savons qu'une fois la convention internationale imposée, lorsque l'Etat se trouve en face non plus des puissances mais des hommes, alors c'est la coutume qui doit agir avec efficacité.

Or cette coutume existait déjà en Serbie et en Grèce ; ou plutôt, le Congrès de Berlin. en créant ces deux royaumes, a créé pour ainsi dire les éléments même de la coutume, tandis que les principautés danubiennes vivaient déjà d'une vie internationale, jouissaient d'une autonomie presque complète avant l'érection de ces principautés en royaume (1). Et dans l'état de choses déjà existant, cette coutume leur manquait.

Mais il y a une autre cause à cette différence de traitement des Juifs. En effet, les Israélites de Serbie et de Grèce et ceux de Roumanie proviennent, d'une façon générale, de deux origines et appartiennent à deux civilisations différentes.

En Serbie et en Grèce ce sont les Juifs latins, venus

(1) RENAULT, cours cité. op. cit..'

d'Occident, rattachés à la civilisation latine. Or, nous le savons, du fait qu'ils étaient établis dans des pays de civilisation supérieure où la notion de l'Etat n'était pas incompatible avec l'idée d'une assimilation, cette conception de l'Etat a créé leur mentalité particulière qui fait qu'en Serbie et en Grèce, ne rencontrant pas d'opposition systématique de la part de ces Etats, ils se sont vite assimilés avec les nationaux de ces pays, tout en gardant leur religion. Ce sont simplement des minorités religieuses.

Or, en Roumanie se sont au contraire des Juifs originaires de l'Europe Centrale qui parlent un jargon allemand (Yiddish) et qui sont naturellement attirés vers la culture germanique (1).

Par suite de la conception de l'Etat allemand — représentant exclusif d'une race fermée à tout ce qui n'a pas la même origine — cette conception a créé chez les Juifs une mentalité particulière qui n'a pas changé après leur venue en Roumanie. Parce que, là aussi, ils ont trouvé un Etat « nationaliste » par excellence, et qui, au nom des intérêts supérieurs du groupe majoritaire, leur refuse le droit de cité : ils furent amenés, contraints à s'isoler de ce milieu, et par conséquent à s'organiser en collectivités, soit pour s'assurer une existence meilleure, soit pour résister aux mesures d'ostracisme ou aux actes de persécution. Ils y sont donc devenus une véritable minorité nationale, parce que cette lutte a créé chez eux une

<hr>

(1) V. dans le même sens : *Les Juifs de Turquie*, la différence entre les Séphardim et les Askénazim dans l'article de Pernot, *Revue des Deux Mondes* du 15 avril 1919, pp. 899-905.

conscience collective de leur existence en tant que minorité.

C'est ainsi que la conception nationaliste de l'Etat transforme les individus, qui rationnellement, ne devaient être que des minoritaires religieux, en une minorité nationale.

La conception nationaliste, qui confond la nation avec un groupe ethnique, historique, linguistique est non seulement dangereuse, étroite, peu digne d'un état de civilisation avancé, mais encore elle est contraire au véritable principe des nationalités, le seul véritablement juridique, tel que nous l'avons exposé, en parlant des idées dégagées par la Révolution française.

a) La Roumanie a pu violer les dispositions de l'article 44 du traité de Berlin, comme elle a déjà fait pour celles de l'article 46 de la Convention de Paris, parce que ces deux textes omettaient de préciser la question préjudicielle : celle de la nationalité des Juifs roumains. Et cependant la proposition du comte Launay au Congrès de Berlin aurait pu combler cette lacune : « Les Israélites de Roumanie, pour autant qu'ils n'appartiennent pas à une nationalité étrangère acquièrent de plein droit la nationalité roumaine » (1).

b) Cependant, pour obtenir la reconnaissance de la part de tous les Etats (la Russie, l'Autriche et la Turquie, malgré les conditions de l'article 43, l'avaient déjà recon-

---

(1) V. *Le Recueil* de G.-F. MARTINS, 2ᵉ série, tome 3, p. 431. Cette disposition, à peu de choses près, n'a été insérée qu'en 1919 dans le traité entre les puissances et la Roumanie, art. 7.

nue) il fallait d'abord l'abrogation de l'article 7 de la Constitution roumaine de 1866 qui refusait la naturalisation à tout étranger non chrétien.

Les grandes puissances chargèrent l'Autriche de demander à Bukarest que l'article 44 du traité fût inséré dans la nouvelle Constitution roumaine à la place de l'ancien article 7 de la loi constitutionnelle de 1866.

La Roumanie s'y refusa. Alors par une loi du 13-27 octobre 1878, portant modification de l'article 7 de la Constitution de 1866, se conformant au principe seulement de l'article 44, elle inséra l'égalité de traitement pour tous ses sujets, sans distinction de religion (1). Or pour que cette disposition s'applique à un individu, il faut qu'il devienne sujet roumain. Le nouvel article 7 ajoute alors que tout étranger, sans distinction de religion, peut obtenir la naturalisation.

Mais c'est dans les conditions de la naturalisation qu'apparaît la véritable intention du Gouvernement roumain : ne pas laisser aux Juifs acquérir la nationalité roumaine, puis, pour les frapper, établir à l'égard de tous les étrangers une législation restrictive.

En effet, l'article 7 dans son paragraphe 3, ajoute : « La naturalisation ne peut être accordée qu'individuellement et par une loi. » Et alors le Parlement roumain refusera systématiquement de prendre en considération toute demande de naturalisation émanée d'un Juif.

Le paragraphe 3, par son principe de naturalisation individuelle, constitue une contradiction flagrante de l'idée et de la lettre de l'article 44 du traité de Berlin.

____

(1) Cité par VLADOIANO, Thèse Paris, 1921, pp. 51 à 55.

Malgré cela, les puissances reconnurent collectivement, le
20 février 1880, l'État roumain. La condition de reconnaissance, comme sanction de l'obligation pour la Roumanie d'accorder l'égalité de traitement à tous ses nationaux, n'a pas atteint son but. Et cependant, dans une
note rédigée en commun, les puissances constatèrent que
la condition n'était pas remplie et que les nouvelles dispositions constitutionnelles « ne répondaient pas entièrement aux vues des puissances signataires » (1).

e) Alors commence l'application d'une série de restriction visant tous les étrangers.

C'est d'abord ce même article 7, paragraphe 5 : « les
Roumains et les naturalisés Roumains, seuls, peuvent acquérir des immeubles en Roumanie » (2). Proscrits ainsi
de l'existence rurale d'une façon à peu près absolue, on va
les atteindre dans les villes, par les dispositions restrictives visant les ouvriers étrangers, visant l'enseignement,
le commerce, l'industrie, par les lois de défense du travail national et enfin par « la loi des métiers » de 1902 :
cette dernière décide que l'étranger ne pourra exercer un
métier en Roumanie que si le pays dont il est ressortis-
sant accorde le même droit aux Roumains établis chez
eux (3). Or, les Juifs de Roumanie sont des étrangers
sans pays et, par conséquent, ne peuvent pas se prévaloir
de cette loi.

C'est la suppression totale de tous les droits de l'homme,

(1) *Livre Jaune* de 1880, p. 15.
(2) Cité par Vladoiano, p. 96, et par Duparc, p. 111.
(3) Cité par Duparc, loc. cit..

même celui de travailler qui est, par la nature même, accordé à l'individu.

C'est alors que le Gouvernement des Etats-Unis, renouvelant l'attitude prise en 1872 par M. Washburne, adressa une note auprès des gouvernements signataires du traité de Berlin, à l'effet d'obtenir une intervention en faveur des Israélites roumains. Les Etats-Unis ne pouvaient pas se prévaloir des stipulations du traité, « cependant, dit la note de M. Hay, ils se réclament des principes contenus dans ce traité parce que ce sont des principes de droit international et d'éternelle justice » (1).

Et en effet les dispositions du traité de Berlin, concernant l'égalité de tous les sujets, la liberté pour tous les cultes n'a pas seulement le caractère d'un simple accord contractuel, entre deux parties. En adoptant ces clauses, le Congrès leur a donné une signification internationale, la portée d'une règle essentielle du droit des gens. Ainsi comprise l'intervention peut se justifier au point de vue juridique. Ajoutons que cette protestation, sans donner lieu à des mesures immédiates, ne passa pas inaperçue à Bukarest.

IX. — *Les minorités nationales en Turquie et le Congrès de Berlin.*

Pour régler la question des minorités nationales en Turquie, le Congrès de Berlin ne pouvait pas appliquer partout et dans ses conséquences extrêmes le principe des nationalités. Cette solution, la seule rationnelle, lorsqu'il s'agit de l'Etat turc où la protection internationale reste

(1) Cité par ROUGIER, *La théorie de l'intervention d'humanité*, p. 57.

nécessairement inefficace, par suite de la conception
même du droit public ottoman, aurait été contraire à
l'œuvre de réaction poursuivie à Berlin contre les décisions du traité de San-Stéfano. Démembrer la Turquie
au profit des nationalités chrétiennes à qui on donnera
une existence propre, c'eût été, dans la pensée des Puissances, servir les intérêts russes.

Alors pour fixer la situation de la Roumélie Orientale
(article 18), de la Crète (article 23), de l'Arménie (article 61), le Congrès eut recours, de façon partielle, au
procédé déjà employé à Vienne à l'égard des Polonais et
qui consistait à concilier l'existence d'un État polynatio-
nal avec l'application du principe des nationalités, c'est-à-
dire à protéger l'existence nationale des habitants, sans
toucher au système politique déjà existant. Ici nous
sommes en présence d'un cas de protection internationale des minorités nationales.

a) Pour la Roumélie Orientale, une Commission européenne devait être constituée pour organiser l'administration de ce pays (art. 18). Quant à la Crète, la Sublime
Porte devait constituer des Commissions spéciales (1)
au sein desquelles l'élément indigène serait largement
représenté ; les projets d'organisation résultant des travaux de ces commissions seraient soumis à l'examen de
la Sublime Porte qui, avant de promulguer les actes destinés à les mettre en vigueur, prendrait l'avis de la Commission européenne, instituée pour la Roumélie (art. 23).

(1) Nous verrons apparaître *ces commissions spéciales* dans le traité de
Lausanne 1923 ; v. art. 11 du projet adopté le 7 février 1923, concernant
la protection des minorités en Turquie et en Grèce.

Cette Commission Européenne entra effectivement en fonction et présenta un règlement détaillé, concernant l'organisation de la justice et de l'administration locales. Mais ce règlement ne fut pas reconnu par la Porte et les réformes projetées n'aboutirent pas. Il en fut ici comme dans la question polonaise : les Puissances contractantes ne purent tomber d'accord sur la manière de faire respecter de force le traité conclu.

Nous mentionnerons ces deux articles du traité de Berlin pour montrer l'apparition d'un fait nouveau : les commissions internationales chargées d'organiser l'administration des minorités et de contrôler l'Etat.

b) Par l'article 61, les Arméniens reçoivent des promesses de protection des droits humains, des promesses de réaliser les réformes qu'exigent les besoins locaux et la garantie du contrôle périodique des puissances sur les mesures prises par la Porte. Enfin c'est en se fondant sur ce droit de contrôle que les puissances firent cesser les massacres de 1895, 1896 et de 1909.

c) Nous savons que le Congrès de Berlin consacra l'autonomie bulgare. Mais on s'aperçut que l'application stricte du principe des nationalités comporte une part d'injustices pour les populations non bulgares qui habitent le nouvel Etat. Et alors, comme correctif à l'application stricte du principe des nationalités, on imagina un système de protection des minorités nationales dans l'article 4 : « Dans les localités où les Bulgares sont mêlés à des populations turques, roumaines, grecques ou autres, il sera tenu compte des droits et des intérêts de ces populations, en ce qui concerne les élections et l'élaboration du règlement organique » (1).

X.— *Les minorités musulmanes en pays chrétiens d'après la Convention austro-turque de 1879 et la Convention internationale de Constantinople de 1881.*

a) La première précise que « la pleine liberté est assurée au Musulmans de Bosnie-Herzégovine dans leurs rapports avec leurs chefs religieux. Or, il ne faut pas oublier que leur chef suprême est en même temps une personne régnante sur un État étranger. La difficulté peut naître le jour où les Mahométans de Bosnie voudront obéir au Sultan et faire un acte contraire à une disposition du souverain local. Pour empêcher ce conflit, nous pensons qu'une restriction naturelle, logique, nécessaire même s'impose pour limiter cette liberté.

b) La Convention de Constantinople contient des stipulations relatives à l'égalité, au droit de propriété et au libre exercice du culte de tous les Musulmans rattachés à la Grèce.

L'article 3 leur garantit la vie, les biens, l'honneur, la religion, les coutumes et l'égalité des droits civils et politiques.

L'article 4 leur reconnaît le droit de propriété qu'ils possèdent en vertu des différents titres du droit ottoman ; de même « les titres de propriété de biens vakoufs » — qui servent à l'entretien des mosquées, collèges, écoles

(1) Cité par Durand. p. 120.

et autres établissements de piété et de bienfaisance, seront
également reconnus (1).

L'article 6 garantit la propriété musulmane contre l'expropriation sans indemnité et illégale et contre toutes
modifications au droit de propriété, qui ne sera pas applicable à tout le Royaume.

L'article 8 reconnaît l'autonomie religieuse, judiciaire,
d'enseignement et l'organisation hiérarchique des communautés musulmanes existantes ou à venir, ainsi que la
compétence des juridictions particulières — *chéri* — en
matière de religion, ainsi que la liberté des Musulmans
dans leurs relations avec les chefs religieux (2).

(1) Cité par Duparc, p. 97.
(2) Cf. *Le traité des minorités de 1919-1920 avec l'État des Serbes, Croates
et Slovènes, Grèce et Arménie de 1919-1920.*

QUATRIÈME PARTIE

LE CONFLIT ENTRE LES MINORITÉS ET L'ETAT, ENVISAGÉ COMME DROIT PUBLIC INTERNE

CHAPITRE Ier

Le conflit entre l'individu minoritaire et l'Etat (L'aspect individuel de la question).

§ 1. — *Exposé théorique.* — En étudiant les idées qui se dégagent logiquement de la Révolution française, nous avons essayé de montrer que les trois notions des droits individuels, de l'Etat et de la Communauté internationale, unies logiquement, nous offrent une solution rationnelle du conflit entre les minorités, envisagées dans leur aspect individuel, et l'Etat.

En partant du principe de la volonté individuelle, la théorie subjective des nationalités conscientes nous a servi de base rationnelle au fondement de l'Etat. Ainsi ce fondement juridique nous a permis d'élever la notion de l'Etat au-dessus des diversités des groupes ethniques et historiques, linguistiques ou religieux et de la concilier avec l'idée de cosmopolitisme, « d'internationalisme » que la marche étonnante de la civilisation apporte inévitablement à l'intérieur de l'Etat.

La notion de but de l'organisation étatique nous a

fourni la justification de l'Etat par sa finalité et amène comme conséquence inévitable l'idée d'une puissance limitée, liée par le droit objectif qu'il s'impose de sa propre volonté (la notion du Rechtstaat), par le droit de l'individu existant en dehors de la volonté de l'Etat, que les uns appellent droit humain, que nous appelons droits internationaux de l'homme.

Nous avons trouvé l'application de cette dernière limitation au cours du XIX° siècle, en parlant de la protection internationale des minorités.

Nous avons vu que le principe de liberté et d'égalité individuelle contenu dans la Déclaration des Droits de l'Homme et du Citoyen, principe que le Congrès de Berlin pose comme une règle de droit international, comme une condition *sine qua non* de l'autorité étatique, peut résoudre le problème de la protection des individus minoritaires, des droits individuels des minorités, et lui donner une solution juste, tant dans le droit public interne, que dans le Droit des gens.

Donc, sur les droits personnels que doivent avoir les membres d'une minorité, il ne peut, en règle générale, s'élever de désaccord sérieux.

L'égalité devant la loi est un principe qui a gagné de plus en plus de terrain dans toutes les sociétés modernes ; de même que l'inégalité de fortune ou de naissance ne doit pas impliquer de différence dans l'exercice des droits civils, de même il ne devrait, non plus, exister de différences pour des raisons ethniques, de races, de confessions, de langues, d'origines. C'est cette conception qui est à la base de tout droit public moderne ; et les clauses du traité de Berlin de 1878, nous le répétons, donnent à ce principe la valeur d'une obligation internationale.

Le conflit se résoud ici facilement par l'assimilation de l'individu minoritaire à l'individu majoritaire, au point de vue du traitement devant la loi et en fait. La solution de ce conflit — qu'elle s'impose à l'Etat par le droit public ou par la communauté internationale — aura pour conséquence d'obliger l'autorité étatique de ne jamais refuser à aucun citoyen l'exercice de ses droits civils et politiques pour la seule raison qu'il appartient à une minorité. Ces droits sont ceux qui lui permettent de voter, de discuter, d'écrire, de faire usage de sa langue maternelle comme témoin, accusé ou partie en cause, devant les tribunaux ou devant les autorités administratives, d'appartenir à n'importe quelles confessions religieuses, de résider dans n'importe quelle localité, d'exercer n'importe quelle profession, de posséder des immeubles, etc. Lorsque, comme en Prusse, il était interdit à certaines minorités de langue de faire usage de leur langue maternelle dans les réunions publiques, cette défense est une restriction incompatible avec le principe de droit qui nous occupe ici. De même, quand il était prescrit aux Juifs de Russie et de Roumanie de résider dans des lieux désignés ou de posséder des immeubles, ce fait, non plus, ne peut être regardé comme équitable.

§ 2. — *La Constitution Fédérale des Etats-Unis d'Amérique et les minorités de race.*

La même solution — assimilation d'un individu minoritaire à l'individu majoritaire, dans le sens de l'égalité

de traitement — a été imposée par la Constitution Fédérale des Etats de l'Union américaine par l'amendement 14
et 15 de 1868 et 1870.

A) Après l'abolition de l'esclavage, conséquence de la
victoire des Etats du Nord, par l'amendement 13 de 1865
apporté à la Constitution fédérale, sous l'influence du
Président Lincoln, la question de l'assimilation des minorités de couleur à la majorité blanche se posa.

Selon les vraisemblances, ce problème de l'égalité de
deux races aurait reçu une solution très défavorable aux
noirs — et aux jaunes aussi — si les Etats-Unis s'étaient
trouvés dans les circonstances normales ; en effet, le Nord
non plus n'était pas grand ami des noirs ; s'il a défendu
leur cause, c'est par suite de toutes sortes de considérations qui étaient fort étrangères aux Nègres. « L'amendement 13 a été voté beaucoup moins en faveur des
Nègres que contre leurs anciens maîtres blancs qui habitent les Etats du Sud » (1).

« Les « nordistes » inclinaient à ne pas accorder aux
Nègres affranchis les mêmes droits qu'aux blancs ; cependant s'ils firent dans le domaine politique les noirs égaux
des blancs, c'est parce qu'ils voulurent faire sentir aux
blancs du Sud leur victoire » (2).

B) Cette politique du Nord s'exprima dans l'amendement 14 et 15.

D'après l'amendement 15 du 30 mars 1870 (3), il est

(1) Professeur Chavorin, *Cours de doctorat de 1921-22, Droit Constitutionnel*, op. cit..

(2) Professeur Chavorin, loc. et op. cit..

(3) Cité par le professeur Chavorin dans son *Cours de Doctoral* et par
Haldvan Koht, professeur à l'Université de Christiana, *Les Minorités
nationales*.

interdit à n'importe quel État de l'Union de priver un citoyen américain du suffrage sous prétexte de race, de couleur ou de servitude préexistante. Les membres d'une minorité de race doivent être électeurs comme les blancs, et aux mêmes conditions (1).

L'amendement 17 de 1868 conférait aux noirs libérés le droit de cité et assurait la protection de leur vie, de leur liberté et de leur propriété.

L'assimilation était donc établie, garantie constitutionnellement et poussée jusqu'à ses conséquences extrêmes : les membres d'une minorité de couleur peuvent participer à la conduite de la chose publique. Or, la conséquence de ce droit de vote fut l'établissement d'un régime qui a gardé le nom de la terreur noire. La majorité blanche, par un mouvement violent de réaction, guidée par les adeptes de la doctrine intransigeante « de l'américanisme 100 % » remplaça la terreur noire par la terreur blanche (2).

Dès lors, pour empêcher le retour offensif des noirs et pour prévenir le péril jaune, en même temps pour se défendre contre les minorités ethniques de culture inférieure que l'émigration, malgré toutes les barrières que le gouvernement américain lui oppose, apporte en masse, la majorité américaine cherchait à tourner l'amendement par des règles restrictives d'une autre nature, mais de même effet : l'exigence d'une instruction élémentaire pour faire partie du corps électoral, dispositions qui se rencontrent dans presque toutes les législations particu-

(1) CHAVGRIX, loc. cit..
(2) Ibid.

lières des Etats (1). En excluant ainsi du droit de vote
les illettrés, ils excluaient du scrutin la majorité des
nègres et des jaunes, ainsi que les émigrants de culture
inférieure.

Sans doute, il y avait là quelque chose de contraire à
l'esprit de l'amendement 15. Cependant personne ne con-
testa ces dispositions dans les législations électorales des
Etats de l'Union. Il n'en était pas de même de la *clause
du grand-père (grandfather clause)*, connue dans plusieurs Etats du Sud jusqu'en 1915, qui restreignait le
droit de suffrage à ceux qui votaient déjà en 1866 ou à
leurs descendants ; mais en 1915, la *supreme court* déclara inconstitutionnelle la *grandfather clause*.

Le premier expédient est encore aujourd'hui très efficace ; on peut se demander s'il le sera encore longtemps,
car les Nègres — pas si bêtes ! — s'instruisent. Et rendons
cette justice aux Américains blancs, en constatant qu'ils
ne s'opposent pas à cette instruction (2).

C) A un moment donné, pour résoudre ce conflit entre
la minorité noire et la majorité de couleur opposée, les
Etats-Unis ont cru trouver une solution à la question minoritaire en fondant sur la Côte d'Afrique la colonie de
Libéria pour y verser le trop-plein de leur population
nègre ; mais aujourd'hui l'extension de l'Etat de Libéria
est devenue chimérique. Les Etats de la Côte Ouest de
l'Afrique s'y opposent énergiquement. Les Américains
ont cherché d'un autre côté ; pour le moment ils n'ont
pas trouvé (3).

(1) CHAVGRIN, loc. cit..
(2) CHAVGRIN, loc. et op. cit..
(3) Ibid.

Il nous semble que la vraie solution du problème des minorités de race en Amérique du Nord se trouve dans leur émancipation progressive (1) et (2).

(1) Lire sur tout ce sujet : William Nelson, *Race noire dans la démocratie américaine*, et Logo Marc, *La haine des races en Amérique* (R. Universelle du 1er novembre 1920).

(2) Il nous semble utile d'ajouter que les blancs n'ont pas seulement travaillé à supprimer le droit de vote des noirs. A l'heure actuelle, dans presque tous les Etats du Sud, la séparation des races est érigée en loi : en chemin de fer, en tramway, chaque *couleur* a son compartiment. Noirs et blancs ont aussi leurs écoles particulières. Dans un autre domaine tout aussi important, celui du logement, plusieurs Etats ont essayé de formuler des lois pour empêcher les noirs d'habiter un quartier occupé par la majorité blanche. Heureusement, en 1917, la Cour de Washington déclara ces lois inconstitutionnelles. Que dire aussi de la loi bien connue interdisant les mariages entre blancs et noirs ? L'existence de cette séparation, motivée par une question de race, par la supposition arbitraire de l'infériorité des noirs par rapport aux blancs et par l'inégalité criante des conditions des gens de couleur dans la vie courante, a souvent constitué pour les U. S. un obstacle réel à leur intervention dans les affaires minoritaires du monde : lorsqu'ils se sont proposé, par exemple, de faire des enquêtes en Russie, en Turquie, en Roumanie, au sujet des minorités persécutées, on leur a fait remarquer que leurs envoyés auraient une tâche tout aussi importante à remplir chez eux, dans les Etats du Sud ; que point n'est besoin d'aller chercher si loin les misères à soulager.

CHAPITRE II

L'exposé théorique du conflit entre les groupements minoritaires et l'État

L'aspect global de la question. — L'égalité de droit civil et politique pour toute personne sans égard aux différences ethniques, religieuses, de langue, d'origines historiques, repose sur le principe de libéralisme et possède en lui-même une valeur indiscutable, mais elle ne suffit pas à la protection des minorités.

Presque tous ceux qui se sont occupés de la défense des minorités ont fait ressortir qu'indépendamment du principe de la liberté personnelle, il était indispensable de réaliser celle des groupes — réalisation qui est en accord complet avec la pensée moderne, car cette dernière ne tient pas seulement compte des individus, mais aussi des groupes sociaux. Quel avantage les membres d'une minorité retireraient du droit de vote, si d'avance ils ont la certitude d'être mis en minorité absolue et de ne pouvoir réaliser aucune de leurs revendications propres ?

Il est donc indispensable que ces minorités, ces groupes ethniques, religieux, historiques ou de langue aient la possibilité, au moins en certains cas, de pouvoir revendiquer eux-mêmes certains droits déterminés leur appartenant en tant que collectivités, répondant à leurs besoins collectifs.

Nous verrons quelle a été la solution internationale de ce problème, lorsque nous parlerons des droits collectifs, culturels, de la représentation proportionnelle et de l'autonomie des minorités dans le traité de 1919-20-23. Pour le moment nous nous nous arrêterons aux rapports des minorités, collectivités inférieures à l'État et l'État, envisagés comme problèmes du droit public interne.

Donner à une minorité une existence propre, en tant que collectivité, entité morale reconnue par le droit public interne, dans le cadre d'un État, tel est le problème.

Or, il y a des minorités concentrées dans une partie du territoire d'un État et il y a des minorités dispersées dans les régions à populations mixtes.

Dans le premier cas, une solution territoriale est possible, dans le second une solution par le système d'*autonomie personnelle* n'est pas irréalisable.

En effet, en parlant des communautés chrétiennes en Turquie et de celle des Juifs en Pologne, en Allemagne et dans l'ancienne France, nous avons vu que là où la différence absolue de religion, de mœurs et de statuts personnels rendait irréalisable une assimilation complète, la seule solution possible était de reconnaître les minorités comme personnes morales du droit public, avec des institutions collectives propres. C'était aussi le seul moyen de défendre les minorités avant la Révolution française, avant la reconnaissance des droits individuels. Sur ce point, nous l'avons vu, le système des classes a apporté aux communautés juives en France une garantie appréciable.

Mais là où le problème devient particulièrement grave, c'est lorsqu'il s'agit de concilier le droit de l'État avec celui des minorités puissantes, concentrées sur une partie du territoire, ayant le plus souvent une volonté autonomie. C'est alors que, dans la pratique, nous voyons deux facteurs toujours susceptibles d'entrer en lutte : le mouvement d'intégration centraliste poursuivi par l'autorité étatique et appuyé par la majorité d'une part, et le droit des minorités nationales qui revendiquent leur indépendance au nom « du droit des peuples à disposer de soi », d'autre part. Or, si on résoud le conflit par l'application intégrale du principe des nationalités, on aboutit « à l'anarchie et à l'émiettement des États en une poussière de petites organisations politiques, sans vitalité et sans avenir » (1).

Or, il est incontestable que ces collectivités ont des droits ; mais l'État en a aussi ; il reste à l'heure actuelle la forme normale la plus perfectionnée de collectivités internationales. Il représente aussi une fin plus générale. Ensuite il est le fait actuel, il est le présent. Or, ce fait tend à devenir le droit, du jour où il est accepté par la minorité conquise (2).

Cela suppose que cette minorité perd son caractère particulier d'une minorité nationale, pour n'être plus qu'une minorité de langue ou de religion. Or, pour hâter ce moment où la nationalité et l'État arriveront à concorder, il faut concilier ces deux intérêts opposés, dont chacun en soi est légitime.

C'est précisément le grand rôle de l'art politique que d'empêcher, par une combinaison nécessaire de fait et de droit, le heurt trop violent d'intérêts opposés. C'est en

(1) V. Georges SCELLE, *Essai de systématiques du Droit international*, p. 13, note 2.

(2) V. dans le même sens, G. SCELLE, loc. cit.. et Louis LE FUR, *Races, Nationalités, États*, pp. 125 et 135.

atténuant un peu dans les deux sens, les prétentions que leur conciliation sera rendue possible.

Du côté des minorités, il faut savoir renoncer à la pleine souveraineté, pour elles, le plus souvent, pratiquement irréalisable et qui d'ailleurs leur offrira plus de satisfactions d'amour-propre que d'avantages réels ; il leur faut s'attacher surtout au développement de leur autonomie morale, intellectuelle, même quelquefois économique et administrative (1). D'un autre côté l'Etat, dans son intérêt même, fera souvent preuve d'habileté en cherchant à s'attacher les groupes minoritaires ; il créera ainsi ce sentiment de vouloir-vivre dans l'Etat chez le groupe qui lui était autrefois hostile. Il créera *une nationalité*, grâce à ces concessions, « dût-il acquérir leur confiance et leur affection par l'octroi d'une autonomie » (2).

Il est possible, grâce à des multiples combinaisons que nous offrent la décentralisation, l'autonomie locale, l'union fédérative à base d'égalité ou conclue sur un pied de subordination et enfin la confédération, de trouver pour les pays où les groupes s'entendent mal, une situation d'attente, susceptible non seulement de donner la paix, mais de former, dans la diversité ethnique, l'union nationale (3).

L'assimilation des minorités par la force, par l'oppression est pleine de périls et les résultats qui en découlent sont presque toujours contraires au but poursuivi.

(1) Louis Le Fur, loc. cit..
(2) Ibid.
(3) V. Le Fur, *Etat fédéral et Confédération d'Etats*, pp. 589 et suiv..

L'oppression des minorités nationales par l'Autriche-Hongrie a amené les minorités nationales de ce pays à se tourner vers la Serbie, la Roumanie, l'Italie, et a eu pour conséquence l'émancipation des Tchèques et des Slovaques. Elle a voulu plus tard recourir à la forme de l'union fédérale, à base d'égalité, pour y trouver la vraie solution aux questions minoritaires (1). En effet, le manifeste par lequel l'Empereur Charles Ier proclama, le 17 octobre 1918, l'Union Fédérale des Etats Danubiens était impuissant à réparer les injustices commises et à arrêter le mouvement d'émancipation des groupes nationaux de l'Autriche-Hongrie.

La force matérielle ne suffit pas indéfiniment à maintenir l'ordre quand elle se heurte en un sentiment collectif unanime et surexcité. Il faut une solution juridique et équitable.

Pour rendre possible l'unité nationale des Etats de l'Europe Centrale « qu'il ne suffit pas de décréter sur le papier » (2) et pour mettre fin aux graves difficultés ethniques et religieuses dans ce pays, une pareille solution s'impose nettement. Les bases mêmes les plus lâches d'un Etat décentralisé ou à forme fédérale, garanties des droits des minorités étant posées, les résultats s'en font sentir immédiatement, inévitablement : ce ne sera pas vers un affaiblissement que ces Etats évolueront, mais bien plutôt vers un affermissement des liens, voulus désormais, vers la substitution progressive d'un Etat unitaire à l'Etat fédératif ou largement décentralisé.

(1) Le Fur, *Races, Nationalités, Etats*, p. 144, op. cit..
(2) Le Fur, p. 141, op. cit..

CHAPITRE III

La solution du conflit entre les groupes ethniques, historiques ou nationaux et l'État, en Suisse, en Angleterre et la formation de l'unité nationale en France.

§ 1. — On a coutume dans les questions de nationalité de donner la Suisse en exemple — à juste titre si l'on considère les circonstances actuelles.

En Suisse, l'unité nationale — la volonté commune de tous les habitants d'être et de rester Suisses, malgré leur différence de langue, ethnique ou religieuse, est une réalité indiscutable. Sa constitution a tenu en équilibre des éléments en eux-mêmes si divers qu'elle peut servir d'exemple à la solution du problème qui nous occupe (1).

Mais il est à la fois instructif et encourageant pour l'avenir des autres États à nationalités nombreuses, de se rappeler que l'ordre idéal qui règne dans ce pays ne date guère que d'un siècle. Ce fut Napoléon qui, par décision souveraine, imposa en 1803 *l'Acte de médiation* qui donna au Tessin et au pays de Vaud le caractère de cantons indépendants, caractère qui, en 1815 fut étendu aux régions romandes du Valais, de Genève et de Neufchâtel. Ainsi se trouve fondée l'heureuse harmonie qui règne dans la République helvétique (2).

---

(1) *Rapport* de M. le Professeur P. Aeby, présenté à la Conférence de l'Union internationale des associations pour la Société des Nations à Prague, 4-8 juin 1922, pp. 24-25.

(2) V. Adelswaerd, *Les Droits de Minorités nationales*, p. 12.

Pourquoi en Suisse l'élément germanique — même lui — n'a-t-il pas le moindre désir de s'unir à l'Allemagne ? Parce qu'il est satisfait de la position qu'il occupe. N'y a-t-il pas là une leçon pour le monde entier et ne serait-il pas logique d'en conclure que de même les éléments germaniques dans les autres Etats pourraient suivre l'exemple des Suisses germaniques, si on leur accordait une position plus ou moins semblable à celle de ces derniers ?

C'est de cette façon que le danger du pangermanisme pourrait être évité. Car il ne faut pas oublier que sur le nombre global de 100 millions de Germains, il n'en existe pas moins de 40 millions en dehors de l'Allemagne. Il suffit de rendre les minorités germaniques contentes de leur sort, de leur donner la possibilité de se sentir chez elles dans les Etats auxquels elles appartiennent et la paix du monde sera assurée ; au contraire, provoquez leur mécontentement, tourmentez-les, opprimez-les et la guerre, dont le germanisme porte le germe, en naîtra à coup sûr.

§ 2. — L'Angleterre, après un grave échec à la fin du xviii⁰ siècle, a donné au monde l'exemple de cette modération et de ce respect des libertés locales qui constitue peut-être la plus grande sagesse politique (1).

§ 3. — Mais c'est en France surtout qu'il est intéressant de voir comment la Monarchie absolue a réussi à créer des différents groupes ethniques et historiques une nation, c'est-à-dire un corps politique qui ait le sentiment de son unité et de sa solidarité.

(1) Louis Le Fur, loc. cit..

La nation française n'a pas toujours existé, et cela était pour les rois de France un très difficile problème que de créer cette nation française qui aujourd'hui se révèle si solide et si forte.

La féodalité du Moyen-Age a été particulièrement favorable au séparatisme provincial. Elle s'appuyait fortement sur l'esprit particulariste des différents groupes : Flamands, Normands, Bretons, Gascons, etc., tous ces gens-là se disent et se sentent autre chose que des Français.

Par conséquent, le point de départ est une France bigarrée, où tout autour du roi s'agite une série de peuples, des groupes dissemblables. Or, après la reconstitution territoriale progressive de la France, la persistance de ce particularisme provincial, après l'annexion, peut non seulement causer des embarras administratifs mais de graves inconvénients politiques.

Alors, étant donné que la forme fédérale ne tentait pas beaucoup les rois de France — l'exemple qu'ils avaient sous les yeux d'une nation fédérale, le Saint Empire, n'était pas certainement un modèle d'organisation (1) — et si la forme unitaire leur a paru préférable, il était cependant bien impossible de supprimer brusquement toutes les institutions dans les provinces qui venaient d'être réunies à la Couronne. On ne peut imposer d'un jour à l'autre un notable changement sans laisser de temps pour l'assimilation. « On ne parlait pas autant qu'aujourd'hui du droit des peuples à disposer d'eux-

____

(1) V. le professeur Olivier MARTIN, *Cours de doctorat, Histoire du droit public français*, 1921-22, op. cit.

mêmes, mais les rois savaient quand même que l'assentiment cordial des populations était préférable » (1). Par conséquent, pour réaliser chez le peuple annexé cette tendance de cordialité affectueuse, il fallait donner à ces groupes historiques toutes les garanties conciliables avec l'existence d'un État centralisé.

Ces provinces aimaient leurs vieilles institutions ; le roi crut agir habilement en les respectant par une combinaison nécessaire entre la centralisation et le maintien des autonomies locales.

Il n'y a pas du tout de contradiction dans cette double attitude : tendance à la centralisation d'une part, et de l'autre, respect des coutumes des groupes annexés. Ce sont les suites d'une idée très profonde, très importante à savoir que *la question de décentralisation est une question de haute portée, qui met en jeu le point le plus grave de la politique.* La dualité administrative sous l'ancien régime qui distinguait deux types bien nets d'administrations : l'une décentralisée dans *les pays d'États* et l'autre centralisée dans *les pays d'élection* (2), ne peut s'expliquer que comme une solution transitoire du conflit entre les groupes ethniques, historiques et l'État en vue de former une nation, un sentiment solide d'unité nationale, tout en respectant le caractère ethnique ou historique de ces groupes, et au-dessus de leurs diversités.

(1) Olivier MARTIN, loc. cit.

(2) V. *Centralisation et décentralisation dans l'ancienne France*, Cours de doctorat (1921-22) du professeur Olivier MARTIN.

CHAPITRE IV

Les minorités nationales en Autriche-Hongrie. Les solutions apportées par le droit public autrichien-hongrois et les propositions socialistes.

Le pays où la question du conflit entre les minorités et l'État a été la plus agitée est incontestablement l'Autriche-Hongrie. Cette Europe en miniature devait servir de champ d'expériences pour aider la solution internationale du problème, lors de l'élaboration des traités qui ont mis fin à la grande guerre.

En effet le problème se posait, à peu de choses près, dans le droit international public d'après-guerre, de la même façon qu'il a été posé dans les nombreuses théories du droit public autrichien.

L'Autriche souffrait à l'extrême du mal qui la travailla jusqu'au bout, c'est-à-dire du mal des nationalités qu'elle était impuissante à guérir ; elle se composait au centre d'une partie allemande, habitée par des populations de race et de langue germaniques, et dans la périphérie de populations de toute autre origine : au nord les Slaves, au midi les populations slaves, roumaines et italiennes.

Les populations allemandes avaient longtemps exercé au milieu de cet amalgame leur hégémonie ; elles étaient placées au centre, excellent poste de domination ; elles avaient de très bonne heure conquis la place de la majorité et avaient habitué les autres populations à leur obéir. Pendant longtemps l'Autriche a été gouvernée par l'élément germanique et dans l'intérêt de cet élément. Tout son système gouvernemental s'identifiait avec l'hégémonie d'un groupe qui n'était plus qu'une minorité mais qui prétendait à la domination au nom de sa supériorité ethnique universelle. Ils se sont d'abord convaincus eux-mêmes de la supériorité de leur race sur les peuples inférieurs, promis par destination naturelle ou divine à la colonisation germanique. Si ces peuples avaient une culture propre, ils l'ont étouffée ou confisquée. Par leur système militaire, scolaire, administratif, ils ont subjugué ces peuples pour les attacher au char du germanisme ; « ils ont fait du Tchèque un contremaître, et du Croate un soldat, au service de leur Empire » (1).

Lorsqu'ils ont agrandi à l'échelle de l'univers ces doctrines de la supériorité ethnique, lorsqu'ils ont porté jusqu'aux limites de la planète l'arrogance de cette prétention, c'est alors seulement que le monde a été brusquement épouvanté. C'est à ce moment que la communauté internationale des peuples civilisés est intervenue enfin pour purger l'Europe centrale de l'usurpation séculaire de la race allemande (2).

Pour comprendre toute la complexité de ce problème, nous allons passer en revue d'abord les faits, puis les propositions socialistes et enfin, en examinant ces propositions par rapport au droit public international issu de la guerre de 1914, nous conclurons.

§ 1. — L'Autriche en Allemagne était la terre classique

<hr>

(1) Etienne FOURNOL. *Les problèmes politiques de l'Europe centrale,* Alcan, Paris, 1923, p. 81.

(2) Etienne FOURNOL., ouvrage cité, p. 80, op. cit.

de la Monarchie absolue ; l'Empereur concentrait en sa personne tous les pouvoirs et les exerçait seul. Cette omnipotence du prince avait été érigée en système par Metternich qui s'efforça même de le défendre ailleurs (1).

Tout ce qui existait en fait, c'était des corps administratifs, des diètes particulières, plus ou moins élues et qui étaient établies dans les diverses parties de l'Empire, dans les diverses parties composant l'Autriche, et qui se mêlaient aux affaire régionales locales. Mais ce qu'il ne faut pas oublier, c'est que cette décentralisation provinciale avait pour base une unité qui n'avait pas le caractère ethnique ou national mais historique ou politique ; cette dernière ne respectait pas le principe de l'autonomie nationale des groupes. En effet, c'était le fondement même du système autrichien érigé en doctrine : diviser les groupes nationaux pour régner.

« Ils ont divisé, mais à quel prix ont-ils régné ! » (2).

Longtemps ces pays historiques n'eurent d'autre lien que dans une fiction : l'État qui se confondait dans la personne du monarque.

Du jour où cet organisme irrégulier, entaché d'un vice juridique initial, fondé sur le seul fait de possession, en contradiction absolue avec un principe certain de droit, se vit menacé par le péril des nationalités, les monarques travaillèrent énergiquement à consolider l'idée unitaire. Ils employèrent l'engin d'unification leur paraissant le plus efficace : la langue allemande.

(1) Chavorin, *Droit constitutionnel*, cours de Doctorat, 1921-22, op. cit..
(2) Bertrand Auerbach, *Les races et les nationalités en Autriche-Hongrie*, p. 487. Alcan, Paris, 1917.

C'est d'abord Marie-Thérèse, puis Joseph II qui favorisèrent ainsi le germanisme sous prétexte de la raison d'Etat et de l'amour du progrès, mais leur entreprise se heurta aux plus sérieuses résistances.

§ 2. — En 1830 les nationalités entrent en lutte les unes contre le germanisme, les autres contre le magyarisme non moins oppresseur. La bataille se livre en effet — il ne faut pas l'oublier — sur deux théâtres séparés. Les Magyars, qui avaient repoussé avec horreur la contamination allemande, prétendaient imposer leur idiome comme langue organique de l'Etat hongrois. Ce fut l'effort de la Diète de 1832-1840 qui s'efforça de créer toute une législation où l'hégémonie hongroise s'affirma dans toute son intransigeance. Successivement, le Magyar devait prendre possession du gouvernement, du parlement, des tribunaux, de l'école, de l'église même et pénétrer même là où la population l'ignorait totalement, dans la vie communale. Or, rien ne légitimait sa suprématie, pas même l'excuse que le prestige et l'utilité ont donnée à la langue allemande (1).

§ 3. — La Révolution de 1848 avec son double caractère libéral et démocratique contre l'absolutisme, et nationaliste contre le régime allemand et magyar, porta un coup mortel à la conception unitaire, à l'idée autrichienne de l'Etat.

a) Dans les manifestations des nationalités à Lemberg, à Cracovie, à Milan, à Venise contre l'Autriche, dans les démonstrations des minorités nationales contre la Hon-

____

(1) Bertrand Auerbach, ouvrage cité, op. cit., p. 9.

gric (les Slovaques à Lipto, les Serbes à Carlowitz, les
Roumains à Blaj) et enfin dans le Congrès des minorités
slaves à Prague, au-dessus de toutes les divergences
d'idées, planait l'idéal d'une Autriche transformée, d'un
Etat fédéral où les nationalités jouiraient d'une complète
égalité de droits.

Dès lors, le conflit est ouvertement engagé entre les
deux doctrines : centralisme bureaucratique de tendances
et de traditions allemandes et fédéralisme ethnique représenté au Congrès slave de Prague et qui reçut son expression la plus pure dans les discours et les écrits de Palacky (1).

b) La Constitution élaborée à Kremsier en 1848 et con-
firmée en 1849 trouva un compromis entre les deux
thèses, en proclamant le droit inviolable de chacun des
groupes ethniques (peuplades, *Volkerstamme*) de préser-
ver et cultiver sa nationalité en général, sa langue en
particulier. L'égalité de tous les groupes ethniques et de
toutes les langues de l'Empire est garantie par l'Etat (2).
Ce droit suppose une organisation des minorités nationales ; or. rien de plus vague que le mot Volksstamm.
On avait éliminé à dessein le mot de nationalité (*Volk*)
pour bien marquer l'infériorité des groupes ethniques,
des peuplades par rapport à la majorité allemande, à la
nation allemande.

c) Or, même l'égalité de ces groupes ethniques inférieurs entre eux, est en contradiction flagrante avec la

(1) Cité par Fischel, *Das oesterreichische Sprachenrecht*, p. 5.
(2) Auerbach, p. 12.

Constitution hongroise de 1848, arrachée par Louis Kossuth au gouvernement autrichien et qui créa l'hégémonie magyare, annulant ainsi pour les autres nationalités englobées dans la Hongrie autonome les dispositions de la charte de Kremsier.

d) Heureusement la capitulation des révolutionnaires hongrois à Villagos (août 1849), saluée par les peuples sujets de Hongrie comme la fin d'une tyrannie détestée, et qui eut pour conséquence que la Transylvanie, la Voïvodina serbe, le Banat se détachèrent du royaume de Saint-Étienne, l'autonomie de la Croatie et l'abaissement de la Hongrie à la condition d'un « pays de la couronne »; la primauté de la langue magyare fut abolie et toutes les langues mises sur le pied d'égalité, c'est-à-dire subordonnée à l'allemand.

e) Cette subordination se traduisit d'ailleurs de la façon la plus franche dans le système auquel Bach a laissé son nom : système de réaction et de centralisation à outrance, la germanisation de l'école, de l'administration, de l'armée. Dans le cadre rigide que Bach avait façonné et que plus tard Schmerling devait reprendre, un État pouvait se constituer ou plutôt une bureaucratie, une armature, non une nation. Malgré tout il était préférable — pour les minorités nationales de Hongrie — à l'ancienne tyrannie magyare (1).

§ 4. — L'issue peu glorieuse de la guerre d'Italie contraignit l'Empereur François-Joseph à promettre un sort « aux individualités historico-politiques » par le diplôme

---

(1) Auerbach, p. 332, op. cit..

du 20 octobre 1860 et du même coup rétablit la langue hongroise dans sa prééminence officielle, sauf qu'il remettait aux communes le choix de l'idiome dans les affaires municipales, scolaires et ecclésiastiques et ordonnait que l'administration traitât les questions portées devant elle dans la langue où elle était saisie (1).

Mais en 1861 une patente fut promulguée où Schmerling prétendit rénover en le rendant plus solide et mieux armé le régime centraliste de Bach, et renforcer les attributions du Parlement d'Empire au détriment des diètes provinciales et en faveur de la majorité allemande.

§ 5. — En 1866 survenait le désastre de Sadowa ; les véritables et seuls vainqueurs furent les Hongrois qui par le compromis de 1867 obtenaient l'indépendance, sauf pour les affaires d'intérêt commun.

Dès lors les minorités eurent une histoire distincte dans chacun des deux pays.

§ 6. — En Hongrie, les Magyars étant maîtres de leur destinée et libres de leurs gestes, tout leur orgueil, méprisant les nationalités subordonnées, se donna carrière. Ce qui déconcerte au suprême degré, c'est que les mêmes hommes qui avaient repoussé avec une si noble ardeur les attentats de l'Autriche contre leur langue et leur nationalité, aient repris à leur compte le principe unitaire centraliste et travaillent à le réaliser « avec une rigueur que l'Autriche même ne déploya jamais » (2).

Cette centralisation, les Magyars le confessent comme

(1) Cité par AUERBACH, p. 333.
(2) AUERBACH, loc. cit..

une nécessité primordiale, comme la raison d'être de leur
Etat national, le terme de leur histoire. Pour justifier
leur hégémonie, ils invoquent les dogmes importés d'Allemagne : la lutte pour l'existence et le concept de la
sélection.

L'expression la plus forte en est la loi dite des nationalités du 6 décembre 1868 (1).

Une seule nation existe en Hongrie, la nation hongroise, une, indivisible ; la langue de cette nation, considérée comme unité ou corps politique, est le magyar
dont l'emploi est obligatoire à la Diète (sauf pour les
députés croates auxquels le compromis croato-hongrois,
la Nagoda de 1868 a donné ce droit exceptionnel de se
servir de leur langue nationale), dans les publications
gouvernementales et législatives, dans les universités et
en général partout où par les dispositions spéciales on ne
déroge pas au droit commun ; et, le droit commun, c'est
l'emploi obligatoire de la langue hongroise. Le ressort
des autres idiomes est minutieusement limité dans certaines affaires communales, religieuses, judiciaires et scolaires. Tout ce dispositif est savamment combiné pour
forcer l'entrée du magyar dans les milieux les plus réfrac-
taires (2).

Les protestations au nom du droit historique comme
du droit naturel ne se firent pas attendre. Le chef de l'in-

(1) V. BIDERMANN, *La loi hongroise sur les nationalités dans ses rapports
avec le passé et le présent de la Hongrie*, Rev. de Droit international et
de législation comparée, 1869, pp. 513-549 et 1870, pp. 20-37. V. aussi
EISENMANN, *Le compromis austro-hongrois*, pp. 549 et suiv..
(2) AUERBACH, loc. cit..

surrection serbe de 1848, le général Stratimirovitch s'écria : « Toute la loi est pénétrée d'un esprit dangereux pour l'avenir de la Patrie, esprit que je dois combattre comme citoyen, abstraction faite de mon point de vue exclusivement national : c'est l'esprit d'une centralisation opiniâtre. »

Malgré les protestations vigoureuses des minorités coalisées contre ces usurpations constantes, la loi de 1868, resta dans son ensemble à la base du droit public magyar jusqu'à la fin (1).

§ 7.— En Autriche le problème des minorités, qui allait dominer la politique même extérieure de l'Empire jusqu'à ses derniers jours, fut abordée par la Constitution impériale de 1867 dans son article 19, base du droit public autrichien.

Art. 19 : « Tous les peuples de l'Etat sont égaux en droits et chaque peuple a un droit inviolable à la protection et à la culture de sa langue et de sa nationalité. L'égalité de tous les idiomes usités de l'Empire pour les écoles, l'administration et la vie publique, est reconnue par l'Etat. Dans les pays où existent différentes nationalités, les établissements publics d'éducation doivent être organisés de manière que, sans être contraints d'apprendre une seconde langue, chacune de ces nationalités possède tous les moyens nécessaires d'être instruite dans sa langue. »

(1) V. sur le développement ultérieur de la question, Lucien BRUN, *Le problème des minorités devant le Droit international*, pp. 70-71, Thèse Grenoble, 1923.

L'idée directrice est très claire : c'est la déclaration des droits des groupes ethniques qui cessent ainsi d'être les minorités, parce que leur égalité juridique avec le groupe allemand est constitutionnellement garantie.

L'Autriche ne peut plus porter l'étiquette allemande ; exclue depuis Sadowa de la grande famille allemande, elle ne peut représenter qu'un germanisme « bâtard » (1) et elle ne saurait, parce qu'à demi-allemande et parce que catholique, régir le slavisme.

§ 8. — Or cet article 19 renferme en lui tant de contre-sens et de non-sens que, malgré le principe posé, il ne pouvait donner satisfaction aux légitimes revendications des minorités, pour la simple raison qu'il était inapplicable (2).

Les droits dont s'occupe cet article sont des droits nationaux, donc des droits collectifs. Mais ici se présente une objection juridique fondamentale : on veut donner des droits aux minorités nationales en tant que collectivités. Or pour que l'exercice de ces droits puisse être réclamé, il faut un sujet de droit. Rien n'indique dans l'article 19 que ces nationalités sont reconnues personnes de droit public. Juridiquement, elles n'existent pas et toutes les tentatives du législateur autrichien dans ce sens ont misérablement échoué. Les dispositions de l'article 19 supposent une organisation des minorités, une représentation officielle de ces minorités, autrement ce n'est qu'une proclamation de principes inapplicables faute de

(1) L'expression est de M. Auerbach.
(2) V. le subtil commentaire d'Eisenmann, pp. 515 et suiv..

sujet juridique pouvant réclamer, par la voie de ses mandataires dûment autorisés, l'exécution des dispositions de l'article 19 (1).

M. Karl Renner, en des termes semblables, reprochait aux législateurs autrichiens d'être tombés dans une contradiction : « Vous voulez donner des droits aux nations, disait-il. Commencez donc par créer les nations ! Juridiquement elles ne sont pas nées, même pas *nascituri...* » (2).

La difficulté du problème vient de ce qu'il y a à concilier le caractère personnel des droits reconnus aux minorités nationales, en tant que collectivités, avec « le territorialisme » inévitable de l'administration étatique (3).

Il est vrai que la Constitution de 1867 établit une décentralisation provinciale. Mais les unités administratives restent les mêmes, historico-politiques : les pays de la Couronne et les anciens Royaumes. Or, cette autonomie territoriale ne réalise pas l'autonomie nationale et la localisation des droits nationaux que réclamaient les Tchèques et Palacky en 1848. en demandant qu'on divisât les pays de la Couronne suivant le principe des nationalités, l'idée que le fédéraliste Popovici, sans son livre sur « les Etats-Unis de la grande Autriche », reprendra plus tard.

Plus encore, l'article 19, à la différence de la charte de Kremsier de 1848, parle, non pas des groupes ethniques,

(1) Nous verrons que cet article devait inspirer dans une large mesure la Conférence de la Paix et constitue la cause des contradictions que nous relèvrons dans les traités de 1919-20-23.

(2) Karl Renner, *Das Selbstdestimmungsrecht der Nationen*, cité par Duparc, p. 254.

(3) Duparc, op. cit. de Renner dans un article de *Arbeiter Zeitung*, Wien, du 22 février 1916.

mais des nations, des nationalités, donc des groupes qui en plus de leur caractère ethnique ont un sentiment, un désir d'unité. *Protéger une minorité nationale veut dire logiquement donner satisfaction à ce désir d'unité collective.* La seule solution qui s'impose, c'est l'autonomie, plus ou moins large, depuis la centralisation et l'autonomie locale jusqu'au fédéralisme à base d'égalité. Ainsi une unité administrative ou politique autonome serait en même temps une unité nationale.

La Constitution de 1867 en laissant subsister les anciennes unités administratives ne résolut pas la question des minorités nationales en Autriche.

§ 9. — Cependant on avait essayé par le système des matrices nationales introduit en Moravie en 1905 et en Bukovine en 1906, — donc dans les pays où les populations sont très mêlées — d'établir une distinction entre le territoire et la nation (1).

D'après ce système, la nationalité devient une qualité juridique du statut de l'individu, statut fixé par des matrices nationales d'après les déclarations expresses de l'individu.

Ainsi une nation dans son ensemble sera une personne morale du droit public, formée par les individus inscrits dans ces matrices, ayant une existence juridique propre. Une minorité nationale, dont les membres sont dispersés, retrouve ainsi son unité morale et aura une compétence exclusive dans toute la sphère de sa vie nationale (2).

(1) K. RENNER, *der Kampf der Oesterreichischen nationen*, p. 90.
(2) V. D'OPPENHEIMER, *Nationale Autonomie*, Berlin, 1920.

Etendons ce système à toute l'Autriche-Hongrie, tout en respectant les cadres des anciennes provinces, et nous aurons ainsi l'autonomie personnelle des minorités nationales.

Si cette autonomie est poussée jusqu'à ses limites les plus larges, nous aurons quelque chose comme une fédération d'Etats sans territoire propre à chacun d'eux, englobée dans un seul Etat qui lui seul aura un territoire. De cette façon, il y aura dans l'Autriche dix nations indépendantes sans territoire, mais avec dix matrices : italienne, allemande, tchèque, slovaque, polonaise, ruthène, slovène, roumaine, serbo-croate et magyare. L'Etat aura la compétence sur toutes les matières concernant le territoire. La nation sera indépendante de l'Etat dans la sphère de sa vie nationale.

Evidemment, la signification essentielle du concept de l'association réside dans la négation du territoire. Mais l'Etat et son administration sont enracinés au territoire. Ainsi une organisation nationale qui ne se rattache ni à l'Etat ni au territoire n'est qu'une pure fiction construite sur le vide, « repose en l'air » — comme dit Karl Renner (1).

§ 10. — Ce sont les socialistes autrichiens qui pour la première fois ont apprécié la nécessité d'une solution transactionnelle, qui, tout en respectant les droits fondamentaux de l'Etat, tend tout d'abord à localiser les droits nationaux, à assouplir ainsi l'administration de l'Etat et

____

(1) V. *Arbeiter Zeitung* du **22** février 1918.

ensuite à créer, à côté de l'administration de l'Etat des administrations nationales.

L'honneur de ce mouvement échut au Congrès de la sociale-démocratie autrichienne à Brünn, en 1899.

Le programme du Congrès déclare « que la sauvegarde et le développement de l'individualité nationale de tous les peuples autrichiens n'est possible qu'à condition d'égalité de droit et d'absence de toute oppression... »

a) L'Autriche devra être transformée en un Etat démo-cratique des nationalités.

b) Au lieu des territoires historiques de la Couronne devront être formés des *corps nationaux*, dotés d'un *self-government* et où la législation et l'administration devront être assumées par des chambres nationales élues par le suffrage universel direct et égal pour tous.

c) Toutes les régions autonomes appartenant à une même nation devront former une *fédération nationale* qui délibérera sur les affaires nationales d'une manière entièrement autonome.

d) Les droits des minorités nationales (celles auxquelles l'autonomie territoriale suivant le principe ethnique n'a pu donner une existence séparée à cause de la grande diversité des populations ; et cependant ces régions autonomes devaient être relativement petites pour suivre autant que possible la carte géographique des nationalités ; l'idée d'une fédération des régions autonomes d'une même nationalité laisse du moins supposer que cette pensée existait chez les rédacteurs de la proclamation) — les droits des minorités nationales seront garantis par une loi spéciale qui devra être élaborée par le Parlement de l'Empire, Reichsrath (1).

Donc, ici, le système de l'autonomie personnelle est admis mais il ne s'exerce pas dans le vide ; on lui a donné une base solide : le territoire national. Ce cercle homogène en tant qu'unité politique et territoriale relève directement de l'Etat. C'est-à-dire que les organes de cette unité politique exercent les attributions politiques au nom du pouvoir central souverain.

En tant qu'unité nationale, ce cercle est autonome mais il est rattaché à l'Etat en ce sens qu'il participe à la formation de la volonté souveraine. Il y a là pour cette collectivité autonome une garantie constitutionnelle et la plus forte possible parce que l'on ne se défend jamais mieux que par soi-même. Leur droit est le même en théorie que celui du citoyen d'une libre démocratie. Il est infiniment plus grand en réalité, parce que cette unité ne vient pas toute seule défendre ses droits. En tant que collectivité nationale, elle fait partie d'une vaste union unique qui représente toute la nation dans son ensemble et qui prend part au gouvernement du Reich en collaboration avec d'autres unions nationales.

L'Etat ainsi composé de nations est un Etat « surnational » suivant l'expression de M. Renner. « Il est formé du faisceau des diverses unions nationales. C'est une *Société des Nations (Volkerbund)* » (2).

(1) Cité par Marc Vicuniac, *Les droits des minorités dans l'idéologie du socialisme*, pp. 15-22, dans *La protection des droits des minorités*.

(2) Renner, loc. cit.. Sur toute cette partie voir l'intéressant exposé de Duranc, thèse citée, *Les difficultés du problème*, pp. 43-53.

§ 11. — Le Congrès de Brünn a tendu donc à résoudre le problème des minorités du Reich. Il prévoit même, dans son quatrième point, une solution pour les minorités auxquelles l'autonomie territoriale ne pouvait donner une existence séparée, les minorités qui sont englobées dans le cercle d'une unité nationale dont la majorité dominante sur cette partie du territoire est de nationalité différente de celle des populations minoritaires.

Pour résoudre le problème dans ce cercle hétérogène, où les populations de diverses nationalités sont mêlées à la nationalité majoritaire, le Congrès de Brünn dit expressément que la protection de ces sous-minorités incombe non pas — et cela est très significatif — aux unions nationales qui représentent les nationalités respectives de ces sous-minorités, mais au gouvernement central, à l'Etat « surnational » ; agent conciliateur par excellence, par sa définition même au-dessus de toutes les diversités nationales, il sera le mieux placé pour intervenir à titre de juge suprême et impartial en vue de sanctionner l'application des principes *de ce droit public international à l'intérieur de l'Etat* — suivant l'expression de Jellinek — dont il est le gardien.

Mais il ne s'agit pas seulement de limiter les droits du pouvoir local, de garantir le développement culturel des sous-minorités nationales du cercle contre toute entrave que la majorité du cercle pourrait dresser devant elles ; il s'agit de donner certains droits à ces minorités en tant que collectivités. Or, pour que ces droits ne restent pas sans sujets, il faut organiser les minorités.

« En ce sens, nous répétons les paroles du professeur

de Lapradelle (1), la protection des minorités n'est pas seulement procuratrice de résultats négatifs, elle est créatrice de conséquences positives... Il s'agit de protéger un groupement d'hommes qui n'est plus de la majorité mais qui mérite de participer à l'exercice de la souveraineté... Il faut que la protection soit globale. »

Pour atteindre ce but, Otto Bauer, le leader actuel de la sociale-démocratie autrichienne, en conclusion de son vaste travail sur « la Question nationale et la Sociale-démocratie » (2) propose, en adoptant le principe de l'autonomie personnelle détachée du territoire, que les minorités nationales à l'intérieur de chaque territoire autonome puissent être constituées en corps juridiquement reconnus, s'occupant de façon autonome de l'école de la minorité nationale et prêtant aide à leurs nationaux devant l'administration et les tribunaux.

Au contraire, Karl Renner, en se servant d'un exemple d'organisation existant en Moravie, la commune cultuelle juive, cherche une unité territoriale pour servir de base à l'autonomie personnelle des minorités du cercle ; il préconise le même système que celui proposé à Brünn pour les nationalités du Reich.

Pour ce cette autonomie ne soit pas construite sur le vide, il descend jusqu'à la cellule de la vie sociale, jusqu'à la commune. Il propose donc une autonomie minoritaire communale. Si dans la commune même vit une population mixte, il crée ou plutôt il ressuscite la formule de la double commune que nous avons aperçue déjà en

(1) Cours de doctorat de Droit international public, 1919-1920.
(2) *Nationalitätenfrage und Sozialdemokratie*, p. 462.

parlant des Juifs en Pologne, en Alsace, en Allemagne
et en France où la commune juive fonctionna pendant
des siècles à côté de la municipalité chrétienne dans une
même ville (1).

§ 12. — Mais le système de ce temps, il est vrai, ne sup-
posa pas l'égalité que les Allemands de Tchéco-Slovaquie
et les Juifs de Pologne réclamèrent à la Conférence de la
Paix de Paris.

a) M. Renner demanda dans les contre-propositions du
10 juillet 1919 de la Délégation autrichienne, que les
cantons allemands autonomes puissent constituer une
corporation appelée à représenter collectivement toute la
minorité allemande de Tchéco-Slovaquie dans toutes les
questions ayant trait à leurs intérêts nationaux (2).

b) M. Max Rosenfeld (3) en rajeunissant l'ancienne
organisation des communes juives, *Kahal* et *Waad*, dont
nous avons déjà parlé, demande pour les Israélites polonais l'autonomie communale, avec représentation propre
et droit de percevoir l'impôt, ensuite l'union de toutes les
communes d'un canton en un organe supérieur de cercle
et enfin la Chambre nationale, représentant la commune
juive de Pologne et son organe exécutif, le Conseil national juif.

Ainsi, tous les Juifs de Pologne, inscrits dans les listes
communales et groupés dans une matrice nationale juive,
base de leurs statuts particuliers, forment une minorité
reconnue corps du droit public.

(1) Cité par DUPARC, p. 50.
(2) Cité par DUPARC, p. 51.
(3) V. *Die Polonische Judenfrage*, pp. 224, 225, 228.

§ 13. — Pour conclure, nous avons essayé de montrer en Autriche et en Hongrie deux mécanismes de même complexion, minés par le même mal, rongés par des nationalités hostiles. Toutes deux, elles ont tenté de fonder une nation « sur des cadavres des nationalités diverses qu'il leur faudrait tuer d'abord » (1).

Ni l'Autriche, ni la Hongrie n'ont mesuré l'impuissance et la vanité de leur gouvernement bureaucratique et policier ; elles n'ont pas eu le sens de la mission qui les sollicitait et qui, en les transformant, eût assuré leur fortune et leur durée. Il leur appartenait d'instaurer des associations de groupes ethniques volontairement unis et de créer à ces sociétés encore indécises une patrie fédérale commune, où le peuple se serait développé, aurait vécu, sinon dans une idyllique fraternité, du moins dans une cohabitation paisible (2) : la lutte de peuples ennemis campés en face les uns des autres et sans liens entre eux, cette lutte qui avait pénétré la vie quotidienne, jusque dans les villages, aurait cessé ; ils auraient pris une commune conscience de leurs intérêts et une certaine solidarité morale, sans rien sacrifier de leur originalité ou de leurs traditions.

Une fois encore l'union des travailleurs, s'élevant par un effort admirable au-dessus de toutes les diversités nationales, trouva la formule de la Paix. Il était trop tard lorsque Vienne et Budapest se sont aperçues — enfin — de la grande vérité qu'elle contenait.

(1) AUERBACH, p. 487, V. *Conclusion.*
(2) AUERBACH, loc. cit . V. *Conclusion.*

CHAPITRE V

Les nationalités et les minorités nationales en Russie et le droit public soviétique.

C'est dans un autre monde que l'expérience a été entreprise par des hommes d'Etat d'un style particulier. Je fais allusion à la Fédération des Républiques socialistes soviétiques.

Dans un article sur la *Fédération soviétique*, M. Pilenco, ancien professeur de l'Université de Pétrograd, donne un aperçu analytique du problème des nationalités en Russie (1) et les solutions constitutionnelles soviétiques résultant du décret du 3/10 novembre 1917, de la Constitution soviétique du 10 juillet 1918 et du traité du 30 décembre 1922, concernant l'organisation du Congrès des Républiques socialistes soviétiques.

§ 1. — Le communisme, internationaliste par son essence, est opposé à l'idée de nationalité, non pas telle que nous l'attendons et que nous l'avons définie, mais en tant qu'elle est appliquée le plus souvent en fait, en tant qu'elle résume les aspirations exclusives et égoïstes propres à un groupe, à une unité irréductible, souveraine et fermée. L'idée « nationaliste » — c'est le nom que nous donnons à ce second aspect de la théorie des nationalités — est un obstacle à l'internationalisme. Ils veulent

(1) Article extrait de la Revue du droit international public de 1923.

le combattre, ou plutôt le concilier avec le cosmopolitisme nécessaire à l'évolution mondiale qui doit aboutir à un super-État, englobant l'ensemble de l'humanité.

Or l'idée nationaliste est un fait d'une force de résistance prodigieuse. Employer la force pour combattre les nationalités qui s'opposent à cette unification, est un moyen peu sûr, contraire à l'idée du progrès et donnant des résultats entièrement opposés au but poursuivi. « La bourgeoisie avait recours à des guerres coloniales et à la destruction violente des minorités nationales » (1). Cette tactique répréhensible a provoqué par réaction naturelle, une révolte de ceux qui ne voulaient pas se soumettre docilement à la poussée unificatrice des États capitalistes. « Tous les États polynationaux et coloniaux ont donc eu à combattre les minorités dès qu'elles devenaient agissantes. Certains de ces pays (l'Autriche, la Russie) ont été vaincus par les minorités nationales coalisées ; ils se sont complètement désagrégés », dit le rapport de Djougachvili Staline (un minoritaire) au dernier Congrès du parti communiste russe en avril 1923.

Le communisme, dans son œuvre d'assimilation, est obligé de combattre l'idée nationale. « Mais cette nouvelle lutte contre les nationalités, déclare Staline, se fera par des moyens entièrement nouveaux ne ressemblant guère à ceux qui sont employés par la bourgeoisie. »

Le communisme ne prétend pas supprimer brusquement le sentiment national ; celui-ci constitue une des manifestations naturelles de l'égoïsme humain et en

---

(1) Rapport de STALINE, Commission des nationalités de l'Union des République russes, cité par le professeur PILENCO, p. 3.

même temps il porte en lui la preuve que cet égoïsme peut s'exercer (l'idée chère à Platon) sur un domaine dépassant les bornes individuelles, même dépassant le cercle étroit de la famille ; il peut naître, abstraction faite de toutes affinités ethniques, d'origines historiques ou .le langues, par la seule puissance de l'intérêt ; personne ne peut nier l'influence de l'élément réaliste dans la formation du sentiment national. Or il faut que ce sentiment s'exerce sur un champ plus vaste que celui qu'offrent les groupes ethniques de la Russie. « Pour cela, l'Etat prolétaire doit fusionner les minorités nationales et créer un Etat fédéral, fondé sur le libre consentement de tous les participants » (1).

Ainsi sera créé ce point de contact où viendront converger les sentiments nationaux des groupes.

Pour que cette solidarité des groupes soit rendue consciente, le communisme va s'appuyer sur une classe sociale, celle des ouvriers et des paysans de toutes les Russies. Il va lier à l'intérêt de cette classe l'existence même du pouvoir central.

Dans ce sens leur méthode peut-être n'est pas mauvaise, car incontestablement l'union des travailleurs va faciliter, dans une large mesure le travail d'unification nationale entrepris par le communisme. Peut-être, est-ce la méthode la plus rapide possible pour arriver à fondre les groupes historiques en une collectivité vaste et aboutir ainsi à s'approcher de plus en plus de l'idéal que constitue le super-Etat international.

(1) Rapport de STALINE, cité par PILENCO, p. 3.

Mais en tout cas ils partent d'une conception étroite et qui n'est certainement pas une idée, un produit de notre civilisation : c'est-à-dire de la lutte des classes. Ce dogme, en contradiction formelle avec les bases que le christianisme a données à notre civilisation et sur lesquelles, qu'on le veuille ou qu'on ne le veuille pas, ce monde repose encore aujourd'hui, est sorti du plus profond mouvement de la pensée antique juive. Nous avons vu que le christianisme lui a emprunté de nombreuses idées, mais sur ce point il y a une séparation fondamentale, séparation caractérisée dans les doctrines du Christ, puis accentuée par les peuples d'Europe.

S'appuyer sur la lutte des classes, s'aider du fameux principe de la dictature du prolétariat, pour réaliser l'union des nationalités, pour abattre l'antagonisme entre les majorités et les minorités nationales, c'est peut-être résoudre le conflit entre les collectivités politiques et territoriales ; (ces dernières au moins ont pu, par un travail dur au-delà de toute imagination, à travers des luttes sanglantes, réaliser dans le principe des nationalités l'union des classes) ; mais c'est en tout cas supprimer un mal qui peut-être n'est que passager — l'union de l'humanité est une nécessité indispensable non seulement au prolétariat, mais, nous osons l'affirmer, à tout le monde. Et c'est sur toutes les classes de la société qu'il faut s'appuyer pour réaliser cette union. C'est seulement dans l'égalité des classes unies — et ce n'est que sous cette condition — qu'il faut réaliser l'égalité des nations unies. Autrement, supprimer les égalités nationales par la dictature du prolétariat, c'est accentuer encore les dissensions déjà existantes entre les couches sociales, c'est transporter la lutte sur un autre terrain, peut-être encore plus dangereux et plus coûteux pour l'humanité. Abattre les barrières nationales entre les groupes pour mettre à la place les barrières économiques autrement infranchissables, entre les classes, entre les gens qui vivent les uns à côté des autres, cela ne vaut pas la peine. Ce n'est pas donner une solution du problème éternel des rapports mutuels entre la domination et la sujétion — rapports que nous examinons ici — que de supprimer l'inégalité entre la majorité et la minorité nationales pour lui substituer une autre inégalité, celle entre la majorité qui possède la domination économique et politique de la société et la minorité qui la subit.

Évidemment le but final du communisme est la suppression de toute inégalité, de toute domination nationale ou de classe : la doctrine socialiste est égalitaire par son essence même. Mais nous ne croyons pas que les moyens que nous offre la période transitoire du communisme, entraînant nécessairement avec elle la dictature du prolétariat, la majorité économique dominante, sont les seuls par lesquels on peut arriver à ce but. Il y en a d'autres moins coûteux et peut-être plus sûrs.

§ 2. — Donc l'idée des Soviets était de réaliser l'unité nationale par le principe fédératif à base d'égalité, par une décentralisation, au sens le plus large de ce mot, dans tous les domaines de la vie nationale.

Or, et c'est ce qu'il ne faut pas perdre de vue, ce mécanisme repose tout entier, et de tout son poids, sur une union étroite des travailleurs qui nécessairement doivent se tenir solidement les mains par-dessus les frontières des États fédérés. Plus encore : le communisme, système économique, suppose inévitablement l'établissement d'une production universelle sur les bases d'un contrôle central chargé de la réglementer et de répartir les richesses dans les moindres détails.

Ces deux directions données à l'action prolétarienne par les chefs du mouvement communiste sont si entiè-rement contradictoires qu'il est impossible de les conci-lier dans un plan d'ensemble. Et en effet, c'est ce qui s'est passé.

§ 3. — Exécutant la volonté du 1ᵉʳ et du 2ᵉ Congrès des Soviets qui proclament le droit pour les peuples de Russie de disposer d'eux-mêmes, le Conseil des Commissaires du peuple a résolu par un décret du 3/16 novembre 1917 (1) de se guider dans la question des nationalités sur les prin-cipes suivants : 1° égalité et souveraineté des peuples de Russie ; 2° droit des peuples de Russie à disposer d'eux-mêmes jusqu'à séparation et constitution d'un État indé-pendant ; 3° suppression de tous privilèges et limitations de caractère national ou religieux ; 4° le libre développe-ment des minorités nationales et groupes ethnographiques habitant les territoires russes (2).

Disons tout de suite que ces quatre points ne valent que s'ils ne sont pas en contradiction avec le système de la dictature communiste, avec la centralisation vigoureuse qui en est la conséquence logique.

(1) Paru dans la *Pravda*, novembre 1917. Comparez ce décret avec les résolutions du Congrès de la social-démocratie autrichienne à Brünn, 1899.

(2) Cité par PILENCO, p. 4.

Donc l'égalité des nations, à l'exception de la situation privilégiée du noyau moscovite de la Russie soviétique proprement dite, sous la tutelle du pouvoir central, a été réalisée par les Soviets. En effet, ils ont supprimé les anciens privilèges et toutes les limitations pour cause de nationalité ou de religion (1). C'est un progrès que les dirigeants, empreints d'un véritable internationalisme ne pouvaient pas logiquement ne pas faire. Ils ont combattu, avec beaucoup de sincérité, le chauvinisme local qui se développe chez les groupes nationaux et qui les pousse à opprimer les sous-minorités se trouvant sur leur territoire respectif. L'institution d'un pouvoir central a été une garantie précieuse pour la défense de ces minorités.

La liberté des groupes nationaux et ethnographiques doit être entendue dans le sens communiste, c'est-à-dire que ce terme contient le moins d'exagération possible.

Quant à la souveraineté des peuples et le droit de séces sion ils sont restés des postulats théoriques que les nécessités organiques du mécanisme communiste ont rendu irréalisables

§ 4. — Et en effet, la Constitution soviétique du 10 juillet 1918, élaborée par le 3ᵉ Congrès panrusse des Soviets et qui établit les bases fondamentales de la fédération soviétique, en réservant aux ouvriers et aux paysans de chaque nation de décider s'ils veulent participer au gouvernement fédéral et aux institutions fédérales russes et dans quelles conditions (art. 8, cité par le professeur Pilinco) ne parle pas de souveraineté ni de libre séces-

(1) Pilenco, op. cit., p. 4.

sion. Les dirigeants de Moscou aperçoivent clairement l'incompatibilité d'une large décentralisation avec la possibilité de vie d'un État communiste.

A. D'abord ils vont combattre comme les impérialistes les plus décidés toutes les tentatives de sécession non communistes. Exemple : 1° la République indépendante de Géorgie dirigée par des socialistes minoritaires (Menchéviks), après le coup d'État des communistes de Tiflis est incorporée, le 21 mai 1921, à la fédération soviétique. De même : 2° l'Ukraine qui, indépendante en 1917, jouissant d'une autonomie complète, octroyée par le gouvernement provisoire, formula, la première, le nouveau principe d'organisation nationale de la Russie en reconnaissant — dans un manifeste de la Rada — « l'autonomie nationale personnelle et la liberté de self-gouvernement local dans les limites de leur vie nationale à tous les peuples russes, juifs, polonais et autres » (1). Cette même Ukraine perdit son indépendance, après la retraite des armées allemandes, par « un traité d'alliance » du 28 décembre 1920 (2).

B. Les Bolchevicks ne cédèrent que lorsqu'ils furent forcés de signer les traités de paix avec les républiques indépendantes de l'Esthonie, de Lithuanie et d'Ethonie, de Finlande en 1920 et de la Pologne en 1921 qui restent en dehors de la fédération soviétique. Cependant, dans ces traités les Russes n'oublièrent point d'insérer les

(1) *Universal* du 20 novembre 1917 et la loi du 9 janvier 1918, cité par VICHNIAC, p. 22.

(2) Cité par PILENCO, p. 6.

clauses concernant la protection réciproque des minorités (1).

C. Tout le reste de l'ancien Empire, abstraction faite du cercle moscovite, a été divisé, suivant la carte ethnographique, en régions « dont la population se distingue par sa façon de vivre et sa composition nationale » (art. 11 de la Constitution de 1918) et soumis aux trois régimes différents :

1° *Les Républiques fédérées et alliées* ont la plus large autonomie dans le sein des Soviets. Cependant quoiqu'elles relèvent du droit international, puisque leur statut est déterminé par les traités d'alliance qu'elles ont conclus avec la Russie soviétique proprement dite, elles ont abdiqué par ces traités même, en faveur du pouvoir central les éléments les plus essentiels de leur vie indépendante : l'armée et la marine, l'économie nationale, les finances, le commerce extérieur et les moyens de communication (2).

2° *Les Républiques autonomes* plus ou moins décentralisées relèvent certainement du droit constitutionnel et n'ont pas le caractère d'États, puisqu'elles sont constituées par décrets, que le pouvoir central, qui les a promulgués, peut aussi bien modifier librement. « Ces Républiques ne méritent que le nom d'agglomérations ethniques soumises à un régime d'autonomie locale » (3).

---

(1) V. plus loin, 5e partie, chapitre II, les traités de minorités de 1919-1920 et l'extension de la protection internationale des minorités depuis ces traités.

(2) PILENCO, op. cit., p. 8.

(3) PILENCO, op. cit., p. 11.

3° Enfin *les régions autonomes* qui, au point de vue constitutionnel, ne forment qu'un procédé administratif, permettant de réunir sous une autorité spéciale les ressortissants d'une même nationalité (1). Exemple : les colonies allemandes de Volga.

§ 5. — Les Républiques autonomes et les sous-minorités nationales n'ayant aucune existence autonome, envoient — et cela est très important — chacune une délégation nationale auprès du *Commissariat des nationalités*, organe central qui s'occupe de toutes les minorités se trouvant sur le territoire de la fédération, à l'exception des Républiques fédérées, réputées indépendantes (2).

Ce Commissariat, avec le concours mal défini d'un Bureau et d'un Conseil des nationalités (ce dernier est formé par les présidents des délégations nationales et présidé par le commissaire général), est chargé : 1° d'élaborer les mesures propres à assurer la coexistence fraternelle des nationalités ; 2° de garantir les droits et les intérêts des minorités, de régler les différends provoqués par la coexistence de diverses nationalités ou sous-minorités sur le même territoire (3).

Ce sont des dispositions du décret du 19 mai 1920. Nous avons là une représentation des nationalités et des minorités, puis un organe central protecteur, conciliateur, législateur et juge dans toutes les questions nationales et minoritaires.

(1) PILENCO, loc. cit..
(2) Cité par PILENCO, pp. 12 et 14.
(3) Ibid.

Puis viennent les mesures de centralisation progressive et systématique, centralisation que nous remarquons dans tous les domaines de la vie soviétique en général et en ce qui concerne les questions nationales en particulier.

Par plusieurs décrets, successivement on transforme les délégués nationaux en employés du commissariat, nommés par le pouvoir central et totalement soumis à ses instructions ; on institue des représentants du commissariat des nationalités auprès des soviets locaux des nationalités pour surveiller les décisions de ces assemblées qui vont à l'encontre de la politique du pouvoir fédéral central (1) ; enfin on achève la centralisation des questions nationales par décret du 21 avril 1921 qui, en transférant au pouvoir central le droit de légiférer sur des questions qui touchent non plus plusieurs nationalités mais chacune des nationalités prises individuellement, crée « une base juridique pour ingérence radicale de Moscou dans les affaires nationales (2).

§ 6. — Enfin le dernier acte, pour achever l'unification du territoire russe est le traité conclu entre le pouvoir central et les républiques fédérées réputées indépendantes, le 30 décembre 1922 (3).

Bien qu'à la base des rapports entre ces Républiques et la République soviétique proprement dite il y ait un pacte, un traité, ce n'est pas une confédération d'Etats, une libre association contractuelle ; il n'y a qu'un seul

---

(1) Art. 1, 3, 4 et 5 du décret du 19 mai 1920, cité par Pilenco, p. 12.

(2) V. Pilenco, op. cit., p. 13.

(3) Lire le pacte fédéral constituant les bases de la Fédération des Républiques socialistes soviétiques, traduit intégralement par Pilenco, pp. 15-19.

Etat qui sous la forme d'un traité impose une constitution aux différentes parties de Russie. C'est un Etat fédéral puissamment centralisé, non pas à base d'égalité mais à collaboration hiérarchisée, au profit de la Russie soviétique proprement dite. Les Républiques ne sont que des parties faiblement décentralisées d'un seul Etat, à compétence strictement limitée, rappelant beaucoup les *Zemstvos* de l'ancienne Russie ; il n'a de fédération que le nom et sa compétence est plus large que celle du Reich actuel allemand (1), s'approchant sensiblement de celle du pouvoir central de la Russie tsariste.

§ 7. — En résumé, quoique nous nous gardions de conclure d'une manière définitive sur une solution telle qu'une révolution, dans sa période nécessairement transitoire et non encore achevée, a apportée aux problèmes nationaux et minoritaires — vu la direction générale prise par le mouvement révolutionnaire — nous pouvons constater, toutes réserves faites, que : 1° l'organe central, empreint d'un caractère nettement internationaliste, a combattu, parce qu'internationaliste, le chauvinisme local qui anime les minorités englobées dans les cercles des régions nationales et en même temps il a donné, par une institution appropriée (à laquelle on peut cependant faire le reproche d'avoir exclu de son sein les intéressés) une protection efficace et énergique au droit de ces minorités ; 2° quant à la solution fédéraliste du problème des nationalités de toutes les Russies, disons tout de suite que sous le régime communiste il reste ouvert, parce que

(1) Pilenco, loc. cit..

le fédéralisme est inconciliable avec les bases du système communiste qui exige pour combattre et même pour vivre normalement une centralisation jamais inégalée.

Pour cela, malgré les propositions de Staline ayant pour but la création d'un Sénat fédéral dans lequel chaque nation serait représentée par un nombre égal de délégués — proposition tendant à étouffer certains mécontentements des minorités nationales (1), même dans le cas où ce projet aboutirait — la question nationale en Russie ne pourra pas être résolue par le fédéralisme ; parce que le communisme, de par son essence même, ne peut aboutir à mettre en harmonie les nécessités décentralisatrices qu'exige la solution de ce problème avec le centralisme à outrance indispensable à la vie même du système communiste.

(1) Cité par PILENCO, p. 16.

CHAPITRE VI

Les Minorités et les Etats issus de la Conférence de Paris, envisagés comme problème actuel du droit public interne et les solutions constitutionnelles de l'Etat Serbe-Croate-Slovène, Tchéco-Slovaque et Polonais.

I. — *Exposé théorique.*

Les centralistes autrichiens d'abord, les majorités des nouveaux Etats issus de la Conférence de la Paix ensuite, n'ont pas manqué de signaler le danger d'une organisation des minorités en collectivités, reconnues personnes du droit public interne ou international. Ils se refusent de voir dans ces minorités autre chose que des groupes ethniques, religieux ou de langue. Envisageant le problème sous cet angle, ils veulent le ramener à une protection individuelle des membes de ces minorités, à laquelle ils souscrivent volontiers. Ils ne songent pas à contester le droit pour l'individu de conserver son individualité propre, compatible avec l'existence d'un Etat unitaire. Ils veulent aussi donner à ces individualités ethniques, religieuses ou linguistiques certains droits collectifs, certaines institutions scolaires, religieuses ou cultuelles, en vue du maintien de ce caractère distinctif, en tant que ce maintien n'est pas contraire à l'assimilation.

L'assimilation, tel est le but de l'Etat. Il se justifie

pleinement. Pour nous, le principe d'association que constitue le principe de l'Etat est supérieur à tout autre principe d'association — réserve faite de la Société internationale. L'Etat se présente historiquement comme la forme de groupement international essentiel ; il en résulte qu'il a acquis une vitalité, une puissance matérielle et morale inégalée. Il reste à l'heure actuelle la forme normale la plus perfectionnée d'une collectivité (1).

Pour cette raison, et à la différence de l'article 19 de la Constitution autrichienne, nous le verrons, les traités des minorités ont évité le mot de minorités nationales pour ne pas opposer le principe des nationalités au principe de l'Etat. Nous verrons que la Constitution tchécoslovaque et polonaise ne l'ont pas évité, d'où les contradictions.

§ 1. — L'idée dominante se dégageant de l'analyse juridique de ces traités est celle-ci : la communauté internationale n'entend nullement protéger les minorités en tant que nationales, dresser le principe des nationalités contre l'Etat. Ce qu'elle veut, c'est garantir la langue, la religion, la race des individus minoritaires contre l'oppression de l'Etat, parce que l'Etat a une tendance naturelle à confondre ses intérêts avec ceux de la majorité, du groupe historique ou ethnique dominant. Protéger ces minorités, ce n'est pas pour la communauté internationale défendre les nationalités minoritaires, mais au contraire garantir l'Etat contre cette tendance, nationa-

---

(1) V. Le Fur, *Races, Nationalité, Etats*, op. cit., dans le chapitre III, *La théorie de l'Etat*.

liste, de se confondre avec un groupe exclusif, comme jadis il s'est confondu avec le Prince, d'oublier que son véritable rôle dans la Société internationale est celui d'un organisme « administratif » destiné à permettre, faciliter et étendre progressivement les relations entre les individus et les groupes composant le communauté internationale, entre eux et avec l'extérieur (1). Ainsi l'Etat devient un élément de coordination, de pondération que nécessite sa composition hétérogène.

§ 2. — La deuxième idée dominante des traités de minorités, c'est protéger l'Etat contre les tendances séparatistes des minorités. Pour cette raison, la communauté internationale n'a pas voulu donner sa haute protection à ce facteur de résistance — à son avis — et de dissociation, qui, le plus souvent, derrière la langue, la race, la relgion apparaît comme un élément de synthèse, à la nationalité de cette minorité, à ce sentiment qui donne à une minorité l'unité morale, et qui l'oppose au reste de la population de l'Etat.

Protéger une minorité nationale, à son avis, c'est protéger ce sentiment d'unité, c'est dresser une barrière entre l'Etat et ces groupes étrangers par le sentiment, c'est le plus souvent entretenir un lien entre ce groupe et un Etat voisin, presque toujours un ennemi. Alors, pour n'être pas en contradiction avec lui-même, un traité qui veut protéger une minorité nationale n'a que trois solutions rationnelles : a) rattacher cette minorité à l'Etat voisin de même nationalité, b) rendre cette minorité in-

---

(1) V. G. SCELLE, *Essai de systématique du Droit international*, pp. 5-6.

dépendante par l'application stricte du principe des nationalités et *c*) lui donner une existence autonome dans le
cadre d'un Etat puissamment décentralisé ou fédéral.
Mais en tout cas cela signifie : organiser cette minorité.

Or, les traités de 1919-1920 sont logiques avec euxmêmes — en partie seulement — ; ils ne veulent pas protéger une minorité nationale, donc ils ne l'organisent
pas. Dans la pensée des rédacteurs de ces traités, il y
aurait là un obstacle à l'assimilation. Etrangère par le
sentiment, une minorité le sera encore plus par son organisation même, dans le cas d'autonomie. Et elle serait un
Etat dans l'Etat. « *Imperium in imperio* », telle est l'objection que les centralistes opposent aux revendications
minoritaires.

A notre avis elle se trouve le mieux condensée dans un
article du professeur Blociszewski (1) qui en parlant de
l'article 109 de la Constitution polonaise dit que le principe de protection des minorités en tant que collectivités
distinctes de l'Etat constituent une erreur « parce qu'il
tend à créer des Etats dans l'Etat, parce que loin d'assurer
à ceux qui en bénéficient l'égalité avec les autres citoyens,
il tend à en faire une caste privilégiée qui se cristallisera
dans une Société donnée, au lieu de chercher à fusionner
avec elle. Les minorités, ainsi constituées en corps autonomes, sont des éléments de désorganisation nationale,
de désagrégation de l'Etat. »

« Ce principe est un danger parce qu'il encourage les

___

(1) V. *La Constitution polonaise du 7 mars 1921*, article paru dans la
Revue des Sciences politiques de janvier-mars 1922, p. 54.

bénéficiaires à réclamer tous les avantages dont jouissent les autres citoyens, sans rien donner en échange à l'Etat qui les concède, sans lui donner, en particulier, cet attachement loyal sur lequel il est en droit de compter. »

« C'est un danger, parce que protégées par des traités internationaux, les minorités profiteront de la première occasion pour susciter des difficultés à l'Etat. Au lieu de porter leurs plaintes éventuelles devant les autorités locales, elles ne manqueront pas de les déférer à l'autorité étrangère, instituée à cet effet, par les traités de paix, au Conseil de la Société des Nations. Menacé de conflits continuels avec ce Conseil, exposé à d'incessantes immixtions dans l'exercice de sa souveraineté intérieure, quels sentiments l'Etat intéressé pourra-t-il nourrir à l'égard d'une catégorie extrêmement encombrante de ressortissants ? On peut les deviner. Loin d'assurer l'ordre et la paix sociales, la protection des minorités, telle qu'elle a été organisée par les traités de paix, est un ferment de discordes et de haines nationales. »

Tout d'abord remarquons qu'il n'est pas vrai que les traités de minorités aient organisé des groupes minoritaires en collectivités. Ensuite ce reproche ne peut que s'adresser à l'article 109 de la Constitution polonaise seulement.

La vérité est qu'en règle générale les traités de minorités n'ont pas donné droit aux minorités de race, de langue et de religion à s'organiser, même d'une façon imprécise et rudimentaire qui pût servir de base à une représentation officielle. Non seulement ils n'ont pas voulu protéger les minorités nationales, mais même ils se sont refusés d'organiser les minorités de race, de langue ou de religion, parce que la race, la langue ou la religion peuvent être des sources d'une volonté commune, obstacle à l'assimilation, si on donne la possibilité aux individus minoritaires de s'organiser.

§ 3. — Cependant l'histoire montre que le danger pour l'Etat n'est pas de ce côté-là. Le plus souvent il vient de l'irrédentisme que ces tentatives d'assimilation forcée ne manqueront pas de faire naître. Parce que l'assimilation est conçue d'une façon étroite : *s'assimiler à l'Etat veut dire, pour les nationalistes, se fondre dans la majorité et perdre son caractère propre.* Or, pour nous ce sont deux choses entièrement différentes : on peut s'assimiler à l'Etat, avoir la volonté sincère de vivre dans l'Etat, sans pour cela être obligé de s'assimiler avec le groupe majoritaire.

Organisées en corps autonomes, dotées d'une personnalité morale et, en contre-partie d'une responsabilité équivalente, les minorités peuvent être non seulement moins dangereuses pour l'Etat qu'inorganisées et irresponsables, mais encore, en leur donnant le moyen de se sentir chez elles, ces minorités suivant la formule puissante et matérialiste, *ibi bene, ubi patria,* ne seront plus étrangères par leur sentiment national qui, remarquons-le, n'est pas, et nous osons l'affirmer, ne doit pas être immuable. « La dynastie, la langue, la race, écrit M. Renner, n'ont pas conservé Cuba à la mère-patrie. Une modération, rendue plus circonspecte par la guerre d'indépendance a assuré, jusqu'ici à l'Angleterre le dominion du Canada, bien que la nation dotée du sens national le plus développé, la française, constitue presque la moitié de la population... Dans la vie des Etats, c'est la sagesse ou la folie des institutions qui est le facteur dominant » (1).

§ 4. — Les traités de minorités ont évité le mot « nationales » pour une autre raison. C'est qu'une minorité, sans avoir le caractère ethnique, religieux ou de langue, peut être simplement nationale, étrangère seulement par le sentiment au reste de la population d'un Etat et réclamer une organisation particulière, en tant que collectivité ayant une volonté autonome. A celle-là la collectivité internationale refuse le caractère de minorité et, comme telle, elle ne peut prétendre dans ses aspirations, le plus souvent séparatistes, à la protection internationale. Les Slovaques en Tchéco-Slovaquie, les Croates, les Slovènes et les Musulmans serbes dans l'Etat serbe-croate-slovène ne constituent pas des minorités ni au point de vue du droit international, ni au point de vue du droit public interne. Cela ne veut pas dire du tout que le régime centraliste de Prague et de Belgrade se justifie.

§ 5. — Le problème des minorités ne se posait pas en Autriche de la même façon qu'il se pose aujourd'hui dans les Etats successeurs de l'Europe centrale.

Dans le premier cas c'est un problème du droit interne, dont la solution, par le seul jeu des forces en présence, si elles s'exerçaient normalement, devait aboutir à l'égalité des nations. Aucune d'elles ne pouvait naturellement

_____

(1) V. Rеnnеr, *Selbstbestimmungsrecht der Nationen*, cité par Dupahc, p. 42.

prétendre à la place de la majorité. L'égalité de tous était
le seul compromis logique et le seul moyen de faire fonc-
tionner le mécanisme étatique. Or cette formule d'équilibre ne correspond pas à la situation des Etats construits
sur le principe des nationalités. Ici la prédominance d'un
groupe rompt l'équilibre. Il y a une majorité, résultat de
l'inégalité des forces en présence. Non pas seulement
inégalité numérique, mais résultant du fait de la situation
prépondérante d'un groupe qui au nom du principe des
nationalités avait réussi à fonder l'Etat sur son droit
propre. C'est lui qui a justifié la création du nouvel Etat.
Il se fait difficilement à l'idée que cela ne suffit pas à justifier tous les actes de cet Etat, une fois créé. C'est de là
que vient la nécessité d'un contrôle international.

II. — *Les solutions constitutionnelles, imposées en vertu
des obligations assumées dans les traités additionnels
de minorités, intéressant plus spécialement la protection des minorités.*

Les textes législatifs, qui devaient faire passer dans le
droit public interne de chaque pays les engagements inscrits dans les protocoles internationaux, ont suivi de près
ces dernier.

§ 1. — La constitution de l'Etat S.H.S. de Vidov-dan,
du 28 juin 1921, dans ses articles 3, 4, 10, 12, 14, 16, 18,
19, 29, 43, 61, 69, 96 et 109, ne parle en général que des
droits individuels visant les habitants et les citoyens et
des déclarations de principe touchant plus spécialement
aux institutions minoritaires, notamment aux institutions
religieuses des minorités dans leurs rapports avec le droit

public interne. Elle met en lumière une tendance très générale de ce pays : la centralisation en vue de l'absorption progressive des minorités dans le groupe majoritaire, religion exceptée.

Du reste la question minoritaire dans ce pays — (réserve faite des difficultés ethniques en Macédoine, qui en elles-mêmes ne seraient pas tellement graves si les conflits politiques ne venaient les accentuer et qui disparaîtront le jour où l'administration de ce pays améliorera ses procédés restés dans la plupart des cas très primitifs et indignes de cet Etat qui a montré dans l'histoire tant de beaux efforts de tolérance et d'élévation morale ; car rien de plus suspect et d'indécis, rien de plus scientifiquement inexact que le sentiment national ou le sentiment d'une Macédoine indépendante dans la conscience des groupes ethniques macédoniens. L'interprétation des faits et indices que nous avons sérieusement étudiés, nous porte à envisager comme probable et rapide, la création d'un sentiment profond d'unité nationale yougo-slave chez ces groupes, du jour où le Royaume, élevant le principe de l'Etat au-dessus des diversités ethniques en Yougo-Slavie, formera un sentiment de bien-être en Macédoine et donnera la possibilité à ces groupes de se sentir chez eux) — la question minoritaire dans ce pays, disons-nous, n'est pas au premier plan. Il y en a d'autres beaucoup plus graves qui ne viennent pas des minorités mais proviennent des querelles intestines dans la majorité serbe-croate-slovène, dont l'examen ne rentre pas dans le cadre de cette étude.

§ 2. — La Constitution de l'Etat tchéco-slovaque touche à la protection interne « des minorités nationales » et religieuses dans son chapitre IV, articles 128-134.

Ici quelques observations s'imposent :

Dans les dispositions générales du chapitre 1ᵉʳ,

a) la Constitution proclame (art. 1-4) l'unité et l'indivisibilité du territoire. Cela signifie que la Tchéco-Slovaquie n'est pas un Etat fédératif, mais un Etat centralisé, à la seule exception du territoire ruthène, qui sera doté — art. 3 — d'une autonomie aussi large que possible dans la mesure compatible avec l'unité de la République. Cette disposition s'inspire des articles 10, 11, 12 et 13 du traité additionnel signé à Saint-Germain-en-Laye le 10 septembre 1919 entre les principales Puissances alliées et la République tchéco-slovaque.

Les Ruthènes sub-carpathiques constituent, d'après ce traité et d'après l'article 3 de la Constitution (ce dernier organise l'autonomie législative, scolaire, de langue, administrative, judiciaire, la représentation proportionnelle, et une diète particulière de la minorité ruthène), une véritable minorité autonome en contradiction formelle avec le terme « l'unité de la République. »

b) D'autre part, quand le paragraphe 4 statue qu'il n'existe, pour tous les citoyens de la République, qu'une seule nationalité, à savoir la nation tchéco-slovaque, en prétendant ainsi affirmer l'unité nationale dans l'Etat et non pas son homogénéité nationale, il ne répond pas à la réalité ; et celle-ci est : que la République tchéco-slovaque constitue un Etat poly-national ; les minorités allemandes, polonaises, magyares, ruthènes ne sont pas simplement des minorités ethniques ou de langues, mais de véritables minorités nationales ayant un sentiment puissant de leur vie collective et nationale.

Or, la Constitution, malgré le titre indiqué du chapitre IV qui parle des « minorités nationales », ne traite dans ses articles 128-134 que des droits individuels des citoyens en général et des garanties du droit public interne apportées aux institutions minoritaires charitables, religieuses ou scolaires, en particulier. Ni dans le droit constitutionnel et — nous le verrons — ni dans le droit international — réserve faite de ce que nous avons dit pour les Ruthènes — il n'y a trace des minorités nationales, des collectivités reconnues personnes de droit public. La Constitution tchéco-slovaque est loin des réalités nationales de ce pays.

Vu l'importance numérique et intrinsèque des minorités nationales de Tchéco-Slovaquie, la véritable solution du conflit entre l'État représentatif de la majorité et ces collectivités inférieures aurait pu être trouvée dans le principe fédératif ou du moins dans une large décentralisation respectant les réalités nationales et la vie locale des groupes.

c) Rendons justice à la majorité tchèque d'avoir inscrit au paragraphe 134 et dernier de la Constitution cette règle louable et très caractéristique, respectueuse des droits individuels : « Tout procédé quelconque de dénationalisation forcée est interdit, les atteintes à ce principe seront considérées par la loi comme des actes punissables. »

Mais encore une fois : cet article qui parle de dénationalisation n'est-il pas en contradiction formelle avec le principe de l'article 4 qui affirme le principe d'une seule unité nationale ? On pense involontairement ici à la loi XLVI hongroise de 1868, laquelle portait que tout citoyen était membre de la nation magyare ; il aurait peut-être mieux valu dire que tous les habitants de l'Etat tchécoslovaque, quelle que soit leur nationalité particulière, sont citoyens ou ressortissants de la République (1) parce que — il ne faut pas l'oublier — les minorités en Tchéco-Slovaquie sont de nationalités *opposées* à la nationalité tchèque.

§ 3. — *a)* Les articles 109-110-111-115 de la Constitution polonaise du 17 mars 1921 insèrent, en ce qui concerne les minorités nationales et religieuses, les obligations assumées par la Pologne dans les articles 7 à 11 du traité additionnel de Versailles du 28 juin 1919. Les dispositions des articles 110-111 et 115 qui parlent des droits individuels appartenant aux minorités comme à tous les autres citoyens en ce qui concerne la liberté de conscience, le libre emploi de la langue, la conservation de la nationalité, et des coutumes nationales, et des institutions charitables, religieuses, scolaires ou sociales, s'entendent d'elles-mêmes dans une démocratie libre ; elles ne sont que l'application à tous les citoyens des libertés garanties et reconnues par la Constitution.

b) Mais il nous semble que l'article 109 va plus loin

---

(1) V. BLOCISZEWSKI, *Constitution tchéco-slovaque*, dans la Revue des Sciences politiques de janvier-mars 1922, p. 230, op. cit..

« Des lois d'Etat spéciales garantiront aux minoiités sur le territoire de la République, un libre et complet développement de leur particularisme national, au moyen d'associations minoritaires autonomes, officiellement reconnues dans le cadre des associations de l'autonomie générale. L'Etat contrôlera l'activité de ces associations et éventuellement complètera leurs ressources financières. »

D'après cet article, il devrait y avoir de véritables minorités nationales, collectivités organisées à l'intérieui de l'Etat polonais, tout au moins à l'égard du droit public interne — car comme nous le verrons, le droit international positif, d'après les traités de minorités, n'a pas organisé des minorités nationales en Pologne ; en face du droit international il n'y a que des individus minoritaires en Pologne.

Mais la promesse de l'article 109, d'après lequel le droit public interne polonais aura en face de lui les groupements minoritaires, personnes morales, n'a pas été réalisée. En fait de groupements minoritaires, il n'y a que des comités scolaires locaux prévus par l'article 10 du traité additionnel de Versailles.

Et le rapport du professeur Th. Ruyssen (1) sur la situation actuelle des minorités, ainsi que leurs plaintes incessantes adressées au Secrétariat de la S.D.N., nous montrent que c'est en Pologne que les individus minoritaires souffrent le plus.

<hr>

(1) A l'Union Internationale des Associations pour la Société des Nations à Prague, juin 1922. V. aussi Recueil des pétitions des minorités et les réponses des gouvernements intéressés au Secrétariat de la S. D. N.

c) L'article 114 ainsi libellé : « La confession catholique romaine étant la confession de la majorité de la nation *occupe le premier rang* parmi les autres confessions égales en droits » affirme l'inégalité religieuse en Pologne, et confond la religion de la majorité avec l'Etat. Les conséquences de ce principe, en contradiction flagrante avec les articles 2 et 7 du traité additionnel de Versailles, qui établissent l'égalité de tous les cultes, sont très clairs pour se passer de commentaires.

CINQUIÈME PARTIE

LES MINORITÉS ET LA COMMUNAUTE INTERNA·TIONALE DANS LE DROIT DES GENS CONTEM·PORAIN. LA SOLUTION INTERNATIONALE DU PROBLÈME A LA CONFERENCE DE PARIS, AVEC APPRECIATION CRITIQUE DE CETTE SOLUTION AU POINT DE VUE DU DROIT RATIONNEL.

La guerre mondiale envisagée — en partie — comme une lutte pour le droit humain devait logiquement aboutir à formuler les nouveaux principes du droit international concernant l'homme, le citoyen, les minorités, les nationalités, l'Etat et la communauté internationale.

Le Pacte de la Société des Nations peut être considéré comme la déclaration générale des principes juridiques sur lesquels reposent les relations entre l'Etat et la communauté internationale.

En ce qui concerne les nationalités, le citoyen et l'homme, une semblable déclaration manque. Aujourd'hui les associations scientifiques dont l'objet est l'étude du droit international cherchent à y remédier (1).

---

(1) Ainsi, en ce qui concerne l'individu : l'Institut américain du droit international est saisi d'un projet de M. Alvarez (*Bases fondamentales du Droit international*) contenant une déclaration des droits internationaux de l'individu dans les articles 22 et 23 ; *b*) les art. 6 et 7 du projet de M. G. de Lapradelle, soumis à la délibération de l'Institut Mondial du Droit

A défaut d'une semblable déclaration, ne pouvons-nous pas dans les divers traités de paix signés successivement en 1919, 1920, 1923, à Versailles, à Saint-Germain, à Neuilly, à Trianon, à Sèvres et enfin à Lausanne, dans le Pacte de la Société des Nations, aussi bien que dans les traités additionnels dits des minorités, trouver des dispositions qui nous permettront de formuler les règles générales concernant l'individu, le citoyen, les minorités et les nationalités, susceptibles de devenir obligatoires pour tous les États et à les considérer comme relevant du droit positif ?

----

international, contiennent une déclaration de principe des droits individuels et des groupes ; ce projet a provoqué une proposition de la part de M. Mandelstam, invitant l'Institut de s'occuper de la « protection internationale des droits de l'homme, du citoyen, des minorités », proposition acceptée à la session de Rome 1921 ; c) enfin la réunion des Associations pour la Société des Nations, tenue à Bruxelles en Décembre 1920, a décidé la rédaction d'une déclaration des droits et des devoirs des nations et a invité la S. D. N. à formuler les principes pouvant garantir aux nationalités comprises dans le territoire de chaque État l'égalité civile, la liberté religieuse et le libre usage de leur langue.

Enfin d) le Comité central exécutif de l'Association russe pour la S. D. N. a, la même année, voté sur la proposition de Vichniac la résolution suivante : « Les droits des minorités nationales, ethniques, de race, de religion ou de langue doivent être proclamés et garantis par la S. D. N. comme découlant nécessairement de la conscience de l'humanité contemporaine. Aux fins de la défense de leurs droits, les minorités doivent être reconnues personnes morales du droit public, jouissant de toutes capacités pour faire appel aussi bien au pouvoir interne de l'État qu'aux organes compétents de la S. D. N., Cours, Conseil, etc. » (V. Vichniac, *La protection des droits des minorités dans les traités internationaux*, p. 1).

Les Nationalités et les Minorités.

Le principe des nationalités envisagé sous son double aspect : le droit des peuples à postuler l'indépendance et la protection internationale des Minorités.

§ 1. — Tout d'abord remarquons que le droit des nationalités peut être examiné à deux points de vue : le droit d'une nation à être indépendante ou le droit d'une partie de nation à se rattacher à la collectivité politique du même caractère national, et d'autre part, le droit d'une minorité nationale à la protection internationale ; ce sont les deux applications différentes d'un même principe : le principe des nationalités.

Donc, le second aspect du problème n'est qu'une suite, un prolongement nécessaire du principe des nationalités, appliqué à la répartition des territoires.

A l'époque de Manzini, la seule solution du principe des nationalités était simple : on érigeait la nation en Etat. Aujourd'hui, lorsqu'on admet que les droits nationaux sont des droits personnels, par la solution qu'offre la protection des minorités nationales, on distingue la vie nationale du système politique, on concilie l'existence d'un Etat hétérogène avec l'application du principe des nationalités.

C'est en partant de ce point de vue que déjà en 1916

« *l'Organisation Centrale pour une paix durable* » a soumis la question du droit des nationalités à l'étude de deux Commissions : la première devait s'occuper du droit d'une nationalité de constituer un État indépendant (*solution territoriale*) et la seconde devait étudier le droit des minorités au sein d'un État (*solution personnelle*).

C'est dans ce double sens — principes de répartition territoriale et principes du droit public — qu'il faut entendre le principe des nationalités, tel qu'il a été formulé par Wilson dans son discours au Congrès du 11 février 1918 : « Toutes les aspirations nationales clairement définies doivent être satisfaites, autant qu'il est possible, sans créer ou perpétuer des éléments de conflits ou d'antagonisme qui ne sauraient manquer, un jour ou l'autre, de rompre la paix en Europe et par suite dans le monde entier. »

Tel est le point de départ. Or, nous allons voir quelle déviation le principe des nationalités va subir.

Tout d'abord remarquons que, lorsque le Pacte de la Société des Nations fut préparé et afin d'arriver à un résultat, de conclure avant tout un accord — un mauvais accord valant mieux que rien —, la question des nationalités malgré les propositions répétées de la délégation japonaise les 13 février, 11 et 28 avril 1919 (1), fut l'objet d'une élimination radicale. Ni le droit des minorités, ni le droit des nationalités à l'indépendance, à sécession ne furent mentionnés dans le Pacte ; c'est une grave lacune pleine de conséquences.

---

(1) V. dans FAUCHILLE, p. 810, l'amendement de la délégation japonaise à l'art. 21 du Pacte.

§ 2. — Tout d'abord la première conséquence est qu'à l'heure actuelle le droit des peuples à disposer de soi, à être indépendants ou le droit de sécession constitue une prétention qui, si le Pacte avait expressément considéré la nation comme un sujet de droit international positif, devait faire l'objet d'un débat juridique et d'une sentence juridictionnelle (1), ou tout au moins il y aurait eu un organisme international compétent pour examiner dans un débat politique, « se basant sur des considérations d'opportunité et appréciant les possibilités d'existence séparée des groupes qui réclament l'autonomie, les conséquences d'un changement d'obédience politique » (2).

Par suite de ce manque de réglementation légale objective du droit des peuples, le principe des nationalités, conçu d'une façon abstraite et absolue, peut aboutir « à l'anarchie et à l'émiettement des Etats en une poussière de petites organisations politiques sans vitalité et sans avenir » (3).

Aujourd'hui le seul recours possible d'une nation qui veut être indépendante est la guerre civile, le droit à l'insurrection contre l'oppression que proclama jadis dans son article 35 la Déclaration française des Droits de l'Homme et du Citoyen en 1793, sans avoir jamais pu l'organiser.

De même la proclamation de la Convention Nationale

---

(1) Georges SCELLE, *Essai de systématique du Droit international*, p. 13, note 2, op. cit..

(2) Georges SCELLE, loc. cit..

(3) Voir Georges SCELLE, *L'incident de Fiume*, La paix des peuples, du 10 mai 1919, op. cit..

du 19 novembre 1792 prévoit une intervention de la France révolutionnaire dans des cas semblables ; mais la preuve de l'un ou de l'autre recours dépend du succès. « Le droit reste ainsi dans la dépendance de la force » (1).

§ 3. — On a prétendu (2) que l'article 1er du Pacte (« Tout Etat, dominion ou colonie qui se gouverne librement peut devenir membre de la Société des Nations... ») institue la S.D.N. le juge suprême des prétentions des peuples à disposer d'eux-mêmes. Or cela est peut-être vrai pour une collectivité dont l'indépendance s'est déjà affirmée et non pas pour celle qui aspire à la réaliser. Mais, en tout cas, pour qu'une collectivité nationale demande elle-même l'application de l'article 1er, il faut qu'au préalable elle montre preuve d'une indépendance de fait ; ce qui suppose avant tout qu'une nation ne peut prétendre à sa reconnaissance qu'*après avoir obtenu cette indépendance par l'insurrection.*

§ 4. — Or, le Pacte de la Société des Nations, non seulement n'empêche pas cette solution violente du conflit entre Etat et une nation, par une réglementation préventive du principe des nationalités, mais, dans son article 10, il paraît bien avoir reconnu le droit d'une nation à l'insurrection, car c'est seulement « contre toute agression extérieure » que cet article oblige les membres de la Société à respecter et maintenir réciproquement leur intégrité territoriale et leur indépendance politique.

(1) Voir Georges Scelle, *Le pacte des nations et sa liaison avec le traité de paix de 1919*, p. 255.

2) Voir Fauchille, *Traité du Droit international* (Edition 1923), t. 1er, § 296, § 159 et § 22).

En fait, l'insurrection sera presque toujours inefficace, les nations ayant rarement la force suffisante pour lutter contre l'Etat.

5. — Or, si la Société internationale ne conteste pas le droit d'une nation à obtenir son indépendance par la force (art. 10), a-t-elle au moins l'obligation ou la faculté d'intervenir collectivement dans un conflit entre l'Etat et la nation ? Le professeur Rougier en analysant les dispositions de l'article 11 du Pacte n'est pas sur ce point très affirmatif (1).

Deux choses sont cependant certaines : une nation ne saurait jamais s'adresser directement à la Société des Nations pour provoquer l'intervention collective. C'est seulement par l'entremise d'un des membres de la Société qui consent à devenir son défenseur; tandis que l'Etat victime d'un mouvement national, aura au contraire ce droit, s'il est membre de la Société et si les conditions de l'article 11 sont remplies.

En raison de l'article 11 du Pacte qui prévoit l'action de la Société dans deux hypothèses, — lorsqu'il y a la guerre ou menace de guerre et lorsqu'il se produit des événements de nature à menacer la paix internationale — il en résulte qu'en principe un conflit entre une nation et l'Etat est considéré — en tant qu'il s'agit des droits de l'Etat ou de la nation — comme un conflit du droit interne. Ce conflit ne peut avoir le caractère international en raison des droits opposés en jeu, mais seulement tant qu'il est susceptible de dépasser le cadre interne et d'avoir

____

(1) V. Rougier, *La première assemblée de la Société des Nations*, R. D. I. P., 2ᵉ série, t. 3, p. 385.

une répercussion à l'extérieur. Ce n'est que dans le cas où il est de nature à provoquer la guerre ou à troubler la paix entre l'Etat que ce conflit présente un caractère vraiment international, pouvant motiver une intervention collective (1).

On le voit bien, ce n'est pas le droit d'une nation, en lui-même, abstraction faite de toute idée de paix, qui peut motiver une action de la part de la Société des Nations.

§ 6. — En omettant de mentionner le droit des minorités dans le Pacte, la Conférence de Paris a créé une grave lacune. Nous en relevons deux conséquences:

A. Cette omission a provoqué la création des traités de minorités qui ne s'appliquent qu'à certains Etats. Insérées dans le Pacte, les clauses concernant les minorités auraient été applicables d'une façon générale à tous les Etats, grands ou petits, et « détruiraient l'objection fondamentale faite au système actuel de protection des minorités, tirées de l'inégalité qui existe présentement entre Etats contrôlés et Etats non contrôlés et qui donnent un véritable privilège aux minorités des Etats contrôlés en leur ouvrant un recours dont les citoyens des Etats non contrôlés ne disposent pas » (2).

Il est nécessaire de faire de la situation des minorités l'objet d'une convention internationale générale et d'obliger chaque Etat particulier à contracter certaines obligations relatives au traitement de sa population minoritaire.

Cela est nécessaire, parce que personne ne désire le re-

(1) V. dans le même sens : FAUCHILLE, t. 1er, p. 508.
(2) SCELLE, *Essai de systématique*, p. 11, note 2.

tour de la Sainte Alliance. Les grandes puissances, coup sur coup, sous prétexte d'organiser également la paix du monde, s'immiscèrent alors dans les affaires intérieures des autres États. Mais il y a indéniablement une grande différence entre ces empiétements arbitraires et un règlement juridique général. Ce qui dans le premier cas doit être regardé comme une violation du droit d'autonomie est dans le second cas une soumission volontaire à des principes s'appliquant à tous également.

Dans les traités de 1919, 1920, 1923 qui refont toute l'Europe continentale, les Puissances à intérêt général, inspirées évidemment par d'autres considérations que celles de la Sainte Alliance, ont imposé aux dix des États de l'Europe Centrale et Occidentale le respect des nationalités minoritaires comme base de leur organisation interne. Ces traités, touchant l'organisation des questions minoritaires intérieures, constituent évidemment un progrès : une solution, même partielle sur ce point, contribue à diriger le monde dans la voie d'un véritable arrangement international juridique. Mais n'étant pas appliqués d'une façon universelle, ils ont créé un sentiment de mécontentement et d'humiliation chez les États qui y sont soumis. Nous l'avons bien senti lors de l'élaboration de ces traités par la résistance de plusieurs d'entre eux à les signer.

Évidemment, tous les États ne sont pas intéressés dans la même mesure à voir résoudre d'une manière rationnelle le problème de la protection des droits des minorités. Cependant les minorités ethniques, religieuses ou nationales existent partout et le problème dont il s'agit touche plus ou moins directement, à différents degrés, tous les Etats et tous les peuples. Ce problème continue encore à se dresser partout sous l'aspect tragique de ce qu'on appelle *la question juive.*

Il faut prendre le fait de l'interdépendance internationale, devenue universelle, pour base fondamentale du problème à résoudre : « Devenu universel, le principe de protection des minorités ferait partie comme élément intégrant de la vie des peuples et non pas à titre de prévention ou de répression à l'égard d'un Etat dont la conduite aura suscité des doutes, ni comme compensation de la part d'un petit Etat pour les bienfaits reçus des grandes puissances tutrices. Alors disparaîtrait ce sentiment acerbe d'humiliation éprouvé par les Etats secondaires à l'idée que ce n'est qu'à eux que la protection des minorités est imposée, obligation qu'ils ressentent comme une sorte de *capitis diminutio,* comme une restriction injuste et unilatérale de leur souveraineté » (1). La protection des minorités acquerrait alors le caractère d'un principe fondamental, incontesté et inébranlable du droit contemporain.

Insérer dans le Pacte, les principales clauses des traités des minorités concernant l'individu, le citoyen et les minorités, sera le moyen de résoudre l'éternel problème de l'extension et de l'application dans les rapports des nations de la règle qu'ont déjà consacrée pour les individus l'Acte d'Indépendance des Etats-Unis d'Amérique du 4 juillet 1776 et la Déclaration des Droits de l'Homme et du Citoyen de la Révolution française.

(1) V. Vicustac, p. 61, op. cit..

L'attitude de l'Allemagne, aux xix° et xx° siècles, vis-à-vis de ses provinces polonaises (1), ainsi que son attitude actuelle vis-à-vis des étrangers et des individus isolés en général, qui ne sont pas de race germanique, de même que l'attitude actuelle de l'Italie nationaliste à l'égard des minorités allemandes du Tyrol et slaves de la côte dalmate, de Slovénie et d'Istrie (2) démontrent clairement qu'il peut n'être pas inutile d'imposer par convention le respect des droits individuels et des nationalités, même aux puissances qui ont atteint le plus haut degré de culture.

B. Nous avons déjà dit que les droits des minorités ne sont autre chose que les droits des nationalités : les droits des nationalités à la protection internationale entraînant les contrôle extérieur susceptible de régler un conflit entre l'Etat et la nationalité et ainsi d'empêcher ce conflit de passer à l'état aigu ; car si la Révolution éclate, la question changera le plus souvent d'aspect ; ce n'est plus une question de contrôle, de protection des minorités proprement dite qui se posera devant la communauté internationale ; nous serons plutôt en présence d'une nation qui demande à être indépendante ou à se rattacher à un autre Etat. C'est le problème des nationalités demandant une solution territoriale.

Nous avons vu que le Pacte n'a pas prévu de solution juridique internationale pour régler le pareilles situations,

---

(1) V. Fairchilde, § 296 et § 409.

(2) V. *La situation des minorités en Italie*, rapport du professeur Ruyssen à l Union Internationale de l'Association pour la S. D. N. à Prague.

ni pour empêcher le conflit de naître par l'établissement d'un contrôle, d'une protection internationale des minorités, ni, le conflit une fois dégénéré en révolution, de le résoudre juridiquement, ni d'intervenir.

Cette construction juridique du principe des nationalités dans ces deux aspects (droit à l'indépendance et droit à la protection internationale), — solution territoriale et solution personnelle — est toute entière à bâtir.

§ 7. — A défaut d'une semblable réglementation dans le Pacte, s'appliquant à tous également, ne pouvons-nous pas trouver dans les traités de minorités les indices d'une solution partielle des droits des nationalités, envisagés sous ces deux aspects, au moins en ce qui concerne un conflit entre les minorités et les Etats qui ont signé les obligations concernant la protection internationale des minorités ?

A. Les traités de minorités organisent une certaine protection de l'individu, du citoyen et des minorités — nous verrons comment et dans quelle mesure — et par un système spécial du contrôle international, ils peuvent empêcher un conflit entre nationalités et Etats de devenir extrêmement grave. Donc, la solution personnelle du conflit entre nationalités et Etats semble être envisagée par les rédacteurs des traités de minorités.

B. Supposons maintenant qu'une de ces minorités, dans un Etat contrôlé, s'insurge et demande l'indépendance. Est-ce que les traités de minorité donnent la possibilité à la Société des Nations de trancher le conflit par application intégrale — territoriale — du principe des nationalités ?

Il semble bien, d'après le dernier article inséré dans tous les traités de minorités (« tout membre du Conseil aura le droit de signaler à l'attention du Conseil toute infraction ou danger d'infraction à l'une quelconque de ces obligations et que le Conseil pourra procéder et donner telles instructions qui paraîtront appropriés et efficaces dans la circonstance »), que le Conseil de la Société des Nations serait compétent pour trancher la question par la solution territoriale.

Or, cette procédure, il ne faut pas l'oublier a été complétée par le rapport Tittoni et par les résolutions votées au Conseil le 27 octobre 1920, le 27 juin 1921 et enfin par l'acte d'adhésion à cette procédure que le délégué de l'État serbe-croate-slovène, M. le Dr Spalaïkovitch avait présenté et que le Conseil avait accepté. D'après ce dernier, toute demande de rupture de lien politique entre une minorité et l'État, présentée par la minorité, est déclarée irrecevable *ipso facto* par le Secrétariat, et ainsi ne peut jamais arriver jusqu'au Conseil. La question se pose même de savoir si un membre du Conseil, se chargeant de sa seule volonté de réclamer l'indépendance d'une minorité, comme étant la seule solution d'un conflit entre cette minorité et l'État, pourra saisir le Conseil d'une telle demande ? Nous croyons qu'elle sera rejetée par le Conseil comme dépassant le cadre des obligations des traités de minorités ; ces derniers ne prévoient qu'une solution personnelle sans toucher au régime politique et territorial des États. C'est sous cette réserve qu'il faut entendre les dispositions du dernier article des minorités : « et que le Conseil pourra procéder de telle façon et donner telle instruction... »

Pour nous la seule solution possible — c'est l'idée essentielle de notre thèse — à la protection internationale des Droits de l'homme, du citoyen et des minorités est celle qui consiste à donner un droit international propre, formulé dans le Pacte des Nations, à l'individu, au citoyen et aux minorités, d'intenter directement une action judiciaire individuelle — lorsqu'il s'agit de l'individu, ou collectif — lorsqu'il s'agit d'une minorité — devant une Cour internationale permettant le contrôle du respect des libertés publiques par les gouvernements. Du moins dans le cas où l'individu, le citoyen ou les minorités sont sujets de droit en Droit international, lorsqu'on les considère comme titulaires de droits subjectifs, afférents à la personne même ou au groupe humains, comme tels et susceptibles d'être mis en œuvre isolément, en dehors de toute collectivité étatique. Cela se réalisera dans le cas où l'intérêt subjectif de l'individu ou du groupe, *membres d'une collectivité étatique*, est différent de l'intérêt subjectif de cet individu ou de ce groupe *isolés* (même si on considère cet intérêt en se plaçant sur le terrain qui a donné naissance à la collectivité dont l'individu ou le groupe sont membres) : « c'est ainsi, par exemple, que les intérêts professionnels du membre d'un syndicat ne se confondent pas avec l'intérêt de la profession ou même du syndicat : ils ne sont pas un fragment... » (1). C'est à cela que nous conduit nécessairement la théorie de la personnalité morale de l'Etat.

§ 8. — Ce manque de construction juridique du prin-

----

(1) V. G. SCELLE, op. cit., p. 9.

cipe des nationalités dans le Pacte est dû à l'apparition
d'un obstacle incontestablement sérieux : toutes les
grandes puissances avaient en effet à régler pour leur
propre compte des questions particulièrement délicates
de nationalités ou de races et aucune d'elles n'était dis-
posée à en subordonner la solution à quelques décisions
générales du principe. Le Président Wilson préféra abandonner certaines questions de principe plutôt que de voir
ajourner la convention elle-même. Quoique la Société des
Nations n'ait pas été et ne soit pas encore ce qu'il avait
espéré — surtout par la faute de ses compatriotes — il est
encore trop tôt pour juger si, en agissant ainsi, Wilson
avait tort ou raison.

§ 9. — Lorsqu'il s'est agi de procéder au réglement des
frontières qui forment une part importante du traité de
paix, il fallut cependant s'efforcer d'appliquer le droit
unanimement reconnu des nationalités. Les constitutions
des nouveaux Etats, les cessions territoriales d'Etat à Etat,
issues du traité de paix se firent, en effet, au nom de ce
principe. Il n'est ni téméraire ni exagéré d'affirmer que,
dans les nombreux cas, l'application n'en fut pas des plus
heureuses. Les volontés directrices semblent bien n'avoir
vu dans le nouveau principe qu'une belle phrase et ne
s'être qu'imparfaitement pénétrées de sa réalisation pratique (1).

Cependant il ne faut pas oublier que, dans le premier
projet imprimé de l'acte constitutif de la Société des

(2) V. Robert LANSING, *The peace negociation, a personal narrative*
Londres, 1920.

Nations, Wilson avait voulu laisser ouverte la possibilité de nouveaux règlements territoriaux (ajustements), réalisés par voie semi-juridictionnelle, comme conséquence du principe de libre disposition. Cette clause de « garantie souple » disparut dans le texte définitif, ce qui a eu pour conséquence de rendre l'article 10 actuel si rigide, contraire aux faits et antiscientifique, parce qu'il consacre le principe de l'immobilité des situations acquises (2).

Quoi qu'il en soit, il est indéniable qu'une application rigoureuse du principe des nationalités, poursuivie jusque dans ses dernières conséquences, au mépris de toutes considérations économiques, géographiques, historiques ou autres, constitue une impossibilité radicale dans de plus grandes part..s du monde et tout particulièrement dans l'Europe Centrale et Orientale. Les nationalités sont ici mélangées d'une façon si inextricable qu'une division exclusivement faite sur les nationalités créerait une situation intolérable et une anarchie internationale dont les peuples intéressés n'auraient guère à se féliciter et qui ne sauraient que produire le contraire d'une paix stable.

En outre, l'application intégrale du principe de nationalités, même là où elle serait possible, ne serait pas toujours heureuse. Car une division en grands et petits États poussée aussi loin qu'elle l'est en Europe, division que la paix a encore accentuée, est déjà un obstacle notable aux relations internationales. Une telle multitude d'unités nationales n'est possible sans inconvénient que si l'on suppose l'existence d'un état de choses idéal comportant la

---

(2) V. G. SCELLE, *Essai*, p. 13, note 2, op. cit..

politique de la porte ouverte, tant pour les colonies et les possessions transocéaniques que pour les pays de civilisation occidentale puissamment industrialisés.

En tout cas l'application intégrale du principe de nationalités n'est possible que si un organe souverain vient se superposer à l'organisation des nations dans le monde.

En attendant, nous sommes dans la nécessité d'avoir à compter avec des Etats englobant une ou plusieurs minorités ethniques ou nationales.

Nous arrivons ainsi à la question principale.

§ 10. — Déjà l'état de choses avant la guerre mondiale a montré clairement combien il est difficile de concilier l'existence des minorités nationales sans porter atteinte à l'unité de l'Etat. Dans la plupart des cas, ces minorités cherchaient vainement le bien-être qu'elles pensaient ne pouvoir trouver que dans une indépendance absolue, et nourrissaient de vagues aspirations à devenir maîtresses dans leur propre maison. Elles se complaisaient souvent dans le mirage des souvenirs glorieux d'un passé libre ou bien désiraient ardemment d'être réunies sous le même drapeau aux frères de leur sang, dont les avaient séparées jadis les hasards de la politique. On peut vainement discuter si cela est bon ou mauvais en soi. Mais ce qui est certain, c'est que ce sentiment est un fait indiscutable. On n'étouffe pas des sentiments de cet ordre, et, dans tous les cas où la tentative en a été faite par la nation dominante, elle n'a abouti qu'à exalter ces désirs d'émancipation et à créer des mouvements insurrectionnels, cherchant à obtenir par la force ce que le droit était impuissant à réaliser.

Et cependant, si ce sentiment est une réalité, il n'est pas immuable. La puissance de l'intérêt, surtout dans ce siècle réaliste par excellence, peut tourner l'axe de ce sentiment vers un autre point. Il est permis de supposer que ces sentiments perdraient de leur violence et finiraient même par s'accorder si on conciliait la nation avec l'État, si l'égalité des diverses nationalités était officiellement consacrée par le droit international et définitivement établie dans des formes juridiques.

Mais, il ne faut pas l'oublier, l'élaboration et la mise en exécution pratique d'une telle législation suppose nécessairement la bonne volonté qui ne peut naître que de la conviction générale de sa légitimité, conviction qui exige, pour se faire jour, encore une longue maturation des peuples.

Les traités des minorités 1919-1920 et l'extension de la protection des minorités depuis ces traités.

§ 1. — Lorsqu'on s'aperçut, dans l'élaboration des différents accords qui ont mis fin à la guerre mondiale, que le principe des nationalités n'était pas cultivable à l'état pur, « qu'il n'est point de solution qui ne laisse subsister les minorités » (1), la première tâche qui s'imposa fut de chercher à entourer de certaines garanties la situation juridique et l'égalité des nations minoritaires vis-à-vis de la nation dominante, au sein d'un Etat nouveau.

Il faut tenir grand compte aux détenteurs du pouvoir à la Conférence de Paris d'avoir mis immédiatement en œuvre un essai de réalisation de cette grande tâche, tout en regrettant que la tentative n'ait pas été faite sur une plus grande échelle.

Les grandes puissances ne paraissaient nullement disposées à régler la situation de leurs propres minorités. Au fond, si nous ne pouvons pas justifier juridiquement cette inégalité de traitement, il n'y a pas lieu de s'étonner qu'il en soit ainsi. Car les Etats nouvellement formés ont été le siège d'un revirement violent. Il est évident que dans chacun de ces jeunes Etats, où la lutte même a exacerbé la conscience nationale, où les plus intransigeants des

____

(1) V. Epstein, op. cit., p. 7, *Der Nationale Minderheitenschutz als internationales Rechtsproblem*, cité par P. P. Aeby dans son rapport.

patriotes souhaitent de voir l'unité s'exprimer dans toute sa pureté et dans toute sa force, des minorités ethniques, religieuses ou nationales risquent particulièrement, et plus que partout ailleurs, d'être à leur tour opprimées par ceux qui crient dans leur enthousiasme et dans leur joie jeune : « Une foi, une loi ! », et même parfois « un roi ! »

Il est compréhensible que les grandes puissances ont songé surtout aux minorités des nouveaux Etats. Là, les anciennes majorités nationales sont devenues des minorités et *vice versa*. Il ne faut pas s'attendre à voir naître du jour au lendemain des relations bien cordiales entre ces deux groupes ; les nouvelles majorités sont naturellement animées de sentiments de haine et de vengeance envers ceux qui, hier encore, étaient ou passaient pour leurs oppresseurs. De leur côté, ceux qui pendant des siècles ont constitué la nationalité dominante de l'Etat, qu'ils fussent la fraction du peuple la plus nombreuse numériquement ou la plus forte par les moyens de coercition dont elle disposait — peu importe —, ceux qui constituaient l'ancienne majorité du fait de leur situation prépondérante dans l'Etat ont peine à se faire à leur nouvelle situation. Et les sentiments de mécontentement et de malaise qui résultent de cet état de choses sont forcément de nature à nourrir parfois des prétentions exagérées ou à faire éclore des plaintes injustifiées. Que les majorités de l'époque antérieure se souviennent que l'infériorité de culture intellectuelle, économique qu'elles reprochent si souvent aux nationalités actuellement dominantes, a sa cause naturelle dans le traitement qu'elles leur avaient fait subir à l'époque où elles constituaient elles-mêmes la majorité. « Ce qui arrive maintenant est une Nemesis dont l'amertume devrait produire, parmi les minorités, de la modération et une tendance à juger avec plus de clémence » (1). Il fallait donc reconnaître que des deux côtés la situation était singulièrement difficile et délicate. Elle pouvait devenir encore plus grave du fait que la nouvelle majorité dans ces pays se compose de la classe sociale la moins favorisée au point de vue économique ; consciente de sa puissance nouvelle, elle est naturellement portée à inaugurer un nouveau système économique restreignant les anciens droits de propriété au détriment des classes fortunées. Et c'est ainsi que le conflit des nationalités s'élargit et devient une lutte des classes.

Remarquons sur ce point la regrettable omission dans les traités de minorités des questions touchant aux rapports économiques (2).

§ 2. — Or, s'il est indiscutable que c'est dans les nouveaux États que le besoin d'une protection se fait sentir le plus, il ne faut pas oublier que le principe, lui aussi, est indiscutable. S'il y a une Société des Nations civilisées, elle doit dans tout État, que ce soit l'État des Serbes, Croates et Slovènes, la Pologne, l'Italie, l'Allemagne ou

(1) Rapport d'ADELSWAERD, *Les droits de minorités nationales.*

(2) Il serait intéressant de noter que les pétitions des minorités adressées au Secrétariat de Genève invoquent le plus souvent les griefs d'ordre économique, touchant à la non-reconnaissance et à la non-restitution du droit de légitime propriété, au non-rétablissement du droit de propriété des « personnes morales », aux mesures d'expropriation illégale et sans compensation équitable résultant des réformes agraires entreprises par la majorité, etc.., etc.

même la Russie bolcheviste, faire respecter les droits des individus et des groupes inférieurs à l'État. Un des premiers effets de la Société des Nations, c'est le Droit de l'Homme. Mais le vice initial de tout le système, celui que nous avons déjà signalé, c'est que la Société des Nations n'a pas pour ainsi dire défini ses lois. En tête du Pacte, il ne faut pas se lasser de le redire, manque la Déclaration des Droits de l'homme, du citoyen et des nations. Le respect de ces droits doit être le même pour tous. Or, les contrastes frappants sont dans toutes les mémoires : Lorsque fut discutée la Constitution de la Société des Nations, qui ne se se souvient de la scène piquante où les États-Unis, après avoir proclamé l'égalité des religions, se refusèrent à proclamer — et pour cause — l'égalité des races ? Le problème des minorités se traduit sans doute en un problème juif, mais aussi en un problème japonais. Il y a d'autres pays où l'on souffre. Il faut que le principe de la protection internationale des minorités soit reconnu universel.

§ 3. — La troisième Assemblée plénière de la Société des Nations a beaucoup contribué au progrès de cette idée. Au milieu des applaudissements de l'Assemblée plénière, la Société des Nations était déclarée « la gardienne des minorités dans tous les pays du monde. » L'éloquent M. Motta proclama que « les langues et les races ont en elles-mêmes une telle richesse spirituelle, un tel trésor de sentiment et, en un mot, une telle sainteté qu'elles méritent d'être défendues contre les tentatives de révolte et contre le joug de toutes les oppressions. »

De son côté, le professeur Muray, le représentai. de

l'Afrique du Sud, dans sa proposition qui fut adoptée par l'Assemblée, tout en accentuant la compétence du Conseil afin de surveiller l'exécution des droits des minorités (point 1), tout en reconnaissant le droit des minorités à être protégées contre toute oppression, de même que l'obligation de celles-ci de coopérer en citoyens loyaux avec la nation à laquelle elles appartiennent (point 3), semble étendre le respect des droits des minorités aux États qui ne sont pas liés vis-à-vis de la Société des Nations par une obligation expresse (point 4).

Bien que ce point 4 ne constitue qu'un vœu, il n'est pas exagéré de constater que l'observation des règles de justice et de tolérance dans le traitement des individus minoritaires est une obligation internationale pour tous les États. Le principe de protection internationale de l'homme, du citoyen et de l'individu minoritaire — sinon des groupes — est introduit dans le droit des gens par les traités de 1919, 1920, 1923 ; il tire sa force obligatoire non pas seulement de ces traités, mais en dehors de toute disposition écrite, comme une règle de conduite incontestée du Droit des gens contemporain. Le point 4, à notre avis, n'est pas seulement un vœu, c'est une constatation formelle d'un ordre de choses établi, d'une règle coutumière qui veut que les grands principes de la Révolution française soient obligatoires pour toute la Société internationale, « qu'il y a pour chaque époque de l'histoire un minimum juridique au-dessous duquel la communauté internationale ne doit pas permettre à l'Etat de descendre » (1).

(1) MANDELSTAM, loc. et op. cit..

§ 4. — Ici nous devons ouvrir une parenthèse en ce qui concerne le point 3 de la proposition Muray. Ce point, à notre avis, est très important. Il constitue un argument sérieux en faveur de la thèse de MM. Larnaude, Politis et Fauchille (1) d'après laquelle l'obligation des minorités de respecter les pouvoirs de l'Etat, dans les limites où celui-ci respecte leurs droits propres, n'est pas seulement un simple devoir du droit public interne. La proposition Muray, acceptée par 52 Etats, donne à cette obligation un caractère nettement international.

Cela signifie en outre qu'un Etat, victime des mouvements minoritaires, a le droit d'exiger de la Société des Nations de sanctionner cette obligation des minorités en cas de non-exécution loyale. La Société des Nations, malgré les dispositions formelles et contradictoires de l'article 10, pourra ainsi contester le droit d'une nation minoritaire, appartenant à un Etat qui a signé un traité de minorités, à l'insurrection que l'article 10 semble admettre. Et, nous l'avons vu, dans un cas semblable, une minorité ne pourra recourir ni directement ni indirectement à l'intervention de la collectivité internationale, afin d'obtenir son indépendance (2).

§ 5. — Quoi qu'il en soit, les seules conventions qui intervinrent pour la protection des droits des minorités furent conclues soit avec d'anciennes puissances ennemies, soit avec les Etats qui furent redevables à la paix de leur constitution définitive ou d'un notable agrandissement.

(1) V. FAUCHILLE, *Traité du Droit international*, p. 506.
(2) La thèse opposée de M. DE LAPRADELLE, devant l'Union juridique internationale, séance et travaux, 2ᵉ session, pp. 127-128.

A. Dans le premier cas, les dispositions relatives au droit des minorités furent inscrites dans les traités de paix :

1° Traité de Saint-Germain, avec l'Autriche, signé le 10 septembre 1919 et placé sous la garantie de la Société des Nations le 22 octobre 1920 (art. 62-69) ;

2° Traité de Neuilly, avec la Bulgarie, signé le 27 novembre 1919 et placé sous la garantie de la Société des Nations le 22 octobre 1920 (art. 49-57) ;

3° Traité de Trianon, avec la Hongrie, signé le 4 juin 1920 et placé sous la garantie de la Société des Nations le 30 août 1921 (art. 54-60) ;

4° Traité de Sèvres, avec la Turquie, le 10 août 1920 (art. 140-151), abrogé par le traité de Lausanne du 24 juillet 1923.

B. Les États successeurs — nouveaux ou agrandis — conclurent au contraire à cet égard des accords spéciaux, des traités additionnels, avec les puissances principales (des traités dits de minorités) :

1° le traité additionnel avec l'État des Serbes, Croates et Slovènes, signé en vertu de l'article 51 du traité de Saint-Germain, le 10 septembre 1919 et placé sous la garantie de la Société des Nations le 29 novembre 1920 ;

2° le traité avec la Tchéco-Slovaquie, signé en vertu de l'article 57 du traité de Saint-Germain, le 10 septembre 1919 et placé sous la garantie de la Société des Nations le 29 novembre 1920 ;

3° le traité avec la Roumanie, signé en vertu de l'article 60 du traité de Saint-Germain, le 9 décembre 1919, placé sous la garantie de la Société des Nations le 30 août 1921 ;

4° le traité avec la Pologne, signé en vertu de l'article 93 du traité de Versailles, le 28 juin 1919, et placé sous la garantie de la Société des Nations le 13 février 1920 ;

5° le traité avec la Grèce, signé en vertu de l'article 46 du traité de Neuilly et des articles 75 et 86 du traité de Sèvres, signé le 10 août 1920. (Non ratifié) ;

6° le traité avec l'Arménie, en vertu de l'article 93 du traité de Sèvres, signé le 10 août 1920 et abrogé par le traité de Lausanne 1923.

§ 6. — Le système type initial de protection des minorités s'est dans la suite considérablement élargi. La Société des Nations a pris elle-même l'initiative de mesures protectrices de minorités dans d'autres pays que ceux qui ont signé les conventions avec les puissances principales.

Sur l'initiative primitive de Lord Robert Cecil et sur proposition formelle d'une Commission composée de Lord Robert et de MM. Motta et Bénès, la première Assemblée de la Société émit, le 15 décembre 1920, le vœu que les États baltes et caucasiens, ainsi que l'Albanie, fussent astreints, lors de leur admission dans la Société, à accepter les conventions des minorités et à conférer avec le Conseil pour le détail de leur application.

Seules la Finlande et l'Albanie furent, au cours de cette Assemblée, admises dans la Société :

1° Le 2 octobre 1921 les représentants de l'Albanie signèrent une déclaration touchant la protection des minorités de ce pays ;

2° A la seconde Assemblée de la Société eut lieu l'admission de l'Esthonie, de la Lettonie et de la Lithuanie ; ces trois États durent préalablement signer une déclaration aux termes de laquelle ils acceptent les principes proclamés par l'Assemblée le 15 décembre 1920, touchant le droit des minorités ;

3° Lorsque fut réglée la question de la souveraineté sur l'archipel d'Aland, le Conseil adopta, le 17 juin 1921, une résolution assurant aux Alandais la protection de leur langue, de leur civilisation et de leurs traditions suédoises, sous la garantie de la Société des Nations ; ces prescriptions furent ultérieurement ratifiées par la Finlande ;

4° Le 20 octobre 1921, la Conférence des Ambassadeurs a prévu un semblable accord entre les Gouvernements allemand et polonais au sujet de la Haute-Silésie. Cet accord, *un des plus complets et des plus clairs en notre matière*, fut conclu le 15 mai 1922 à Genève ;

5° Dans les projets d'organisation des pays de mandats élaborés en vertu de l'article 22 du Pacte par les puissances signataires, on retrouve les mêmes principes de liberté qui, en Europe, ont été inscrits dans les clauses de minorités. Notamment les projets de mandats sur la Mésopotamie, sur la Palestine et sur la Syrie stipulent en faveur des habitants de ces pays, non seulement la liberté de conscience mais l'égalité, le respect des droits culturels et des usages locaux. En outre, on y trouve des dispositions spéciales concernant le statut personnel des Musulmans et la situation juridique des biens dits *Vakoufs*.

§ 7. — En outre, il nous faut citer les conventions particulières conclues entre deux ou plusieurs États, réglant la situation des minorités :

1° Convention entre la Grèce et la Bulgarie, relative

à l'émigration volontaire et réciproque des minorités, signée à Neuilly le 27 novembre 1919 ;

2° Traités relatifs aux droits de nationalités et à la protection des minorités entre les Républiques autrichienne et tchéco-slovaque, signés à Brünn le 7 juin 1920 (art. 7-28) ;

3° Protocole additionnel du traité de Brünn, signé à Carlsbad le 23 août 1920 ;

4° L'accord Lanny entre les mêmes puissances (décembre 1921), art. 6 ;

5° Deux conventions entre la Pologne et la ville libre de Dantzig (9 novembre 1920, art. 33 ; et 24 octobre 1921, art. 225-227) ;

6° Traité entre l'Italie et le royaume des Serbes, Croates, Slovènes (Rapallo, 12 novembre 1920), art. 7, al. 2 ;

7° Traité entre la République polonaise et la République tchéco-slovaque (Prague, 29 novembre 1920) ;

8° Traité entre l'Esthonie, Finlande, Lettonie et Pologne, du 17 mars 1922, signé à Varsovie (art. 5) ;

9° Traité de paix entre la Pologne, la Russie et l'Ukraine (Riga, 18 mars 1921), art. 7 (1) et enfin ;

10° Traité de Lausanne, 24 juillet 1923, Partie Iʳᵉ, section 3, « Protection des Minorités » en Turquie et en Grèce ;

11° Convention concernant l'échange obligatoire et réciproque des populations grecques et turques signées à Lausanne le 30 janvier 1923.

(1) Celui-ci est hors du cadre de la Société des Nations.

CHAPITRE III

Les motifs déterminants des obligations internationales insérées dans les clauses concernant les minorités de l'Europe centrale et orientale.

Les dispositions concernant les droits des minorités que renferment ces différents accords, sont sensiblement identiques. Elles sont sorties des délibérations de la Commission dite des nouveaux Etats, à laquelle MM. Wilson, Clémenceau et Lloyd Georges donnèrent mission le 1er mai 1919 d'élaborer un projet de protection des minorités dans l'Europe Centrale et Orientale.

La première des conventions issue de ces travaux fut signée avec la Pologne en même temps que la paix de Versailles.

M. Clémenceau donna, dans une lettre du 24 juin 1919, écrite à M. Padéréwski, les motifs déterminants des nouveaux traités.

§ 1. — Après avoir rappelé le précédent de ce traité (Congrès de Berlin) et suivant lequel tout Etat qui demande à entrer dans la famille européenne doit préalablement accepter les principes qui sont à la base de l'organisation sociale de tous les Etats civilisés, « observer certains principes de gouvernement » (1), M. Clémenceau

---

(1) Ces principes sont définis par Wilson à plusieurs reprises (discours du 22 janvier 1911, message au Congrès du 2 avril 1917, réponse au gouvernement de la Russie du 10 juin 1917).

Dans ses déclarations Wilson définit le Gouvernement démocratique :

constate que la garantie des stipulations de cet ordre auparavant assurée par les grandes puissances était en pratique inopérante « et qu'on pouvait reprocher à ce système de conférer aux grandes puissances, soit individuellement, soit en groupe un droit d'intervention » ce qui permet de poursuivre le plus souvent des fins purement politiques. Le fait de confier la garantie à la Société internationale est de nature à éviter à l'avenir le retour de pareils abus. Désormais la mission d'organe et de contrôle a été attribuée à la Société des Nations, qui constitue l'expression à la fois la plus récente et la plus complète de la communauté internationale. (Ce premier point retiendra notre attention au chapitre 5).

§ 2. — La deuxième modification à l'ancien usage international provient de ce que, d'après le système nouveau, toute contestation relative aux traités des minorités devront être portées devant la Cour de Justice internationale. « Par là, les différends qui pourront surgir échappent au domaine politique et entrent dans le domaine juridique, ce qui facilitera une décision impartiale, en même temps qu'on évitera tout danger d'ingérence. »

C'est dans ce dernier point que gît le germe de la solution à venir. L'idée d'un arbitrage confié à une juridiction internationale permanente est en elle-même inattaquable. Personne ne peut nier que dans les conflits internationaux — et ceux entre Etats et nationalités sont les

celui qui reçoit tout son pouvoir du consentement des peuples gouvernés, qui donne à ses sujets des chances équitables de vie et de liberté ; qui leur reconnaît le droit de choisir leur manière de vivre et d'être, leur garantit l'existence, le culte, le développement social et industriel, etc...

plus aigus — une décision équitable, prise après examen approfondi de la situation par les juges impartiaux, ne soit infiniment préférable à tout examen par un corps politique.

Pourquoi seulement donner la compétence à la Cour de Justice pour régler une contestation entre l'État intéressé et les membres du Conseil au sujet de l'interprétation du texte ? L'homme, le citoyen et les minorités ont leur fin propre ; ils ne sont pas de simples instruments des dominations étatiques. Ils ont des droits propres à caractère nettement juridique. Cette reconnaissance quasi unanime de leurs droits internationaux constitue le fondement nécessaire *à un recours juridique supra-national* chargé de leur donner une sanction.

Nous insistons particulièrement sur cette idée : toute contestation entre États, l'individu et les minorités ayant le caractère juridique international et ne pouvant pas être réglée d'une façon équitable par les autorités judiciaires internes, devrait être reportée directement à une autorité judiciaire internationale.

Il semble bien, d'après la lettre de M. Clémenceau, que l'intention première des puissances ait été de décharger les États particuliers, membres du Conseil, de la responsabilité de protection des minorités. Or la procédure, telle qu'elle a été établie définitivement, est loin de répondre à cette idée. Le fait que seul un membre du Conseil ait qualité pour saisir ce Conseil semble *a priori* de nature à entraver une discussion approfondie des instances introduites et risque d'être un obstacle à tout ce que l'on cherchera à faire pour les minorités.

Ici le conflit s'élève entre deux Etats ; et alors aucun Etat ne se souciera d'entrer en conflit avec un autre membre de la Société. « Dans tous les cas, le résultat pourrait être d'envenimer les relations entre les deux Etats en désaccord, ce qui ne saurait être souhaitable » (1).

Comme le constate M. Clémenceau, la procédure antérieure était pratiquement inopérante. Il est de toute importance que le nouveau système n'offre pas prise aux mêmes critiques (2).

(1) et (2) *Rapport de* Sir Dickinson *à* Prague, 1922, op. cit.

CHAPITRE IV

Analyse juridique des principales dispositions concernant l'individu, le citoyen et les Minorités de race, de langue et de religion dans les traités de 1919-1920.

Ce serait une tâche à la fois ingrate et fastidieuse que de citer les clauses de tous les traités relatives au sort des minorités. Nous renvoyons à des études qui ont été déjà faites à ce sujet (1) ; nous analyserons les dispositions essentielles qui peuvent servir de bases à un examen d'ensemble des règles du droit international positif concernant l'individu, le citoyen et les minorités.

§ 1. — Tout d'abord les traités parlent du *droit de l'homme*. Le respect de la vie, de la liberté, de la conscience religieuse, de tous les cultes qui ne seront pas contraires à l'ordre public et aux bonnes mœurs, garantis à tous les habitants, sans distinction de race, de religion ou de naissance, constitue pour l'Etat une obligation d'ordre international. Le droit de cité s'obtient sans restriction par la naissance sur le territoire de l'Etat ou par le domicile ou l'indigénat à une date déterminée. Aucune restriction au droit d'option par un acte de libre volonté ne sera apportée pour en entraver l'exercice.

En outre, la convention signée à Neuilly entre la Bulgarie et la Grèce stipule la liberté d'émigration réciproque et volontaire, sans aucune restriction.

(1) Voir notamment l'analyse détaillée de ces clauses dans la thèse de DUPARC, Paris, 1922.

§ 2. — *Les droits du citoyen :* L'égalité devant la loi politique ou civile pour tous les ressortissants de l'Etat sans distinction de race, de langue ou de religion. Les différences de religion ne leur porteront nul préjudice dans la jouissance de leurs droits ni dans l'admission aux fonctions publiques. Aucune restriction ne sera imposée dans le libre usage d'une langue ou d'une autre et « nonobstant l'établissement par le Gouvernement d'une langue officielle » certaines facilités seront accordées aux ressortissants qui ne parlent pas la langue officielle pour qu'ils jouissent de leur langue devant les tribunaux (on évite d'ajouter : devant l'administration aussi ; on comprend difficilement cette omission).

§ 3. — Les dispositions touchant les droits de l'homme et du citoyen constituent les obligations d'ordre international et doivent être reconnues comme « *lois fondamentales* », doivent avoir force de lois cons'itutionnelles et que nulle loi, nul règlement, nul acte officiel ne pourront entrer en conflit avec elles, ni prévaloir contre elles.

Ici il faut remarquer que « ces constitutions des droits de l'homme et du citoyen » ne peuvent être modifiées par les voies de législation ni ordinaires ni spéciales. « Elles sont intangibles pour les législations intérieures. Leur abolition ou leurs modifications ne pourraient s'accomplir que par la voie internationale » (1).

Les traités n'ont pas organisé un contrôle international comme sanction à cette clause, ainsi qu'ils l'ont fait pour

---

(1) MANDELSAM, *La Société des Nations et les puissances devant le problème arménien*, Revue générale du Droit international public, année 1921, p. 376, op. cit..

les sujets minoritaires. En effet, seules les dispositions concernant les minorités sont soumises au contrôle exercé par le Conseil.

Supposons que l'Etat passe outre à cette clause, qu'une loi ou un règlement contraire aux stipulations intervienne. Evidemment, cette loi ou ce règlement devrait être considéré comme nul. Alors la question se pose : devant quelle juridiction l'action en nullité devra-t-elle être portée ? S'il s'agit d'un pays où les juges peuvent interpréter la constitutionnalité des lois, le problème peut être résolu par les voies qu'offre le droit interne. Mais que faire alors dans le cas où une semblable institution de contrôle interne n'existe pas ? Rationnellement, les dispositions concernant l'homme et le citoyen constituant des obligations d'ordre international, il devrait y avoir un recours devant une institution internationale. Or, il n'est pas organisé. Tant que ces questions préjudicielles n'auront pas été résolues, l'affirmation des traités concernant l'individu et le citoyen reste une affirmation théorique (1).

Mais en tout cas, si un recours international n'existe pas, si même la loi constitutionnelle n'a pas sanctionné les dispositions d'un traité international concernant les droits de l'homme et du citoyen — nous ajouterons même que cela n'est pas indispensable — et enfin même s'il n'y a aucune institution pour apprécier la constitutionnalité d'une loi, dans ce cas, nous osons affirmer que l'individu ou le citoyen lésé a le droit, pour nous fonder sur la seule

____

(1) V. dans le même sens, DUPARC, p. 306.

puissance du traité, droit incontestable à exiger devant la juridiction suprême interne l'exécution d'un traité ratifié par le Parlement de la même façon comme si le Parlement votait une loi. Car la force de la parole donnée envers la communauté internationale tout entière est supérieure incontestablement à toute loi et à tout règlement internes. Sur ce point la Convention germano-polonaise, signée à Genève le 15 mai 1922, concernant la protection des minorités en Haute-Silésie, stipule, dans ses dispositions générales, que les tribunaux sont compétents pour examiner si les dispositions législatives et administratives ne sont pas contraires aux stipulations de la convention en matière de minorités. Cette disposition est de nature à garantir les ressortissants appartenant à une minorité contre un traitement différentiel en ce qui concerne la jouissance des droits civils et politiques.

De plus, dans son titre III, qui traite du droit de pétition et des voies de recours des dispositions analogues sont prévues : dans chaque partie du territoire plébiscité sera créé un office des minorités. Les personnes appartenant à une minorité pourront, après avoir déposé leur plainte auprès de l'autorité administrative de dernière instance, soumettre pour examen une pétition à l'Office des minorités de leur Etat. Si celui-ci ne réussit pas à donner satisfaction aux pétitionnaires, il transmettra pour avis la pétition avec ses observations au président de la Commission mixte. Celui-ci donnera aux membres de la Commission mixte l'occasion d'exprimer leur opinion. On rappelle que la Commission mixte est composée de deux Allemands et de deux Polonais, ainsi que d'un président d'une autre nationalité. Le président donnera son avis à l'Office des minorités, qui le transmettra aux autorités administratives compétentes. Ce n'est que dans le cas où les pétitionnaires ne seraient pas satisfaits de la solution donnée à l'affaire par l'autorité administrative, qu'ils pourront faire appel au Conseil de la Société des Nations.

Ces voies de recours devant les autorités internes organisées d'une façon spéciale sont de nature à donner des véritables garanties au droit des individus et des citoyens minoritaires. Il est regrettable que les autres traités n'aient pas organisé de pareilles garanties de contrôle interne.

§ 4. — Viennent ensuite *les clauses concernant spécialement les membres d'une minorité de langue, de race et de religion.*

Au point de vue de droit individuel, ils sont assimilés juridiquement et en fait aux autres ressortissants de l'Etat. De ce point de vue il n'y a pas à proprement parler des minorités mais des individus minoritaires.

Là encore la Convention germano-polonaise, établissant le statut civil et politique des individus minoritaires, est supérieure aux autres traités. Ces derniers n'ont pas seulement défini le terme *minorité*, mais ils n'ont pas déterminé qui est le titulaire du droit, qui peut réclamer la jouissance et l'exercice de ces dispositions ; car, avant l'examen de toute action juridique relative à une violation de droits, une question préalable se pose nécessairement : dans quelles conditions un individu peut-il être admis à réclamer le bénéfice de la protection ? Qui est l'individu minoritaire ? Tâche difficile assurément que la délimitation des individus appartenant aux groupes minoritaires et de ceux qui appartiennent à la majorité. L'accord germano-polonais dit dans son article 74 : « La question de savoir si une personne appartient ou non à une minorité de race, de langue ou de religion ne peut faire l'objet d'aucune vérification ni d'aucune contestation de la part des autorités. » Pour établir par exemple, quelle est la langue d'un élève il sera tenu compte uniquement de la déclaration verbale ou écrite de la personne légalement responsable de son éducation (1).

Au premier abord, la solution semble quelque peu absolue ; elle est néanmoins la seule pratique et ne parait pas d'ailleurs ouvrir le champ à de graves abus, puisque la qualité de sujets minoritaires donne droit à un traitement égal à celui des autres citoyens, rien de plus (2).

§ 5. — *La différenciation des groupes minoritaires dans l'Etat.* — Avec le droit collectif nous abordons un autre aspect du problème.

Ici il y a des droits collectifs, mais il n'y a pas de collectivités. On cherchera vainement dans les traités des minorités une nouvelle personne, groupe minoritaire, sujet du droit international. Il n'y a pas une défférenciation du groupe minoritaire dans l'Etat.

Tout d'abord, les traités ont imposé aux Etats trois dispositions essentielles : le droit des minorités à créer et à diriger des associations charitables, religieuses ou so-

(1) V. *La protection des minorités en Haute-Silésie*, Revue Internationale de la Croix-Rouge du 15 juin 1922, p. 568.
(2) V. Lucien BRUN, thèse Grenoble, 1923, p. 151, op. cit..

ciales et des écoles ou autres établissements d'éducation. Le droit d'association ou de réunion des groupes minoritaires pour la défense de leurs droits *en tant que groupes ethniques ou nationaux* n'est prévu que dans la Convention germano-polonaise. Vient ensuite, « dans les villes ou districts où réside une proportion considérable » des ressortissants minoritaires, l'introduction de leur langue dans l'enseignement public. L'enseignement de la langue majoritaire peut être obligatoire. — Et enfin la répartition *équitable* (pourquoi ne pas dire proportionnelle ?) des fonds qui seraient alloués par l'Etat dans un but d'éducation, de religion ou de charité.

Ce mécanisme, nous insistons sur ce point, suppose une organisation des minorités. Or, ni dans l'Etat, ni dans la commune, sauf de rares exceptions que nous signalerons, les minorités, entités collectives, n'existent au sens juridique du terme. Alors, devant l'Etat, il n'y a point de collectivités mais seulement des individualités éparses, personnes minoritaires ou établissements minoritaires, charitables, religieux et scolaires (1). Le droit d'association politique des minorités n'est pas mentionné dans les traités (2).

Il n'y a rien là qui justifie l'affirmation exagérée que les traités ont créé une nouvelle personne du droit international public.

(1) V. DUPARC, op. cit., pp. 254-257.

(2) C'est ainsi que les dispositions du mois d'avril 1924 du gouvernement royal de Belgrade, tendant à la suppression des *associations minoritaires* allemandes de Yougo-Slavie, *Deutscher Kultursbund*, ne sont pas en contradiction avec les obligations internationales assumées dans le traité additionnel de Saint-Germain.

§ 6. — Même dans le cas de l'autonomie religieuse et scolaire de Transylvanie (V. traité avec la Roumanie) on ne peut parler d'une minorité. Cette autonomie est locale : aucun organe d'ensemble n'est prévu qui centralise la minorité et la représente devant l'Etat ; elle est circonscrite au domaine de la religion et de l'école et s'exerce sous le contrôle direct du gouvernement roumain.

§ 7. — Dans le traité de Sèvres les dispositions concernant l'autonomie religieuse, scolaire et judiciaire des communautés chrétiennes en Turquie, de même que celles concernant la représentation proportionnelle des minorités ethniques, consacrent un état de choses déjà établi dans ce pays ; mais cet état de choses commence à disparaître et le traité de Lausanne ne parle plus « des représentants qualifiés *des communautés* chrétiennes en Turquie » (articl. 48 du traité de Sèvres) mais des représentants qualifiés *des établissements et institutions* intéressés (article 40 du projet adopté le 4 février 1923). De même l'action des chefs de ces communautés est cantonnée expressément dans le domaine purement religieux.

§ 8. — Il est vrai que le traité avec l'Etat serbe-croate-slovène (article 10), rédigé dans les termes semblables à ceux du traité de Lausanne, parle des droits spéciaux résultant des conditions particulières de la vie religieuse et civile des Musulmans serbes. Mais il est loin de reconnaître et d'organiser même d'une manière rudimentaire une entité morale dans l'Etat. Tout ce que l'Etat serbe-croate-slovène trouve devant lui, ce sont des institutions judiciaires locales, compétentes pour les seules affaires

qui touchent aux statuts religieux et civils des Mahométans (*Chéri*), des institutions religieuses (*Reiss-ul ulema*)
et quelques fondations pieuses (*Vakoufs*) (1).

§ 9. — Pour la Grèce et l'Arménie, le traité de Sèvres
semble bien inaugurer « un système électoral qui devra
tenir compte des droits des minorités », ce qui suppose
une organisation de la minorité musulmane dans ces
pays ; mais ces dispositions sont simplement abrogées par
le traité de Lausanne, en ce qui concerne l'Arménie qui a
perdu son foyer national, tandis que la Grèce est soumise
au même régime, en ce qui concerne les minorités musulmanes, que la Turquie en ce qui concerne les minorités
non musulmanes (article 44 du projet du 4 février 1923).

§ 10. — En ce qui concerne les Juifs de Pologne, il y a
bien une organisation locale dotée de la personnalité morale par le droit public polonais ; mais ces communautés
juives n'ont qu'une autonomie scolaire (article 10 du
traité avec la Pologne) ; elles ne sont que des institutions
publiques soumises au contrôle direct de l'Etat.

Dans sa lettre à M. Padéréwski, le président Clémenceau
insiste sur ce point : « Elles (ces clauses) ne constituent
pas une reconnaissance des Juifs en tant que communautés politiques distinctes dans l'Etat polonais. »

§ 11. — La seule exception concerne le territoire des
Ruthènes des Carpathes (traité avec la Tchéco-Slovaquie,
articles 11, 12, 13) qui ont une autonomie rappelant celle
de certaines possessions britanniques : autonomie législa-

____

(1) Ces dispositions ne sont applicables que sur les territoires acquis
depuis 1913 : donc, les musulmans de Macédoine et de Serbie proprement
dite ne sont pas protégés par l'art. 10 du traité de Saint-Germain.

tive, administrative, religieuse et judiciaire. Ils ont une diète locale et une représentation propre au Parlement de Prague, ce qui fait d'eux une véritable minorité organisée, ayant des représentants qualifiés qui peuvent parler en son nom tant aux autorités internes qu'à la Société internationale.

Mais le gouvernement de ce pays a tardé à organiser le régime prévu par le traité, malgré le rappel qui lui a été adressé par le Conseil de la Société des Nations le 14 janvier 1922. Il invoque pour justifier ce retard « la faible culture de la population ruthène » (1). Combien faudrait-il attendre l'émancipation des habitants de ce pays ? (2).

Comme autrefois les centralistes autrichiens, les traités se sont efforcés d'établir les dispositions relatives aux minorités sous forme impersonnelle et générale. Elles constituent des droits sans qu'il y ait un sujet de droit juridiquement capable d'intenter une action en justice interne ou internationale (3).

---

(1) V. *Rapport* du prof. RUYSSEN à Prague, 1922, *La situation actuelle des minorités en Tchéco-Slovaquie.*

(2) C'est aussi par la faible culture de cette population que les journaux de Prague expliquent l'élection des sept communistes (sur 13 partis en compétition) que la Ruthènie a envoyé au Parlement de Prague, lors de sa première consultation électorale, au mois de mars 1924. Le communisme dans ce pays n'est pas, comme semble l'affirmer *Le Temps*, l'expression de l'ignorance de cette population « complètement illettrée et qui s'est laissée prendre aux promesses de la démagogie communiste », mais il constitue indéniablement la manifestation la plus juste et la plus éloquente d'un profond mouvement de mécontentement d'une minorité consciente de son unité et de sa misère.

(3) DUPARC, op. cit., p. 292.

CHAPITRE V

Les Minorités et la communauté internationale

§ 1. — Mais la plus grande défectuosité de la protection internationale des minorités se révèle dans l'insuffisante garantie des droits qui ont été sanctionnés par les traités internationaux. La conception d'un droit implique la possibilité de le faire valoir, autrement c'est un *nudum jus*. La notion du droit, nous le répétons, appartient au domaine du droit public et non à celui de la politique. Comme on le sait, les considérations politiques diffèrent de beaucoup du droit public. Ainsi le droit de propriété que les minorités invoquent le plus souvent et que dernièrement les colons allemands de Pologne invoquaient aussi, ne dépend pas de circonstances politiques mais est simplement un droit qui au besoin doit être assuré par la procédure juridique, et non par des négociations d'un ordre diplomatique ou politique. Les droits des minorités — s'ils méritent ce nom — doivent donc se conformer au même principe ; sinon ce ne sont pas des droits.

§ 2. — Pourtant, jusqu'ici, ils ont revêtu un caractère semi-politique et semi-juridique. Il faut admettre que la procédure de la Société des Nations, dans le cas de différends surgis par rapport au droit des minorités, est équivoque et ne supporte par le raisonnement juridique. Les minorités qui se plaignent d'une lésion de leurs droits ne sont pas autorisées à intenter un procès ; elles doivent se contenter d'une pétition adressée au président du Conseil de la Société des Nations. Ceci seul témoigne que ce procédé est un appel hybride fondé en partie sur l'idée de justice et en partie sur l'espoir de gagner la sympathie politique du Conseil de la Société des Nations.

§ 3. — Si le rapport Tittoni du 22 octobre 1920 dit que le droit des membres du Conseil de signaler les infractions ou les dangers d'infraction n'exclut point la faculté « des minorités elles-mêmes de les signaler », il ne faut prendre ces termes que comme une simple abréviation des termes des traités : « des personnes appartenant à des minorités de race, de langue ou de religion. »

§ 4. — En principe, chacun a la faculté d'adresser à la Société des Nations des pétitions ou des informations relatives à la protection des minorités. Ce n'est pas un privilège des personnes appartenant à des minorités.

§ 5. — Les traités des minorités n'ont pas créé non plus d'organismes ayant le droit de parler et d'agir au nom des minorités, réservant aux seuls membres du Conseil le droit de les protéger. Dans ces circonstances, si des pétitionnaires, formulant une demande, se réfèrent à l'autorisation de la minorité et prétendent parler au nom de la minorité, cela n'a aucune base juridique (1).

§ 6. — De plus la pétition doit être approuvée d'abord par le Secrétariat général. Une fois ce stage heureusement terminé, la pétition est soumise au président du Conseil qui — remarquons-le — n'est pas un juge mais un

---

(1) C'est aussi, d'après ce que nous croyons savoir, l'interprétation juridique des gouvernements de la Petite Entente.

homme politique. Il désigne deux membres du Conseil qui devront former, de concert avec lui, un Comité *ad hoc*, dit *Comité des trois*. Après avoir invité le Gouvernement en question à donner son avis et après l'avoir obtenu, le Comité décide si la pétition doit rester sans suite ou si elle sera prise en considération.

§ 7. — Il faut observer que la présentation des pétitions ou des informations au Secrétariat, leur communication aux membres du Conseil, leur examen par le Conseil des Trois, ne constituent aucun acte juridique ; ce n'est que l'appel fait au Conseil par l'un des membres qui le constitue.

En effet, la procédure dont les pétitions font l'objet n'est qu'une sorte de service d'informations à l'usage des membres du Conseil pour leur faciliter l'accomplissement de leur devoir, en ce qui concerne la protection des minorités. Ce ne sont pas *des plaintes* au sens technique du mot, de même que les observations présentées par les gouvernements intéressés ne sont pas *des réponses* à ces pétitions mais des simples informations. Elles ne doivent être communiquées aux membres de l'Assemblée générale que sur demande de l'Etat intéressé ou sur décision du Conseil prise en vertu de cette stipulation des traités : « Et que le Conseil pourra procéder de telle façon et donner de telles instructions qui paraîtront appropriées et efficaces dans la circonstance. »

§ 8. — Une fois la pétition soumise au Conseil en conformité de l'article 4, § 5, du Pacte, un représentant du Gouvernement inculpé est invité à prendre part à la session du Conseil. Aucun représentant de la minorité en question ne peut être admis, puisque personne ne peut parler en son nom. Même dans le cas où un représentant qualifié existerait il ne pourra pas être reçu par le Conseil, car, suivant les principes du droit international classique, seuls les Etats peuvent participer aux travaux du Conseil et de l'Assemblée de la Société des Nations et plaider devant la Cour internationale de La Haye.

Le résultat de la délibération peut être ou bien que toute l'affaire est classée ou bien qu'une résolution émane du Conseil exprimant son opinion sur la matière. Le Conseil peut aussi en appeler, en cas d'un désaccord dans le genre de ceux prévus par l'article 14 du Pacte, à la Cour permanente de Justice à La Haye. Dans cette Cour aucun représentant des minorités n'est admis. Cela est d'autant plus grave qu'une décision de la Cour permanente sur une affaire touchant aux droits des minorités est, dans tous les cas, sans appel et aura la même force et valeur qu'une décision rendue en vertu de l'article 13 du Pacte.

§ 9. — C'est ainsi que l'infortunée pétition, après avoir été sujette pas moins de trois fois à l'éventualité d'un rejet, est finalement jugée digne de former l'objet des délibérations du Conseil dans l'absence d'un représentant des plaignants, tandis que le Gouvernement contre lequel la plainte est dirigée est maître de la situation et peut expliquer les choses à sa façon, sans crainte d'être contredit par son adversaire. Tout le procès se déroule à huis clos, sans que la minorité ait la possibilité de répliquer.

§ 10. — Certes, le Secrétariat général — organisation véritablement internationale auquel incombe le réglement préliminaire de litiges survenus ou de plaintes proférées — est apte à s'acquitter du traitement de ces affaires. Contre l'administration que dirige l'honorable Sir Eric Drummond, il n'y a pas eu jusqu'ici sujet de plainte. Mais elle ne peut pas changer quoi que ce soit à cet état de fait, étant une bureaucratie pure et simple au service des gouvernements membres de la Société des Nations (1).

§ 11. — Probablement aussi on ne saurait trouver d'organisation plus apte à s'acquitter du traitement de ces affaires que la Cour de Justice. Sa tâche actuelle, aussi bien que celle qu'on propose de lui assigner à l'avenir est en dehors de toute critique raisonnable.

§ 12. — Il se peut que cette partialité pour le gouvernement accusé et l'attitude sévère envers la minorité qui demande justice s'expliquent d'une part par la position dominante du gouvernement intéressé et de l'autre par la condition infime de la minorité. Mais alors, où est la notion du droit ? Où est donc cette fameuse protection des minorités ? Que penser du fait que même des Gouvernements ne sont pas toujours en harmonie avec la vérité et ne tiennent pas toujours leur parole ? Tandis que i'existence des minorités est souvent mise en danger par une majorité toute puissante excipant d'un nationalisme intransigeant.

Les minorités désirent être traitées dans la vie internationale avec l'équité et l'impartialité accordées au dernier prolétaire par la procédure juridique dans tous les Etats

____

(1) C'est la IV⁰ section du Secrétariat, ayant à sa tête le directeur Eric Colban, qui est chargée, avec l'administration de la Sarre et du Dantzig, de la protection des minorités.

civilisés. Si la force ne fait pas le droit, le rappel pour le
maintien de leur droit devait être traité avec la même impartialité qui règne dans les tribunaux de tous pays civilisés.

Ce qui est nécessaire, c'est une protection véritable,
sans grandiloquence ; et plus de sincérité, plus de loyauté
envers les principes énoncés sont indispensables.

§ 13. — Dans les parties du monde où les minorités
forment un bloc compact, comme par exemple en Bohême
germanique, il est facile de fonder leur droit sur leur
unité ethnographique ; ce qui les ferait relever du Droit
international. Ce n'est que de cette façon que la possibilité
du danger d'un mouvement irrédentiste pan-germaniste,
surgissant des masses minoritaires allemandes de l'Europe
Centrale, pourrait être évité. Les Suisses germaniques
peuvent servir d'exemple pour illustrer éloquemment cette
proposition.

§ 14. — Au contraire, partout où les minorités sont dis-
séminées parmi la majorité ethnique de la population,
l'inscription dans un cadastre et une organisation corporative pourraient faire de leurs représentants éparpillés
un ensemble dont les cellules auront pour base territoriale la commune, qui serait également traité comme
sujet du Droit international.

Au fond, il n'y a pas de difficultés théoriques insur-
montables à accorder aux minorités ethniques la même
position légale dont jouissent les personnes morales à
l'intérieur comme à l'extérieur des Etats auxquels elles
appartiennent. Cela leur donnerait la possibilité de plaider leur cause devant le Conseil de la Société des Nations,

et surtout devant la Cour internationale de Justice à La
Haye.

C'est seulement alors qu'on aurait bien raison de dire
que dans le Droit des gens les traités de 1919, 1920, 1923
ont créé *une nouvelle personne internationale* — les minorités nationales (1).

§ 15. — D'abord il n'y a pas *de minorités*, mais *des
individus* appartenant à des groupements minoritaires de
langue, de race ou de religion.

Ensuite les traités ne parlent jamais des minorités *nationales*. Ce terme aura pour conséquence logique et inévitable la confirmation du droit pour une minorité nationale à exister et à s'organiser collectivement. Or, nous
l'avon vu, les traités l'ont évité.

§ 16. — *C'est ainsi que, ayant son point de départ dans
le principe des nationalités, la protection internationale
des minorités a reçu une déviation très accentuée et ne
peut être présentée comme une introduction des nationalités, dans le Droit des gens, à côté des Etats* (2).

Les traités de 1919-1920-1923, imprégnés du souci de
ménager les tendances centralisatrices de l'Etat national,
ont traité les droits nationaux comme des droits individuels, alors que, dans leur point de départ, ils devaient
être collectifs.

§ 17. — Tout ce que les traités des minorités nous ap-

---

(1) V. la thèse opposée de M. le professeur DE LAPRADELLE, *Préface* à la
thèse de DUPARC, Paris, Daloz, 1922, p. III.

(2) V. l'affirmative contraire du professeur Louis LE FUR, *Races, Nationá-
lités, Etats*, p. 146.

portent de nouveau, c'est une déclaration générale des principes de droits de l'homme et du citoyen, accentuée et précisée particulièrement là où l'action hostile de l'État national sera naturellement et surtout marquée : à l'égard des membres des groupements minoritaires.

CHAPITRE FINAL

Le point actuel de l'évolution de la question du rapport entre les minorités, l'Etat et la communauté internationale. La conclusion historique de la conférence de Lausanne, 1922-1923.

§ 1. — Les récentes discussions à la Conférence de Lausanne ont fourni aux diplomates européens l'occasion de manifester leurs vues sur la grave question des minorités chrétiennes en Turquie nationaliste.

Jamais le problème ne fut posé devant une Assemblée internationale avec autant d'acuité tragique, à la fin d'une guerre qui a soulevé des passions violentes, qui a été marquée par une destruction terrible de vies humaines, parmi les minorités le plus directement intéressées, et suivie d'une dislocation violente des groupes ethniques importants qui a provoqué d'immenses souffrances humaines.

Lorsque l'on parle de minorités chrétiennes en Turquie, il faut toujours se rappeler qu'il ne s'agit pas ici d'un simple problème théorique, d'un problème de laboratoire, mais qu'il s'agit de milliers de vies humaines. Il ne faut pas oublier que, d'après les estimations sérieuses, plus de 1.200.000 chrétiens auraient été exterminés depuis 1914, que les 3.000.000 d'Arméniens qui vivaient en Asie-Mineure ont été réduits à 130.000 (1). Cette question arménienne constitue le plus grand scandale du monde con-

---

(1) M. Venizelos, à la Conférence de Lausane, se demande, en parodiant les déclarations absurdes d'Ismet-Pacha, s'ils ne se sont pas suicidés.

temporain, et, suivant les belles paroles de M. Schild, délégué américain, une honte, un défi à la civilisation. « Ces faits excitent la stupeur à tel point que la pitié pour les individus se perd dans la pitié pour les masses » (1).

Dans un très beau livre, « *Le sort de l'Empire ottoman* », fait par un éminent juriste russe, M. André Mandelstam, « qui aime le droit et qui a passé seize ans dans un Empire qui a déclaré à l'idée du droit une guerre éternelle », l'auteur, après avoir constaté la faillite de la Jeune Turquie, dans sa mission régénératrice, arrive à cette conclusion que l'Etat turc, imbu d'un sombre esprit d'intolérance et de fanatisme, est incompatible avec le vrai but de la communauté internationale (2). Sans nier le droit pour la race turque à la vie indépendante, l'auteur ajoute, avec raison, que les bases de l'autorité étatique en Turquie sont incompatibles avec le maintien de la tutelle de l'Empire ottoman sur les minorités chrétiennes. La seule solution qu'il trouve rationnelle est l'émancipation des nations chrétiennes en Turquie (3).

Au premier abord cette solution peut paraître quelque peu simpliste et trop exclusive. Pourtant, si on va au fond des choses, si l'on examine l'évolution historique de l'Empire ottoman pour le voir arriver au stade actuel, si l'on analyse juridiquement le fondement même de cet Etat, on verra que c'est la seule solution possible. Les autres ne constituent que les expédients temporaires voués d'avance à l'échec. Si l'on considère l'Etat non pas comme

(1) V. *Livre jaune*. Conférence de Lausanne t I, p. 166.
(2) V. Mandelstam, ouvrage cité, pp. 567-586.
(3) Ibid.

un instrument de domination, mais comme une unité administrative internationale — seule conception qui permet la conciliation des droits de l'Etat avec l'existence des minorités — on ne peut ne pas constater que cette conception est à l'extrême opposé de la notion que la majorité ottomane, confondue avec l'Etat, a du pouvoir public.

Entre la majorité et les groupes minoritaires il y a un abîme social infranchissable dans l'Etat turc, qu'il soit celui de la vieille Turquie d'Abd-ul-Hamid, de la Jeune Turquie de 1908 et surtout de la Turquie nationaliste d'aujourd'hui. Car, dans la Turquie contemporaine, l'élément nationaliste — contre lequel nous n'avons pas cessé, dans notre amour illimité pour les faibles, pour les opprimés, pour les humiliés, et dans notre haine pour l'impérialisme qu'il soit national ou autre, de protester ici —, vient accentuer encore le fanatisme religieux des Musulmans turcs.

La mentalité turque est incapable de concevoir l'idée d'égalité en dehors de l'équilibre des forces matérielles en présence. Là il y aura toujours des maîtres et des serviteurs ! Peut-être, dans un autre pays — même en Autriche — une solution transactionnelle eût été possible. En Turquie, nous le déclarons en toute franchise et impartialité, malgré toute notre bonne volonté, vu l'absence complète d'idée d'égalité entre les groupes dissemblables, comme aux temps antiques, nous ne voyons pas d'autres solutions.

La Convention gréco-turque sur l'émigration obligatoire — dont nous parlerons plus loin — apporte un argument irréfutable à notre thèse.

Nous ne disons pas qu'une génération progressive turque n'est pas possible ; de même que l'émancipation de la race noire peut être envisagée. Mais en attendant que les Turcs se forgent une âme neuve, cela ne légitime aucunement le maintien de leur tutelle sur les nations chrétiennes. Le Droit international de l'individu en général et des minorités en particulier s'oppose violemment à ce qu'il fasse de nouvelles expériences « sur d'autres cadavres des hommes et des nations. » Il a droit à son indépendance mais il n'a pas le droit de vivre par la domination sur les groupes dont rien ne légitime l'infériorité de leur situation réelle dans l'Etat.

Il est vrai que l'autorité étatique rationnellement conçue peut se légitimer en dehors de l'unité ethnique, religieuse, historique ou autre. Elle est compatible avec l'existence des groupes dissemblables. Ces derniers trouvent leur unité dans le principe de l'Etat qu'ils acceptent et qui, de ce simple fait, tend à devenir le droit, à créer des divers groupes une nation, une volonté.

Or, l'Etat turc est entaché d'un vice initial, il manque totalement de cette base juridique ; il s'est confondu avec la majorité, inséparablement.

§ 2. — En effet, « l'affranchissement des populations soumises à la sanglante tyrannie des Turcs, le rejet hors d'Europe de l'Empire ottoman, décidément étranger à la civilisation occidentale » a été désigné par les Alliés, dans leur note collective du 10 janvier 1917, comme un des buts de guerre (1).

(1) Cité par MANDELSTAM. *Le sort de l'Empire ottoman*, p. 517.

Cette idée a trouvé son expression dans le traité de Sèvres. En dehors de l'émancipation des Arméniens auxquels le traité a reconnu l'indépendance et la souveraineté, en dehors du rattachement de la minorité grecque de l'Asie-Mineure à l'antique terre grecque et des nombreux remaniements territoriaux ayant pour effet de soustraire beaucoup de populations non turques à la domination ottomane, ce traité contenait une série de dispositions particulières s'écartant sensiblement des autres conventions analogues, aussi bien en ce qui concerne l'étendue des droits de minorités qu'en ce qui touche aux garanties (1).

L'article 141, § 2, établit la liberté de tous les cultes, sans la restriction qui résulterait de l'incompatibilité avec l'ordre public et les bonnes mœurs, restriction que nous trouvons dans les autres conventions ; sans doute, parce que les Puissances n'avaient pas grande confiance dans la conception ottomane de l'ordre public et des bonnes mœurs.

L'article 147 reconnaît le droit pour les ressortissants minoritaires de créer, diriger ou contrôler les institutions charitables, religieuses ou scolaires, indépendamment et « sans aucune ingérence des autorités ottomanes. »

L'autonomie ecclésiastique et scolaire de toutes les minorités — en tant que collectivités — est établie par les articles 148 et 149. Le premier suppose une organisation

<hr>

(1) Lire à ce sujet l'analyse détaillée de ces dispositions dans l'article de MANDELSTAM, *La Société des Nations et les Puissances devant le problème arménien*, dans la R. D. I. P., 2e série, t. 4, p. 301 et suiv..

représentative des minorités dans son paragraphe final :
« les fonds en question seront versés au représentant qualifié des communautés intéressées. »

L'article 145, § 3, garantit aux minorités ethniques le
droit à une représentation proportionnelle dans les corps
électifs de la Turquie avec l'obligation de présenter à
l'approbation des Puissances un projet d'organisation
d'un système électoral basé sur le principe de la représentation proportionnelle des minorités ethniques.

Les article 142-144, relatifs aux sanctions, restitutions
et réparations, sont particuliers à la Turquie.

Tout en énonçant dans l'article 151 l'élaboration des
garanties d'exécution spéciales pour sauvegarder les intérêts des minorités en pays turc, le traité de Sèvres, dans
son article 36, relatif à Constantinople, engage la Turquie
vis-à-vis des treize Puissances alliées « à agréer toutes
dispositions qui seraient prises au cas où la Turquie viendrait à manquer à la loyale observation des dispositions
du présent traité ou des traités ou conventions complémentaires, notamment en ce qui concerne le respect des
droits des minorités ethniques, religieuses ou de langues ,
les Puissances se réservent expressément le droit de modifier la situation qui précède. »

§ 3. — Le projet adopté le 4 février 1923, à la veille de
la première rupture de la Conférence de Lausanne, dans
sa Partie I, Section III, relative à la protection des minorités, ne porte aucune trace de ses dispositions particulières. Il reproduit simplement les clauses communes des
autres traités.

Toutefois il y ajoute, dans l'article 37 : *la liberté de*

circulation et d'émigration des minorités non musulmanes, compatible avec la défense nationale et l'ordre
public, laissés à l'entière appréciation du gouvernement
turc ; dans l'article 40, le terme significatif du traité de
Sèvres (article 148) « représentants qualifiés des communautés intéressées » ont été remplacés par « représentants
qualifiés des établissements et institutions intéressés. » Ce
qui a eu pour conséquence — comme nous l'avons déjà
remarqué — de supprimer l'organisation représentative
des minorités dans le droit public ottoman. L'article 41,
relatif aux statuts familial et personnel des individus minoritaires, prévoit des Commissions temporaires spéciales,
composées en nombre égal de représentants du gouvernement turc et — ce qui étonne — de représentants de
chacune des minorités intéressées, départagés en cas de
divergence par un surarbitre choisi parmi les jusriscon-
sultes européens par le Conseil de la Société des Nations
et le gouvernement turc. L'article 42, qui rappelle l'article 11 du traité avec la Pologne, relatif au jour de repos
hebdomadaire des Juifs, comme l'article 150 du traité de
Sèvres, se réfère au repos hebdomadaire des minorités
religieuses en Turquie. Enfin l'article 44 établit la réci-
procité de traitement des minorités musulmanes en Grèce.

§ 4. — C'est tout. C'est trop peu ! Ces dispositions ne
répondent aucunement à la réalité des situations minoritaires en Turquie. Dans un pays du genre de l'Etat ottoman, rajeuni par les sentiments de nationalisme intransigeant et sectaire, où les non-Musulmans sont perpétuel
lement soumis à un arbitraire inspiré par le fanatisme
religieux et le chauvinisme local, et placés hors la loi, de

par la nature même du droit public ottoman, les garan·
ties communes ne peuvent suffire. Renonçant à maintenir
les clauses spéciales de Sèvres, la diplomatie européenne
a avoué son impuissance à établir une protection efficace
des minorités en Turquie et n'a pas tenu compte des réalités particulières de ce pays. Elle a oublié que la Turquie
d'Agora demeure l'antique Puissance musulmane et fa-
natique, intruse dans un pays où son règne fut et sera
encore plus que jamais un long asservissement.

L'abrogation des Capitulations, résultant de la Convention relative au régime des étrangers en Turquie (art. 1ᵉʳ)
sans garanties compensatrices efficaces et la renonciation
à la constitution du Home national arménien, comme
contraire « à l'indivisibilité de la patrie turque », constitue un abandon par lequel les diplomates européens de
1923 laissent sciemment l'individu, le citoyen et les minorités à l'arbitraire illimité des Turcs et qui n'ouvre pas
au régime actuel de larges perspectives d'avenir.

La diplomatie française surtout étonne : renonçant à la
tradition républicaine de ce pays qui a suscité tant d'ad-
miration et qui a fait sa grandeur, par son attitude inerte,
passive, effacée que nous montrent les procès-verbaux de
Lausanne, lorsqu'il s'est agi de défendre les droits de
l'homme, du citoyen et des membres des familles les plus
faibles de l'humanité, elle s'est inscrite en faux contre les
grands principes proclamés par la Révolution française.

§ 5. — Plus encore : après de pénibles discussions, qu'il
vaut mieux passer sous silence, les plénipotentiaires de
l'Europe civilisée ont souscrit à une innovation honteuse
exigée par les Turcs, comme étant la seule solution pos-

sible du problème minoritaire : c'est l'exode obligatoire, en masse, prévu par l'accord gréco-turc du 3o janvier 1923, des populations musulmanes en Grèce — sauf celles de Thrace — et celles grecques en Turquie — Constantinople excepté. Cette « protection » des minorités *à la turquà*, la seule mesure de sauvegarde instamment réclamée par les Turcs, était le départ des minorités avec garantie de la vie sauve : elle condamne les troupeaux humains à quitter leurs foyers, leurs tombes, leurs biens, la terre natale, tout ce qui leur est le plus cher, et ne sauvegarde rien, hors la vie.

Le droit à la vie, c'est à cela que nous ramène la protection des minorités à la Conférence de Lausanne. La seule solution, c'est l'exode des femmes, des enfants, des vieillards en masse, comme les troupeaux de bêtes de somme. Elle contitue l'aveu des Turcs eux-mêmes de l'incompatibilité de la vie des minorités avec l'existence même de l'Etat turc.

C'est à cela à peu près que se ramène la protection internationale de certains animaux. Trois ans avant la Conférence de Lausanne les Etats-Unis signèrent avec la République du Mexique et des Etats de l'Amérique Centrale et du Sud une convention *plus libérale*, concernant la protection des oiseaux migrateurs, émigrant temporairement — et *volontairement*, ceux-ci — des Etats-Unis dans ces pays.

C'est une honte pour l'humanité, un défi jeté à la civilisation et que celle-ci n'a pas relevé.

Les Puissances — à ce qu'il paraît — ont dû s'incliner devant la nécessité que la Paix exige.

Elles ont si vite oublié la profonde parole de celui qui vient de s'éteindre à Washington :

« Le Droit est une chose plus précieuse que la Paix. »

Paris, 1923-1924.

BIBLIOGRAPHIE

des ouvrages et articles consultés et cités (1)

Acte final de la session de la Havane de l'Institut Américain du Droit International, New-York, 1917.

ADELSWAERD (Baron d'). Le droit des Minorités nationales (rapport à la XXᵉ Conférence interparlementaire, à Vienne, 28-30 août 1922).

AEBY (Professeur P.). Le droit des Minorités (rapport à la conférence de l'Union internationale des Associations pour la S. D. N., à Prague, 4-8 juin 1922). Bruxelles, 1922.

Aide-Mémoire sur les Droits des Minorités en Turquie, présenté par l'Association nationale ottomane pour la S. D. N. Constantinople, 1922.

ALVAREZ. Bases fondamentales du Droit international. Projet présenté à l'Institut du Droit américain international. (V. *Acte final de la session de la Havane*).

ANGEBERG (Comte d'). Recueil des traités, conventions et actes diplomatiques concernant la Pologne. Paris, 1862.

ANGEBERG. Le Congrès de Vienne, Paris, 1864.

AUER (De). The protection of national minorities (communication au XXXᵉ Congrès de l'International Law Association, La Haye, 1921).

AUERBACH (Bertrand). Les races et nationalités de l'Autriche-Hongrie. Paris, 1917.

BAIE (Eugène). Le Droit des Nationalités, Paris, 1915.

BAUER (Otto). Nationalitätenfrage und Socialdemokratie. Wien, 1907.

BÉNÈS. Le problème des Allemands de Bohême (V. *La Paix des Peuples*, du 10 avril 1919).

BEUDANT. L'État et l'individu.

BIDERMANN. La loi hongroise sur les nationalités dans ses rapports avec le passé et le présent de la Hongrie (V. *Revue D. I.*, 1869).

----

(1) Nous croyons utile de recommander cette bibliographie à ceux qui s'occuperont du même sujet. En ce qui concerne spécialement les Minorités, nous la considérons comme la plus complète qui ait été faite jusqu'à présent.

Borbrin (Franz). Das positive Recht der nationalen Minderheiten, Berlin, 1922.

Brabec (Sénateur). Les Minorités tchéco-slovaques dans la République Magyar.

Brun (Lucien). Le problème des Minorités devant le Droit international. Thèse, Grenoble, 1923.

Blociszewski (Professeur). La constitution polonaise du 17 mars 1921. Et la Constitution tchécoslovaque (V. *Rev. des sciences politiques*, janvier-mars 1922).

Brawley. A Social History of the Negro in the United States. New-York.

Bluntschli. Théorie générale de l'Etat. Traduction. Paris, 1881.

Bluntschli. Droit international codifié. Traduction Paris, 1895.

Borel. Etude sur la souveraineté.

Bujak (Professeur François). La question juive en Pologne. Paris, 1919.

Chaveborin (Professeur). Droit constitutionnel (Cours de Doctorat à la Faculté de Droit, Paris, 1921-1922).

Combothecra. La conception de la souveraineté (V. *R. du Droit public*, 1897). *Conférence de la Paix de 1919-1920. — Traités et conventions (I et II).*

Cuq (Professeur). Institutions juridiques des Romains.

Dickinson (Sir Willoughby). Rapport à l'Union Internationale des Associations pour la S. D. N. au Congrès de Prague, 1922. Bruxelles, 1922.

Dumont. Collection des traités.

Duguit (Professeur). L'Etat, le droit objectif et la loi positive.

Duparc (Fougues). La protection des Minorités de race, de langue et de religion. Thèse, Paris, 1922.

Eisenmann (Professeur). Le compromis austro-hongrois. Paris.

Eisenmann. Le problème historique de l'Europe centrale (Conférence à l'Ecole libre des Sciences politiques), Paris, Alcan, 1923.

Esmein. Histoire du Droit public français.

Esmein. Droit constitutionnel.

Epstein (Leo). Der nationale Minderheitsschutz als internationale Rechtsproblem. Berlin, 1922.

Fauchille. Traité de Droit international public, Paix. Edition Rousseau, 1923.

Fiore (Pasgnale). Le Droit international codifié, Paris, 1911.

Fiore. Le Droit international privé.

Fiore. Nouveau droit international public (traduction Pradier-Fodéré). Paris, 1881.

Fischel (Alfred). Das Oesterreichische Sprachenrecht. Brünn, 1910.

Fournol (Etienne). Les problèmes politiques de l'Europe centrale (Conférence à l'Ecole libre des Sciences politiques). Paris, 1923.

Gabris. Le Problème des Nationalités (Organisation centrale pour une paix durable). La Haye, 1916.

Gavrila (Dr Emile). La protection des Minorités et le Congrès de Prague (Tribuna de Belgrade, juillet 1922) ; en serbe.

Heyking. The minorities rights and the baltic states (communication au XXXe congrès de l'International Law Association).

Heyking. The baltic minorities (Transactions of the Grotius Society. T. VII).

Hauser (Henry). Le principe des nationalités. Ses origines historiques (Alcan, Paris, 1916).

Hegel. Phylosophie des Rechts (Berlin, 1854).

Hofmannsthal. Le problème des Minorités (rapport au XXXIe Congrès de l'International Law Association).

Holtzendorff. Le principe des Nationalités et la littérature italienne du Droit des gens (V. ... D. I., 1870).

Holtzendorff. Handbuch des Volkerrechts (abrév. Handbuch).

Holtzendorff-Rivier. Introduction du Droit des gens. 1888-1889 (abrév. Introduction).

Jellinek. L'Etat moderne et son droit (Edition française, Paris, 1913).

Jellinek. System der subjectiven offentlichen Rechte (abrév. System.).

Jellinek. Allgemeine Staatslehre.

Jellinek. Staatenverbindungen (Edition de 1900).

Jitta. La rénovation du Droit International sur la base d'une communauté juridique du genre humain. Edition française, La Haye, 1919.

Johannet (René). Le Principe des Nationalités (Paris, 1923).

Journal officiel de la Société des Nations.

Khot (Professeur Haldvan). Avant-projet d'un traité relatif aux droits des minorités nationales (Organisation centrale pour une Paix durable) La Haye, 1917.

Kraabe. Die Lehre der Rechtssuveränität. Groningen, 1906.

Lamartine. Histoire de la Turquie.

Lansing (Robert). The place negociation, a personnal narrative. Londres, 1920.

Lapradelle (Professeur A. Geouffre de). Droit International Public, Cours de Doctorat, 1919-1920. Faculté de Droit de Paris.

Lapradelle (A. De). Droit International Public, Cours de Doctorat, 1921-1922. Faculté de Droit de Paris.

Lapradelle. L'Impérialisme et l'américanisme aux Etats-Unis (V. article dans la Revue du Droit public et de la science politique, 1900, T. I).

Lapradelle. Projet d'une Déclaration des Droits et des Devoirs des Nations, soumis à la délibération de l'Institut de Droit International, à la session de Rome, 1921 (V. Annuaire de l'Institut, 1921, T. 28).

LAPRADELLE. (V. 2ᵉ session de l'Union juridique internationale, sciences et travaux).

LAPRADELLE. Préface à la thèse de FOUQUES DUPARC : Les Minorités de race, de langue et de religion, Paris, 1922.

LE FUR (Professeur Louis). Races, Nationalités, Etats. Paris, 1922.

LE FUR. Philosophie du Droit International (extrait de la *R. D. I. P.*, 1922).

LE FUR. Etat fédéral et la Confédération d'Etats.

LÉGER (Louis). Liquidation de l'Autriche-Hongrie. Paris, 1915.

LESEUR. Introduction à l'étude du droit international public (abrév. Introduction).

Livre jaune de la première Conférence de Lausanne, Paris, 1923, T. I et II.

Livres jaunes. Affaires étrangères, documents diplomatiques, N° 11. Paris, 1869.

Livres jaunes des Affaires de Pologne en 1863 (Iᵉʳ et IIᵉ).

Livre jaune de 1879.

LE CLERQ. Recueil des traités de la France (abrév. Recueil).

LOEB. La situation des Israélites, en Turquie, en Serbie et en Roumanie. Paris, 1877.

LOGE (Marc). La Haine des Races en Amérique (V. *Revue Universelle*, 1ᵉʳ novembre 1920).

LOUTER (De). Le Droit international public positif (Edition française).

LUDVIG (Ernest). Le sort des Minorités nationales en Hongrie et en Tchéco-Slovaquie. Budapest, 1922.

MANCINI. Della nationalità come fondamente del Diritto delle genti.

MANDELSTAM (Professeur André). Le Sort de l'Empire Ottoman. Paris, Payot, 1917.

MANDELSTAM. La protection des Minorités (Leçon faite à l'Académie de Droit International de La Haye, août 1923).

MANDELSTAM. La Société des Nations et les Puissances devant le problème Arménien (V. *R. D. I. P.* ; année 1921, 2ᵉ série, T. IV.).

MARTENS (F. de). Traité de Droit International. Introduction.

MARTENS. Recueil général des traités. Gottingue, 1817-1841.

MARTIN (Professeur Olivier). Histoire du Droit public français. Centralisation et Décentralisation administratives sous la Monarchie absolue en France. Cours de Doctorat, 1921-1922, Paris.

MESTRE (Professeur Achille). L'Agonie des Capitulations (Extrait de la *R. de Paris*, 1923).

Mémoire relatif à la procédure à suivre en cas de plaintes pour infractions aux stipulations des traités concernant la protection des Minorités présenté par la Ligue allemande de Tchéco-Slovaquie, Prague, 1922.

Mémoire des députés et sénateurs de l'Union parlementaire allemande du Parlement Tchécoslovaque à la S. D. N., relativement à la violation des clauses des Minorités du traité de Saint-Germain, Prague, 1920.

Memorandum du parti hongrois de Yougoslavie à M. Pachitch, Budapest, 1922.

Memorandum on the austrian juridical view of the proper construction of the word « Race » in article 80 of the treaty of St-Germain-en-Laye (En anglais et en français). Londres, 1922.

NELSON (Willam). La Race noire dans la démocratie américaine. Paris, 1922.

NYS. Les Origines du Droit international.

OPPEINCHEIMER (Franz). Nationale Autonomie (*Neue Rundschau.* 1917, Berlin .

OPET (Otto). Der Schutz der Nationalen Minderchelton (Publications de la Deutschen Liga für Völkerbund. Berlin, 1919.

PANTUCEK. La République tchécoslovaque et la protection des Minorités.

PERNOT. Les Minorités non musulmanes en Turquie (*Rev. des Deux Mondes,* avril 1922).

PÉRIODIQUES :

Journal des Débats, 2e semestre 1919 (V. GAUVIN : 10 septembre 1919, les 2, 3, 7 juillet 1919).

Journal de Genève, 6 février 1921.

Temps, 2e semestre 1919 ; 24 janvier 1917 ; 21 octobre 1920 ; avril 1921 ; et la Déclaration de M. le Ministre Discesco du 7 octobre 1922.

Pétitions adressées au Secrétariat général de la S. D. N. par les Minorités (Documents du Secrétariat).

PIÉDELIÈVRE (Professeur). Droit international public. Paris, 1894.

PICKET (William, P.). The Negro Problem.

PILENCO (Professeur). Fédération soviétique (Extrait de la R. D. I. P. 1923).

PILLET (Professeur Antoine). Le Droit international public (R. D. I. P., T. I, 1894).

PILLET. Recherches sur les droits fondamentaux des Etats et sur la solution des conflits qu'ils font naître (Extrait de la R. D. I. P, Paris, 1899).

POPOVICI (Aurel). Die Vereinigten staaten von Grossvesterreich-Leipzig, 1906.

PROTITCH (Stoyan). Les Droits des Minorités (*Radical* de Belgrade du 22 juin 1922).

Question (La) des Minorités en Tchécoslovaquie. Publications officielles de Prague 1922.

RALSTON (Jackson H.). Le Droit International de la Démocratie, Paris 1922.

RAMSAY Muir. Nationalisme et internationalisme. Paris, Payot, 1918.

RENAULT (Louis). Introduction à l'Etude du Droit International, Paris, 1879.

Renault. La Guerre maritime. Cours à la Faculté de Droit de Paris.

Reuner (Karl). Der Kampf der oesterreichischen Nationen um den Staat. Wien 1902.

Reuner : Das Selbstbestimeungsrecht der Nationen.

Rey (Francis). La question israélite en Roumanie (Extrait de la *R. D. I. P.* Paris, 1903).

Ridder (Jean De). La liberté de conscience dans le Droit international (*R. D. I.*, Gand, 2ᵉ série, T. 7).

Rivier (Professeur Alphonse). V. IVᵉ Partie de l'Introduction de Holtzendorff-Rivier (Esquisse d'une histoire littéraire des systèmes et des méthodes du Droit des gens, depuis Grotius jusqu'à nos jours).

Roquette-Buisson : Du Principe des Nationalités. Thèse, Paris, 1895.

Rosenfeld (Max). Die polonische Judenfrage. Wien, 1918.

Rostino (Helmer). Protection des Minorités par la S. D. N. (*Revue Internationale de la Croix-Rouge*, Genève, 15 mars 1922).

Rostino. Protection des Minorités en Haute-Silésie (*R. Croix-Rouge*, 25 juillet 1922).

Rougier (Professeur Antoine). Théorie de l'Intervention d'humanité (extrait de la *R. D. I. P.*, Paris, 1910.

Rougier. La première Assemblée de la S. D. N. (*R. D. I. P.*, 2ᵉ série, T. 3).

Ruyssen (Le professeur Th.). Situation actuelle des Minorités. Rapport présenté au Congrès de Prague, 7-8 juillet 1922.

Ruyssen. L'Incident des Minorités à Prague (*La Paix par le Droit*), juillet-août 1922).

Résolutions présentées par la Commission spéciale au Congrès de l'Union des Associations pour la S. D. N., à Prague, concernant les Minorités.

Résolutions proposées par l'Association Tchéco-slovaque au Congrès de Prague, concernant les Minorités.

Recueil des traités et accords internationaux enregistrés par la S. D. N.

Schmid. Wie Können nationale Minderheiten geschützt werden ? (dans *Schriften über Mindercheitenschutz*, T. I, 1920.

Scelle (Professeur Georges). Le Pacte de la Société des Nations et sa liaison avec les traités de paix, avec une préface de Léon Bourgeois. Paris, 1920.

Scelle. Essai de systématique du Droit international (Extrait de la *R. D. I. P.* Paris, 1923).

Scelle. Incident de Fiume (*La Paix des Peuples*, du 10 mai 1919).

Spalaïkovitch (Dr Miroslav). La Bosnie et l'Herzégovine. Thèse Paris, 1898.

Spencer (Herbert). Principes de sociologie.

Tchernoff. Le Droit de protection exercé par un Etat à l'égard de ses nationaux résidant à l'étranger. Thèse Paris, 1898.

THOMAS (Albert). Réflexions sur le droit des Minorités. Paris, 1919.

VALORBS (Guy DE). Le sort des Minorités en Tchéco-slovaquie (*Correspondant*, du 26 juillet 1922).

VICHNIAC (Marc). La protection des droits des Minorités dans les traités de 1919-1920, rapport présenté à l'Association russe par la S. D. N. Paris, 1921.

VIDRASCO (Roméo). De la réserve du droit des Minorités et du contrôle des Puissances. Thèse Paris, 1921.

VLADOÏNO (Nicolas). La protection des Minorités en Droit international. Thèse Paris, 1921.

VILLEY (Edmond). La souveraineté nationale, son fondement, sa nature et ses limites (*R. du Droit public et de la Science politique*, de 1901).

VILLEY. L'Etat et le progrès social. Paris, 1923.

WEISS (Professeur André). Cours de Droit international public. Faculté de Paris, 1920.

WEISS. Traité théorique et pratique de Droit international privé (Abrév. Traité)

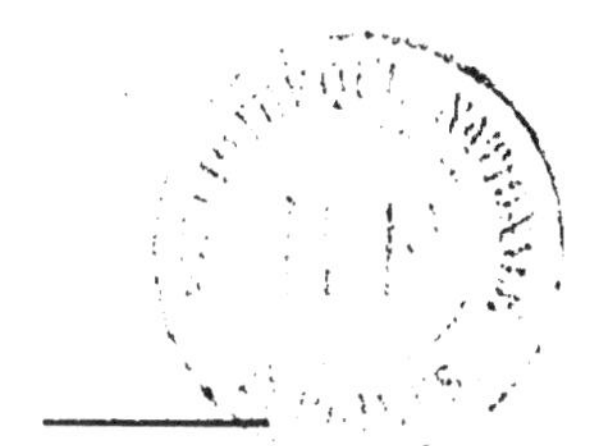

Typographie Francisque Guyon, 4, rue Saint-Gilles, Saint-Brieuc.